理气风水

LIQI FENGSHUI

高友谦／著

团结出版社

UNITY PRESS

图书在版编目（CIP）数据

理气风水/高友谦著．—北京：团结出版社，2009.8（2025.6 重印）
ISBN 978-7-80214-878-9

Ⅰ.①理… Ⅱ.①高… Ⅲ.①风水–研究 Ⅳ.①B992.4

中国版本图书馆 CIP 数据核字（2009）第 140508 号

出　版：团结出版社
　　　　（北京市东城区皇城根南街 84 号　邮编：100006）
电　话：（010）65228880　65244790　（出版社）
　　　　（010）65238766　85113874　65133603（发行部）
　　　　（010）65133603　（邮购）
网　址：http：//www.tjpress.com
E-mail：65244790@163.com（出版社）
　　　　fx65133603@163.com（发行部邮购）
经　销：全国新华书店
印　刷：三河市天润建兴印务有限公司
开　本：710毫米×1000毫米　1/16
印　张：15.5
字　数：296 千字
版　次：2010 年 1 月　第 1 版
印　次：2025 年 6 月　第 4 次印刷
书　号：978-7-80214-878-9
定　价：30.90 元

目　录

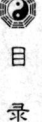

理气风水

目录

理气风水

目录

绪论

对风水学的重新观察

风是什么？风就是气——是一种流动的气。《易经》说："风以散之。挠万物者，莫疾于风。"风是大气的流动形式，而大气则是地球上万种生灵的母体与保护者。离开大气层，地球就会像月球一样，成为一个暴热暴冷的、寂静的、无生命的荒凉世界。

宋代邵雍说："火为风。"认为："风者"是"火气所化。"同一时代的程子也认为："风自火出，火炽则风生。"的确，大气的冷热不均是形成风的一个主要原因。从生化角度来说，一切动物之所以能够维持生命不息，主要在于能量交换，这种能量交换过程就像木材燃烧一样，本质上是一种氧化过程。而在这种氧化过程里，风即大气中所包含的氧气，是最为不可或缺的重要元素。惟因如此，所以，风代表着生命与能量，代表着生物体的生存本质。当一个生物体停止呼吸，停止了与"风"的交流，那么，这个生物体也就进入了死亡状态。不能设想，在一个不开门窗、密不透风的房间，人们将如何生活。

对于风，人类须臾不可或缺。但是，风也有好坏之分。风在中医里被认为是导致人类生病的一个主要祸首。如何纳入好风吉风？如何避开坏风凶风？自然成为古今人们关心的一个主要问题。

风，是生命的要素；而水，则是生命之源。

35亿年前，由蛋白质合成的最初的生命体，就诞生在水里。由最初有生命的物质合成单细胞生物，由单细胞生物演变成多细胞生物，都离不开水。即便原始细胞生命分化为动、植物，再后来其中一部分脱离水体登上陆地，但是，陆地植物终究要依靠根系从土壤和岩层中吸水，而陆地动物也终究需要饮水。

作为几百万年前由灵长类动物演化而成的万物之灵的人类，其机体绝大部分也是由水组成。一个人一天不喝水就干渴得很，几天不进水就有生命危险。不仅如此，人类的生产活动，尤其是和生命有关的农业与畜牧业，都离不开水。难怪人们总是依靠河、湖、泉、溪，择地而居。

水是生命的本质。现代天文学家发射宇宙飞船到外星球去寻找生命物质，一个主要途径就是看这个星球上是否有水存在。

水是生命之源，也是人类文明之源。

人类既依赖水，又害怕水，不是有"水火无情"的说法吗？洪水一来可以吞噬一切，人类活动的场所选择不仅要靠水，又要选在能避洪水的高亢之地。如何选择这种既靠水源，又能避开水害，既能满足人们吸入新鲜空气的要求，又能避开寒风热浪与沙尘的袭扰的最佳地点，就成为一门关乎生命，关系着千家万户的大学问。这就是建筑风水学产生的社会基础。

风，可以感觉，也可以闻听，但是却又难以捉摸。因此古人主要是通过对住宅周围的山形地势的把握来达到纳风避风的目的。所以，从现象上看，风水学就是一种山水学。

孔子说："登东山而小鲁，登泰山而小天下。"大抵登山临水，足以触发道机，开豁心志，为益不少。任何世俗的得失在自然面前都微不足道。古人已经

体会到这一点，所以才有"山水无常属，闲者是主人"的说法，才有"山可镇俗，水可涤妄"的信条。

正如孔子所言："知者乐水，仁者乐山。"风水学本质上是一门山水艺术，因此，研究风水之道，既要有仁者的慈善情怀，又要有智者的聪明才思。这样，才不会陷入术数的局限，真正了解到这门学问的精华所在。

0.1 美国百科全书为"风水"翻案

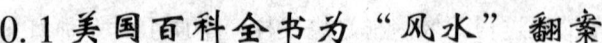

1974年版的《美国城市规划百科全书》中有关中国的"风水"和"风水先生"的若干论述，反映了有科学素养和专业知识的城市规划学家在这一领域所取得的最新研究成果：

不能把中国的规划设计工作看作是中央帝国的行政工作的一部分。凡是受过教育的中国人，都懂得规划设计工作的基本原则，并且都在实际工作中按这基本原则行事。他们会本能地征求"风水先生"对任何一项工程的意见，后者自然随时愿意提供古典建筑中可供借鉴的答案。

……一名典型的中国设计师如果没有按照坐北朝南和左右对称的传统设计某某建筑物，心里会有美中不足之感，甚至会有犯罪感。两千年来的传统、风俗、习惯会使他本能地意识到，只有坐北朝南和左右对称的建筑物，才能流芳百世，才能交好运，才能皆大欢喜。因此，即使真的有人提请他在规划设计工作中遵守法令和行政部门的有关规定，他也仍然会优先考虑"风水"的因素。如果不认真研究中国的历史，就很难懂得中国的规划设计人员为什么采取这种态度。

尽管城市、大堤、运河、桥梁、道路等大型工程的地址由朝廷来选择，但是，一经选择地址，具体的规划设计方案则在很大程度上由当地的绅士去拟定。这些地方绅士必然要去求教当地的"风水先生"。"风水先生"一般是受人尊敬的长者，他们对当地的气候的变化、自然灾害的规律、土地的耕种方式以及当地的风俗习惯有长期的经验。这些"风水先生"同西方的设计人员不一样：他们终身从事看风水的职业，从不离开自己的所在地区，从不解释自己向用户提出劝告的理由。他们的话说得神乎其神，什么龙山呀，蛇水呀，某某地方是虎地，动不得，若工匠们不听劝告在该地大兴土木，定会招致灭顶之灾，云云。

凡兴土木先问"风水先生"的做法，能确保人们用较低的代价就可随时获得当地哪儿的地皮如何使用的知识，从这个意义上来说，这种做法很值得赞扬。这主要因为"风水先生"不会提出错误的劝告，否则他要对后果负责。对一个家庭来说，兴建住宅要花掉其积累的财富的很大一部分。因此，人们在兴建住宅前，势必会极其慎重地选择宅基。关于"风水"知识的原则，只能通过长期研究从墙顶一直垂到墙根的长卷轴山水画，才能领悟。这种玄妙莫测的做法能使设计师从不同角度审视拟议中的宅基。

也许是因为对中国文化过于偏爱吧，美国城市规划专家在这里只论述了"风水"在中国古代城市规划和城市建设中的正功能即积极的一面，至于它的负功能即消极的一面，则只字未提。这当然有失片面。不过，它反映了这样一种动向，即国外的学术界尤其是汉学家，已不再满足于过去那些对中国风水学所做的表面性的现成结论，而试图潜入到该领域的深层去搜索和挖掘，以期能有新的发现与新的突破。这一动向颇值得国人注意。

0.2 风水学——知识的黑匣子

20世纪90年代初，日本东京都立大学教授渡边欣雄在日本国立民族学博物馆研究报告第14号——《汉族与邻接诸族》发表了一篇论文，题目叫《汉族的风水知识与居住空间》。在这篇人类学论文中，渡边欣雄写道：

在这100年到200年之间，亚洲的学者们摒弃了自己的传统知识而去吸收欧洲的知识，并把它作为"知识的正当性"依据。和欧洲一样，在亚洲至高无上的知识也在"科学"的名义下形成体系，变成了受限定的知识。所以，当亚洲人想亲自回顾"风水知识"时，就理所当然地把它作为低等知识而视同"宗教"；或者是从所谓"科学"的立场出发而把它视为"迷信"。

渡边欣雄认为：起源于汉族并广泛流传到东亚、东南亚的"风水知识"，是以"风水"鉴定专家为中心所持有的高雅的智术。这种知识不是一般普通人能具有的那种知识，要经过更多的学习、训练和直观才能具备和运用。风水知识经过高度体系化并受一定的限定，但是一旦被应用，对个人、对社会的影响都很大。它在预知未来世界的同时，还能把目前世界上所存在的因果关系解释得人皆知悉。所以为了理解亚洲所保存的这种实用的、体系化了的知识，研究者需要有相当娴熟的"风水知识"。如果研究者本人不具备"风水知识"，就不能理解风水先生的"风水知识"。

中国自古以来就有"地灵人杰"、"福地福人居，福人居福地"的说法，认为土地、环境和人类生活的好坏有因果关系。如果将此称为"人地相关论"的话，那么它和欧洲地理学长久以来的观念其实非常相似。

但是，中国的"风水学"与欧洲地理学的不同之处，在于它不仅具有地理学的一般特征，而且还具有用于维护人类生活的福、吉、财、寿的特别实践功能。这种功能用现在的话说，就是环境评价。

渡边欣雄认为，所谓"迷信"，一般是指那些从正统的宗教和知识角度来看不那么合乎道理的知识和信仰。换言之，以某种理性或非理性的判断来看，所谓"迷信"，就是指不合理的盲目信仰。正是在所谓的科学知识的话语体系之下，"风水"才被冠上"迷信"的称号而受到歧视。然而问题是，那些把"风水"视为"迷信"的知识霸权者，虽然拥有话语垄断权，但自身却不具有起码的"风水知识"。

最早怀疑"风水迷信说"，认为那种把"风水"视为"迷信"的习惯说法，本身就有问题，其提出者是中国台湾地区"清华大学"教授李亦圆先生。他在关于"宗教与迷信"的讨论中提出了这个问题。

20世纪80年代中期，新西兰奥克兰大学地理系教授尹弘基也指出：中国风水是为寻找建筑物的吉祥地点的一种景观评价系统，它是中国古代地理选址与布局的艺术，不能按照西方概念将它简单地称为迷信或科学，因为它同时包含有这两个部分。

把"风水"作为学问的对象最早向世界予以介绍的则是欧洲人，他们把"风水"称为"中国科学"或"拟似科学"。在中国内地，近期的学术动向也是要重新科学地认识与评价风水之学。

但渡边欣雄也认为，把"风水"看成是"迷信"或看成是"科学"，其结局都一样：如果把"风水"看成是"迷信"，那么无论如何也不能真正理解对方即风水先生的知识；反过来，即使把它看成是"科学"，结果，也只能把"风水知识"体系割裂开来。归根到底，在民间大众知识里，存在着当今知识分子并不具备的"风水知识"。那里存在着知识的"黑匣子"。"黑匣子"就是"风水"。可以说，离开风水，就无法真正理解中国的传统建筑。接受了现代教育的知识分子，如果能摈弃固有的知识习惯的干扰，不存偏见，与民间大众共同去理解"风水"，与"风水先生"和住宅的居住者共有起码的"风水知识"，那么，就能洞察到中国传统建筑的"黑匣子"，那些原本看不见的东西也就能够看见了。

所以说，只能用"风水知识"才能理解"风水"。它既不是"迷信"也不是"科学"。"风水"就是"风水"。这就是渡边欣雄的结论。

看到这位日本教授对起源于中国的"风水知识"所进行的这番社会人类学研究，我们那些因为仅在某一自然学科领域拥有科学家的头衔从而就对非科学领域指手画脚、说三道四的所谓知识精英，不知作何感想。

0.3 天人合一：文化即自然

我们过去一直把人文科学和自然科学割裂开来，只研究自然的是自然科学，而研究人类社会、人类行为的经济学、社会学、民族学等，则称作社会科学。于是，研究"人文"的研究者失去了研究"自然"的必要性。反之亦然。

过去，欧洲人的思维方式一直是重视时间和效率，它假定自然资源取之不尽，用之不竭。这种自然观其实是一种工业化的思维方式。

工业化的自然观现在依然存在，它和"风水学"的思维方式格格不入。在"风水学"里，自然是有限的决定性的因素，因而需要人类予以维持和保全。

"风水"思想不是那种经过苦思冥想后得出一个答案的那种思想方法。英国一位人类学家在论文上说，欧洲人能够理解"美丽的大自然"，却难以理解"风水师寻求的心情舒畅的大自然"。

的确，"风水"就是想在人类生活中实现心情舒畅的大自然的一种方法论。怎样才能把自然吸收到文化中来呢？这就必须遵从风水学的"天人合一"的思想：不是文化支配大自然，而是文化要适应大自然。

例如要理解心情舒畅的景观，比起理性知识来，人们更需要具备直观的知识，否则就不能理解。类似的东西在风水里还很多。

要看清环境是否和谐，需要有娴熟的精神。用"风水学"的话来说，人所持有的气和自然所具备的气要互相感应，互相协调，融为一体。只有这样，才能进入"天人感应"的境界，才能感觉到"心情舒畅的大自然"。

欧式思想把自然（Nature）和文化（Culture）相对立。而在中国，则把自然和文化作为统一体，认为自然现象和文化现象共有着相同的基本原理。例如《易经》与阴阳五行学说，既是自然科学如医学的基本原理，同时也是社会科学如政治学的基本原理。"文化即自然"，这就是中国天人之学的核心思想。

0.4 风水学与住宅伦理学

近些年来，美国人阿尔多·李奥帕德所著的《沙郡年鉴》成为环保主义者的必读书。在该书第四部《消失的野地》里，作者写道："想拥有一个可补强和指引土地与经济关系的伦理规范，必须先拥有一个观念：在心里将土地视为一个生物机制。只有涉及某种能够看见、感觉、了解、喜爱或信任的事物时，我们才有伦理感可言。""倘使人们对于土地没有怀着喜爱、尊敬和赞赏之情，

理气风水

绪论 对风水学的重新观察

或者不重视土地的价值，那么，人和土地之间的伦理关系是不可能存在的"。

强调"重视土地的价值"，强调重视"人和土地之间的伦理关系"，是现代环保主义者的一个主要价值取向。在此基础上，一门新兴的现代学科——环境伦理学，在西方诞生了。

而在中国，古代的风水理论从一开始就非常"重视土地的价值"，也非常重视"人和土地之间的伦理关系"，其中所包含的大量的环境伦理学的知识，对于现代人非常具有启发意义。例如成书于隋唐五代，最迟不晚于公元 10 世纪末的风水经典著作《黄帝宅经》，开篇即写道：

夫宅者，乃是阴阳之枢纽，人伦之轨模。非夫博物明贤，未能悟斯道也。就此五种，其最要者，唯有宅法为真秘术。凡人所居，无不在宅，虽只大小不等，阴阳有殊，纵然客居一室之中，亦有善恶。大者大说，小者小论，犯者有灾，镇而祸止，犹药病之效也。故宅者人之本，人以宅为家。居若安，即家代昌吉；若不安，即门族衰微。坟墓川冈，并同兹说。上之军国，次及州郡县邑，下之村坊署栅乃至山居，但人所处，皆其例焉。

现在不是流行"以人为本"的说法吗？古人将住宅看做是"阴阳之枢纽，人伦之轨模"，认为住宅关系着一个家庭的阴阳寒暑与冷暖变化，决定着一个家庭的伦理关系与道德水平；主张住宅"亦有善恶"，认为"宅者人之本，人以宅为家。居若安，即家代昌吉；若不安，即门族衰微"。这些说法都十分深刻十分鲜明地阐述了住宅这种环境要素对人类社会伦理关系的决定性影响。它们，哪条不是"以人为本"？1000 年前，古代的风水学家就能将住宅上升到"人之本"，上升到"阴阳之枢纽，人伦之轨模"这样的哲学高度，真是令人称奇。看来，在文化与哲学思维领域，我们现代人也不一定凡事都能超越古代人。有些关乎人伦自然的道理，古人倒可能比我们要认识得深刻些。

在中国古代，有个流行的故事叫"孟母三迁"，说的也是住宅对人成长发展的重要性。

既然住宅关乎着人伦道德，那么，作为一门专门研究住宅的应用性学问体系，自然就不能回避伦理问题。而伦理说白了无非是一些行为规范，无非是一些有关人应该如何如何的道理。这些行为规范与道理大多属于应然范畴，而不属于必然范畴，所以，并不能都用科学知识去解释它。这就好比我们难以找到人们必须"尊老爱幼"的科学道理一样。风水学中的许多禁忌、许多说法，虽然从科学上找不到什么理论根据，但是却可以从伦理关系方面得到解释。所以说，科学是科学，伦理是伦理，二者各有其应用领域，我们不要试图用科学去"军管"人类的一切认知领域，对待"以人为本"的风水知识也应该作如是观。

0.5 风水学：关于地气的学问

俗话说"天地一气"，意思是说天、地和人由一种气贯穿起来。气功就是研究其中的"人气"问题。其余的是"天气"和"地气"。关于"天气"的说法，我们很熟悉，中央电视台每天都会几次播出天气预报。而关于"地气"的说法则不常见。其实，"风水学"就是专门研究"地气"的。当然，不止限于对"地气"的研究，"风水学"与"天气"、"人气"也有关系。

风水中有生气、死气、阳气、阴气、土气、地气、乘气、聚气、纳气、气脉、气色等观念。风水学认为气是万物的本源，太极即气，一气积而两仪分，一生三而五行具，土得之于气，水得之于气，人得之于气，这些观念无疑具有相当的唯物论色彩。风水学家又认为阳宅应当乘生气，避死气，不同时间生气的方位也不同，因此应当取其旺相，消纳控制。这些观念也有其一定道理。

"风水"的"水"指的是河流，而"风"实际上是通过"山"而体现出来的。因为"山"可以挡风避风，山的形状不同，风的性质与走向也不一样。因此，"风水"，也可以称作"山水"，"风水学"也可以称作"山水学"。

"风水学"的观察对象主要有三个，就是"山"、"水"和"方位"。把这种方法用来判断环境，就是哪一种山形吉利，哪一种水流吉利，面向哪个方向吉利。在几千年以前，中国就有了通过相看山水以观察气的运动的方法论，并且大约在公元3世纪到4世纪之间就形成了理论体系。

0.6 风水学的分类体系

"风水"在英语里叫做"Chinese geomanty of fengshui"（中国风水地理学）。风水可以分作"阳宅风水"（fengshui of yang buildings）和"阴宅风水"（fengshui of yin buildings）两部分。

所谓阳宅，大而言之，是指城镇、村落的布局和建筑；小而言之，则是指住宅及其室内的布局和设置。阳宅文化是衡量社会进步的尺度。阳宅状况好坏，直接关系着人们的生活与身心健康。

"阳宅风水"又可分为"室外风水"（fengshui of exteriors）和"室内风水"（fengshui of interiors）两部分。"室内风水"研究的是室内布局。就是在建房时要考虑大门放在什么地方，主卧放在什么地方，厨房放在什么地方，厕所放在什么地方。甚至连房间的形状与大小，家具的长度尺寸，都要考虑到。

"室外风水"（fengshui of exteriors）也可以被分成两部分，一个是"房屋风水"（fengshui of individual homes）；另一个是"聚落风水"（fengshui of the community），这是建设村落或城市时需要观看的风水。

总之，"风水"覆盖的范围非常广泛，用现有的专业术语来说，它包括区域规划、房屋建筑、室内布局、坟墓陵寝等研究领域。

0.7 阳宅风水的基本原则

《释名》说："宅，择也，言择吉处而营之也。""宅"字本意就是风水。历代名人的住宅，大都选在风水宝地。古代风水师公认的最好的阳宅有两处。一处为山东曲阜孔子旧宅，地居泰山之下，洙、泗二水交流，可谓平原得水之贵格，故子孙福祉绵远，千年不绝；一处为江西龙虎山张道陵旧宅，有青龙、白虎盘踞之势。当然，作为儒、道两家的宗师，孔子和张道陵在文化上的成就，不应当仅仅归功于宅地。后世风水师的附会之辞，不可尽信。

我国古代的阳宅风水理论，有许多可取之处。举其大者，有以下几个方面：

1. 依山傍水原则

依山，可以取得丰富的生活资源，防止水涝；傍水，有利于灌溉、洗涤、食用。我国城市，兰州、乌鲁木齐属于群山环抱形；昆明、青岛属于三面环山，一面临水型；南京、武汉、长沙等省会城市，皆是在山水之间发展起来。

2. 坐北朝南原则

由于我国处于北半球，因此，住宅的最佳朝向为南向，其次为东向，其次为西向，再次为北向。当然，这里所说的南向并非绝对朝南，它还包括南偏东、南偏西等朝向。坐北朝南的阳宅，炎夏可以避开阳光辐射，寒冬则可以充分采光、取暖、杀菌。风水俗语说："大门朝南，子孙不寒；大门朝北，子孙受罪。"确实有些道理。

3. 宅地和谐原则

阳宅与周围环境是点与面的关系。点面和谐，才能使人"得山川之灵气，受日月之光华"。

4. 基址适中原则

风水师称宅地中心为穴，相地的关键就是点穴。穴有高有低，有肥有瘦，有窄有宽。《管氏地理指蒙》论穴说："欲其高而不危，欲其低而不没，欲其显而不张扬暴露，欲其静而不幽囚哑噎，欲其奇而不怪，欲其巧而不劣。"总之，点穴的目的在于选择适中的建筑基址。

5. 结构优美原则

早在先秦，阳宅规模就注重匀称，庭院、堂厢、寝室井然有序。后来修建的长安城、北京城，以结构工整给人以庄严的感觉。民间住宅也有规范，不宜太窄太宽，不宜后高前低，不宜四角欠缺，不宜宅小窗大，不宜宅大人少，不宜有堂无室，不宜梁大柱小，等等。

6. 绿化环境原则

风水学主张在阳宅周围植树：广陌局散，非有树障不足以护生机；山谷风重，非有树障不足以御寒气。草木繁盛则生气旺盛，护荫地脉，斯为富贵坦局。东植桃、杨，南植梅、枣，西栽槐、榆，北栽杏、李，大吉大利。风水俗语说：树木弯弯，清闲享福；桃株向门，荫庇后昆；高树般齐，早步云梯；竹木回环，家足衣绿；门前有槐，荣贵丰财。

以上这些阳宅风水原则，对于今天我们现代人来说，仍然不失其指导意义。

绪论 对风水学的重新观察

第一章

理气风水的发展里程

1.1 远古的信息

20 年前，连云港市将军岩发现了 6000 年前少昊氏族的石刻约 300 平方米。其中既有北斗九星图，又有南北子午线。北斗九星图为九个石窝，呈杓状分布。南北子午线是在山坡上沿南北向磨出的一条宽约几厘米、长约几十米的线槽。令人惊奇的是，南北子午线与现代仪器的测量结果的误差只有三度多。据文献记载，少昊时的祭祀首脑为句芒，该石刻群也许就是句芒当年的祭祀场所。石刻发现后，已有近百位专家学者前去观摩研究，发表论文已有上千篇。石刻中有许多神秘符号，至今未能解读。

2004 年初，我在为《中国风水文化》配图时，惊奇地发现：西安半坡仰韶文化遗址出土的 P.4666 号和 P.4691 号人面鱼纹彩陶盆口沿皆有四正四维（即四面八方）刻画符（图 1），它们与安徽阜阳双古堆汉墓出土的汉代漆木式盘的地盘背面的刻画方法如出一辙（图 2）。

这说明，早在 6080~5600 年前，我们的先人们就已经有四面八方的空间概念了。迷人的人面鱼纹彩陶盆，也许就是后来的式盘与罗盘的祖型。我们引以自豪的罗盘即指南针的发明，其历史渊源可以追溯到 6000 年前少昊氏族的石刻以及仰韶文化时代的半坡人那里。

后来，我又发现，安徽含山凌家滩新石器时代遗址出土的刻有四面八方图案的玉片（图 3），与汉代式盘更为酷似。其四角刻有四维图案的玉片外围部

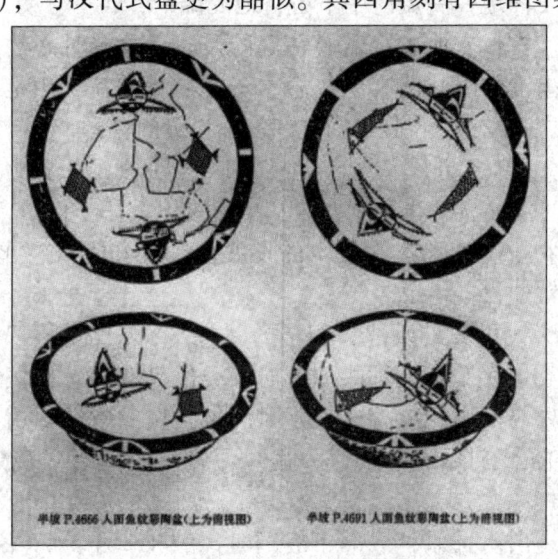

半坡 P.4666 人面鱼纹彩陶盆（上为俯视图）　　半坡 P.4691 人面鱼纹彩陶盆（上为俯视图）

图 1　半坡人的八方观念

理气风水

第一章　理气风水的发展里程

分，很像汉代朝鲜乐浪遗址王旴墓出土的漆木式盘中的地盘（图7）。而中心刻有八个方位的圆形图案部分，则十分类似于安徽阜阳双古堆汉墓出土的汉代漆木式盘中的天盘。

我们的先人们在天文地理尤其是宇宙模式方面，如此早慧，如此聪明，对此，我们不能不再次表示礼敬了。

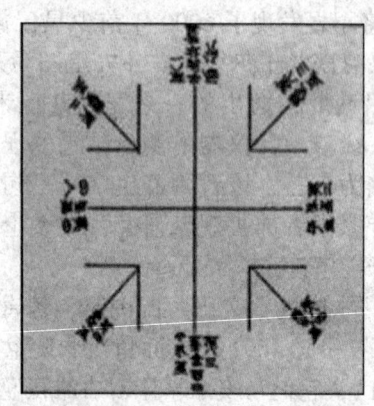

图2　阜阳汉墓出土的漆木式盘地盘

1.2 经典的启示

我国文化的发祥地——黄河中下游，地处温带，四季分明，从黄帝时代起，即从事耕种蚕桑。古代农业生产需要精确的授时，而授时必然要进行天体测量和日影观察。夏禹治水时就使用了"表木"来测量河流、山地的高低，周代用日影长度测得地之"中央"，分出南北纬度，以分封土地。

《周礼》记载："土方氏掌土圭之法，以致日景，以土地相宅，而建邦国都。"《尚书·禹贡》记载："禹别九州，随山浚川，任土作贡。"这些文献记载说明，随着古代农业生产和科学技术的发展，古人已能对"国土"进行测量，进行有规则的城镇建设。

正如《周礼·大司徒》所述，相宅的关键是"知其利害"，就是说，要知道哪些地方对人类生存有利，哪些地方对人类生存有害。在城镇建设和测量国土时，必然要处处与山川环境打交道，因而也必然经常遇到诸如利用地形、处理方位、选择朝向等实际问题。这一切，为风水学的形成奠定了坚实的实践基础。

对于如何处理山水关系，成书于战国时代的《管子》一书曾总结说："凡立国都，非于大山之下，必于广川之上，高毋近旱而水用足，下毋近水而沟防省。""圣人之处国者，必于不倾之地，而择地形之肥饶者，弓山左右，经水若

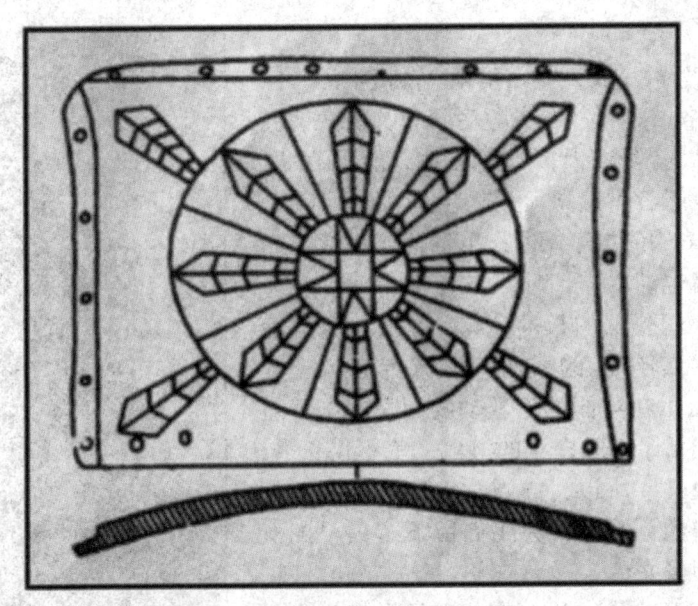

图3 安徽含山凌家滩新石器时代玉片

泽。内为落渠之泻，因大川而注焉。""水者，地之血气，如筋脉之通流者也，故曰水具才也"。这些可以认为是古人从生活环境中体验总结出的原始风水理论。明代以后堪舆界流行的一句谚语——"山管人丁水管财"，其说法与《管子》的"水者，地之血气……水具才也"如出一辙。

1.3 相宅与卜宅

在《诗经》中，"相宅"不叫"相宅"，而叫"胥宇"。如《大雅·绵》："古公亶父，来朝走马，率西水浒，至于岐下。爰及姜女，聿来胥宇。"这里，"胥"的意思即为审视、相看，"宇"即为住宅、宫室。

胥宇（相宅）是一种决策，是一种关于在何地营建的理性选择。这种决策或选择到底是否合理？对此，原始人也和现代人一样，要进行可行性研究。只不过，这时的人类心智还不敷使用，因而就只好诉之于浪漫。

"万物有灵论"是古人的一种思维方式，它是风水文化赖以存在和显现的一种理论框架：正是由于受"万物有灵论"的规范，古人在"动土"问题上，才有那么多的禁忌，生怕动辄触动了凶神；同时，也正是基于这种思维方式的规范，古人"动土"前才需要与自然进行交流，需要问卜打卦，需要看大自然的"发言人"——龟甲与筹策的"脸色"如何而行事。这种根据龟甲纹象和草策数理的吉凶情况来对建筑活动进行评价的"可行性研究"，在古代通常被称作"卜宅"（图4）。

"卜宅"的主要工具是龟甲。《初学记》第30卷引《洛书》说："灵龟者，玄文五色，神灵之精也。上隆法天，下平法地，能见存亡，明于吉凶。王者不偏党，尊耆老，则出。《洪范·五行》曰：龟之言久也，千岁而灵，此禽兽而知吉凶者也。"

龟是人们公认的长寿动物，在我国民间有所谓"龟寿鹤年"的成语，也流传有"千年龟"的说法。在英国的伦敦动物园里，饲养着一只至今已活了300多年的海龟。龟不仅长寿，而且很有灵性。所以，殷周时人们才大量地用它来占卜吉凶，结果，为我们留下了最早的汉文字——甲骨文。

自殷商至元代，龟一直被中国人视为吉祥动物，这种信仰甚至传到日本，有些日本人的姓名中也带龟字，如龟田等。元代以后，由于人们称妓院为鳖家，王八（鳖）成了骂人之词，与鳖长得很像的龟也跟着倒了牌，"缩头乌龟"成了骂人话。例如元代陶宗仪《辍耕录》二八"废家子孙诗"就写道："宅眷皆为撑目兔，舍人总做缩头龟。"此后，龟虽然在日本还被视为神物，有所谓忍者神龟之说，但是在中国民间，它已不再被人们视为吉祥动物了。倒是在风水学里，依然视龟形之地与龟形建筑为吉形。例如清朝夏宫——承德避暑山庄的外形就酷似龟形，其寓意大概也是万寿无疆吧（图5）。

图4　甲骨卜辞"四方风"

"卜宅"是"相宅"的一个中间环节。只有卦象示吉，才可以安心定居，从事营建。

总之，风水文化自其产生之日起，就不单是一种理性精神，而且也有一种浪漫情致；不单是一门科学，而且也是一门艺术。因此，我们在评价和分析风水文化现象时，就不能单拿科学一把尺子去衡量，一如我们不能用"科学"抑或"迷信"两个概念来评价京剧艺术一样。

1.4 图墓术与图宅术

虽然阳宅"风水"在我国古已有之，但是真正上升到理论高度并总结成为若干学说，则似乎是秦汉以后的事。

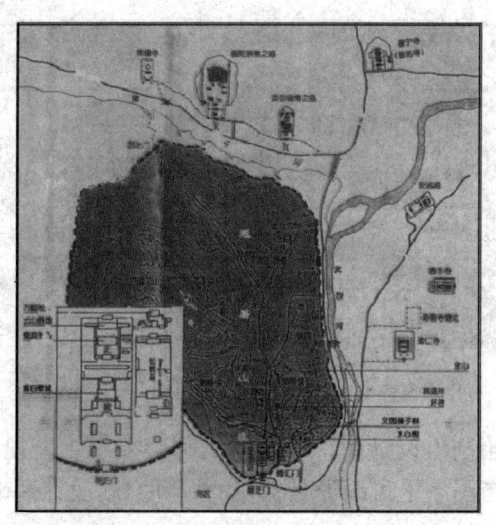

图 5　酷似龟形的承德避暑山庄

据《北堂书钞》卷第九十四"冢墓"——"辩其兆域"注释："《周礼》冢人职云：'掌公墓之地，辩其兆域而为之图'。郑注曰：'公，君也；图，谓画其地形及丘垄所处而藏之'"。我想，汉代以后，之所以称相墓术为图墓术，大概和冢人"辩其兆域而为之图"有关。图墓术的历史渊源可追溯到《周礼》冢人那里。

1978 年，河北平山中山王墓出土了一幅金银错铜板兆域图（图 6）。该图是一幅中山王陵园建筑的平面设计图。图上错有中山王的诏书：命令相邦制定此图；并规定了各种建筑的阔狭大小规划；图一式两份，一份从葬，一份藏于王府。出土的就是从葬的一份。图上绘有三道长方形的围墙，外面一道叫"中宫垣"，中间一道叫"内宫垣"，里面一道叫"丘坎"。三道围墙之间都有规定的距离。在"丘坎"以内设计建筑五个"堂"，"堂"就是建筑在封土上的"寝"。中央是王堂，王堂的两侧是王后堂和哀后堂（哀后指先死的王后）。王堂、王后堂、哀后堂都"方二百尺"，"两堂间百尺"。在王后堂的右侧与哀后堂的左侧有两个"夫人堂"。夫人堂都"方百五十尺"。它们与王后堂、哀后堂的间距则都是"八十尺"。

兆域图的出土充分说明，战国时代，大型公共建筑已有简单的平面设计图了。它验证了《周礼》冢人："掌公墓之地，辩其兆域而为之图"的说法。我们由此可以推测：图墓术可能和《周礼》冢人"辩其兆域而为之图"有关；"冢人"也许就是阴宅风水理论的创始人；图宅术之所以叫做图宅术，则可能是由于古人研究阳宅风水时，也需要辩其宫室"而为之图"。

总之，图墓术与图宅术，合起来，可以看作是一种专门研究阴宅与阳宅的建筑设计或规划设计，并制作出设计图或规划图的学术类别。这就好比现代的

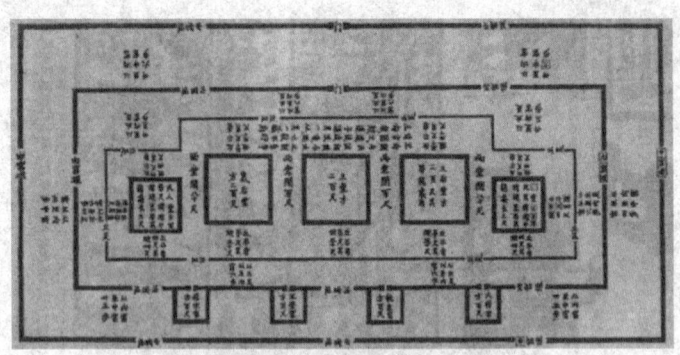

图6 战国中山王兆域图（摹本，原字为篆体）

建筑师必须给客户绘制出设计图，城市规划师必须绘制出规划图一样。从这个意义上讲，图墓术与图宅术可以说是古代的一种空间设计理论。

1.5 两部最早的"风水"著作

在汉代，风水学的成就主要表现在两方面：一方面是制作了许多风水专用工具，这就是全国各地所出土的形制不一的各种式盘（图7）；另一方面则是出现了建筑风水学的专门著作。

在《汉书·艺文志》里，有关阳宅风水的理论著作共有两种。一种是十四卷的《堪舆金匮》，被班固列在六术之一的五行类。另一种是《宫宅地形》，被班固归于形法类。

关于"堪舆"的含义，自古以来，诸家用法和解释不尽一致，许慎注《淮南子·天文训》："堪舆徐行雄以音知雌，故为奇辰"时，将"堪舆"释作："堪，天道也；舆，地道也。"此释义被李善引用于注解《文选·扬雄传》时，则说得更清楚明白，他认为"堪舆"是"天地总名也"。清人朱骏声在《说文通训定声》中也认为："盖堪为高处，舆为下处，天高地下之义也。"看来，早期的堪舆家不仅相地，而且观天。所以，这时的堪舆学可以看作是一种有关时空选择的广义的风水学。

在《汉书·艺文志》里，《堪舆金匮》虽然被班固列在五行类。但是堪舆学和五行学之间，也许还存在着某些区别。这一点，从《史记·日者列传》将五行家与堪舆家分别当作两个占家流派并列相称可以得到佐证："孝武帝时，聚会占家问之，某日可娶妇乎？五行家曰可，堪舆家曰不可，建除家曰不吉"。

三国时期，孟康注《汉书》，以为"堪舆"是造图宅书的神名，而后人又多沿袭此说，于是，"堪舆家"后来也就成了风水先生的雅称了。

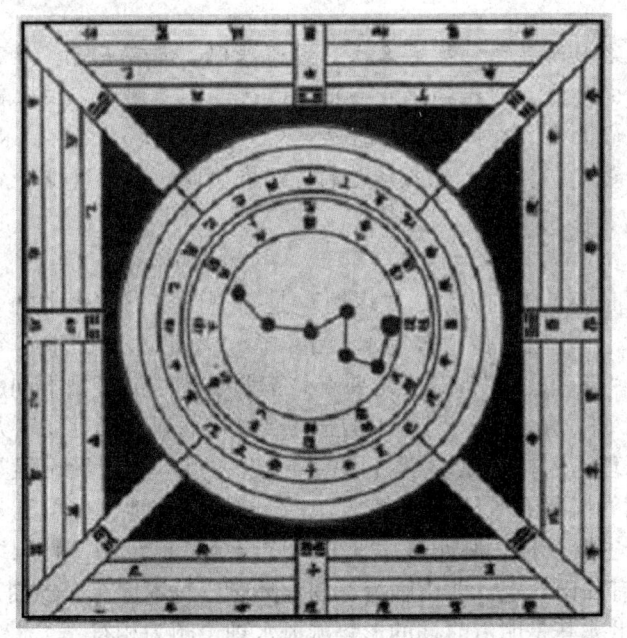

图 7　汉代王盱墓出土漆木式

在《汉书·艺文志》中，与《堪舆金匮》并列的另一种风水著作是《宫宅地形》。此书被归于形法类。"形法者，大举九州之势以立城郭室舍形，人及六畜骨法之度数，器物之形容，以求其声气贵贱吉凶。犹律有长短，而各征其声，非有鬼神，数自然也。"看来，形法的原理也不外乎阴阳五行学说。这里，班固之所以把它单列出来，或许是因为"相学"（包括相城、相宅、相人、相畜、相物等）在汉时已颇具规模，并成为一类专门艺术的缘故吧。

《堪舆金匮》与《宫宅地形》早已散佚，其理论风采现在我们已无从领略。不过，根据东汉著名学者王充（公元 27~97 年）《论衡》一书的记载，我们大致还可以了解到汉代堪舆术即图宅术的一些理论要点。

1.6 王充眼里的"图宅术"

王充，字仲会，会稽（今浙江绍兴）上虞人。年轻时曾到洛阳太学，跟随班彪学习。历任郡功曹、治中等官，后罢职家居，从事著述。其大作《论衡》八十五篇凡二十余万言，其中涉及风水问题的共有三篇，即《四讳篇》、《难岁篇》和《诘术篇》，其中尤以《诘术篇》最为重要。

在《论衡·诘术》中，王充指出"图宅术"即"五姓图宅"的理论要点是：

以六甲之名数而第之，第定名立，宫商殊别，宅有五音，姓有五声，宅不宜其姓，姓与宅相贼，则疾病死亡，犯罪遇过。……图宅术曰：商家门不宜南向，徵家门不宜北向。则商，金；南方，火也；徵，火；北方，水也。水胜火，火贼金，五行之气不相得。故五姓之宅，门有宜向；向得其家，富贵吉昌；向失其宜，贫贱衰耗。

根据三国时期孟康的说法，"堪舆"是指造图宅书的一种神名。那么，所谓的"堪舆术"，也就是指"图宅术"了；而"图宅术"的学术名称叫"五音图宅"，又叫"五音姓利"。其理论要点是按照发音时的口型不同，将姓氏归入"五音"（宫、商、角、徵、羽）中的某一个，进而以此确定住宅方位。

汉代风水理论的核心是"五姓图宅"，这一点毋庸置疑。但是，在宅宜其姓，姓宅相利的情况下尽量选择肃穆、庄严的形胜佳地，也可能是当时相地者所追求的一个主要目标。例如《后汉书·仲长统传》记载，仲长统对住宅的要求是："使居有良田广宅，背山临流，沟池环匝，竹木周布，场圃筑前，果园树后。"这与后世尤其是明清时期的形势派风水理论颇为相符。

1.7 敦煌写本里的"图宅术"

"五姓图宅"即"五音姓利"是一个已经失传的堪舆派别，它在明清以后的堪舆书中没有留下多少踪迹。但是，我们却可以从敦煌文献中约略窥见它的基本面貌。

在斯坦因、伯希和敦煌特藏的堪舆写本中，P.3281 号背面提供了一些有关五姓图宅法的资料。另外两卷写本是被断代为公元 982 年的 S.1437 号正面和 986 年的 P.3403 号写本。这最后两种写本极其宝贵，虽然它们仅仅简单地提及了这一问题，但是却证明了起源于汉代以前的五姓图宅风水理论在公元 10 世纪时依然流行。

另外一种文献是刊本历书（公元 877 年的 S.6 号文书），它说明根据五姓图宅进行占卜的方法流传很广。这份历书保存得很好，其中包括 4 个与五姓图宅有关的栏目。这就是：

1. 五姓修造日。其中提出了适宜修造宅、门、井、灶等建筑的吉祥日子。

2. 五姓种苗日。其中提出了种小麦、豆子和稻子的吉日。

3. 推丁酉（公元 877）年五姓起灶图。它实际上指出了哪些日子对于五姓中的哪一姓吉利。

4. 五姓置门户井灶图。其中指出了可以建造门、井、灶、臼杵和畜圈等的吉利日子。

五姓图宅堪舆学使人将所有姓氏名称都纳入五行的序列。保存于 P.3467 号写本中的一张表格告诉我们这些对照是怎样实现的："角姓木行，徵姓火行，商姓金行，宫姓土行，羽姓水行"。

出于 P.3281 号背面的下表提供了一些有关五姓堪舆的具体使用方法（表1），它是以下述方式安排的：其中，第1行列举了五音各自的最吉祥方位；第2行列举了五音的普通吉利方位；第3行指出了五音的最不吉祥的月份；第4行指出了五音的最不吉祥的日子。

五姓同异法　　　　　　　　　　（表1）

五　　音	宫	商	角	徵	羽
上利大吉	西南	东南	西北	东北	西南
下利小吉	东北	西北	东北	西南	东北
墓月大凶	三月	十二月	六月	九月	三月
墓日大凶	戊辰	辛丑	乙未	丙戌	壬辰

尽管我们所能看到的写本数目很少，但是，不可否认，起源于两汉时期的五姓图宅法在公元 10 世纪仍然在中国民间社会流行，却是一个毋庸置疑的事实。

1.8 宅经——关于住宅的经典

隋唐时期，阳宅风水的理论成果主要体现在各种宅经里。例如敦煌写卷 P.3865 号《宅经》，所开列的中古时代流传民间的阳宅书就有 24 种之多。它们分别是：《皇帝二宅经》、《地典宅势经》、《三元宅经》、《孔子宅经》、《宅锦宅桡经》、《文王宅经》、《玉微宅经》、《王敢宅经》、《淮南王子宅经》、《刘根宅经》、《玄女宅经》、《司马天师宅经》、《刘晋平宅经》、《张之毫宅经》、《九宫宅经》、《八卦宅经》、《五行宅经》、《六十四卦宅经》、《左盘龙宅经》、《李淳风宅经》、《五姓宅经》、《吕才宅经》以及《飞阴乱伏宅经》。

《黄帝宅经》

对于以上二十四种宅经中的第一种《皇（黄）帝二宅经》，纪昀在《四库全书总目提要》中曾有所论述：

> 旧本题曰：《黄帝宅经》……然《隋书》有《宅吉凶论》三卷，《相宅图》八卷，旧唐志有《五姓宅经》两卷，皆不云出黄帝，是书盖依托也……《宋史·艺术志》五行类，有《相宅经》一卷，疑即此书。在术数之中，犹最为近古者矣。

纪昀考证《黄帝宅经》为依托之作，应该说是正确的，但是，他推测《黄帝宅经》出自《宋史·艺术志》五行类的《相宅经》则大谬不然。理由很简单：敦煌写卷为隋唐五代时的作品，最迟不晚于公元 10 世纪末，而《宋史》则修于元顺帝至正三年到五年（公元 1343～1345 年）。早见于敦煌写卷 P.3865《宅经》中的《黄帝二宅经》，不可能由晚出几百年的《相宅经》化出。

《黄帝宅经》的内容结构分三部分，即"序"、"总论"和"凡修宅次第法"。在"序"中，作者开篇首先阐述"宅法"的重要性和"宅有善恶"的道理：

> 夫宅者，乃是阴阳之枢纽，人伦之轨模。非夫博物明贤，未能悟斯道也。就此五种，其最要者，唯有宅法为真秘术。凡人所居，无不在宅，虽只大小不等，阴阳有殊，纵然客居一室之中，亦有善恶。大者大说，小者小论，犯者有灾，镇而祸止，犹药病之效也。故宅者，人之本。人以宅为家，居若安，即家代昌吉；若不安，即门族衰微。坟墓川冈，并同兹说。上之军国，次及州郡县邑，下之村坊署栅，乃至山居，但人所处，皆其例焉。

然后开列了"目见耳闻，古制非一"的二十九种宅经，其中《天老宅经》、《司最宅经》、《右盘龙宅经》、《子夏金门宅经》和《刁昙宅经》五种为敦煌写卷 P.3865 号所不录，另外其中的《黄帝宅经》、《宅锦宅挠宅统宅镜》、《地典宅经》、《淮南子宅经》、《王微宅经》、《五兆宅经》和《元悟宅经》之名称，则比敦煌《宅经》的文字稍工稍通。不过我们也不能由此就断定《黄帝宅经》即为敦煌《宅经》的古本，虽然二者内容大同小异。因为事实上，《黄帝宅经》本身也很可能是由某一个或某几个更为古老的相宅书籍节录而成，这从文中未对"五种"术数做任何交代，就说"就此五种，其最要者，唯宅法为真秘术"，文义突兀，可以看出来。

第二部分"总论"。在此，作者对"二十四路"（参看图8）即"二十四山"的概念和宅法的基本原理——阴阳配合理论进行了阐释，指出：

> 二十四路者，随宅大小，中院分四面，作二十四路：十干、十二支、乾、艮、坤、巽，共为二十四路是也。乾将三男震、坎、艮，悉属于阳位；坤将三

女巽、离、兑，悉属于阴位。是以阳不独旺，以阴为得；阴不独旺，以阳为得。亦如冬以温暖为德，夏以凉冷为德，男以女为德，女以男为德之义。易诀云：阴若得阳，如暑得凉；五姓咸和，百事俱昌。所以德位高壮蔼密即吉，重阴重阳则凶。

接着，提出了宅有"五实"、"五虚"的观点，认为："宅有五虚，令人贫耗；五实，令人富贵。"其中，"五虚"是指："宅大人少，一虚；宅门大内小，二虚；墙院不完，三虚；井灶不处，四虚；宅地多屋少庭院广，五虚。"

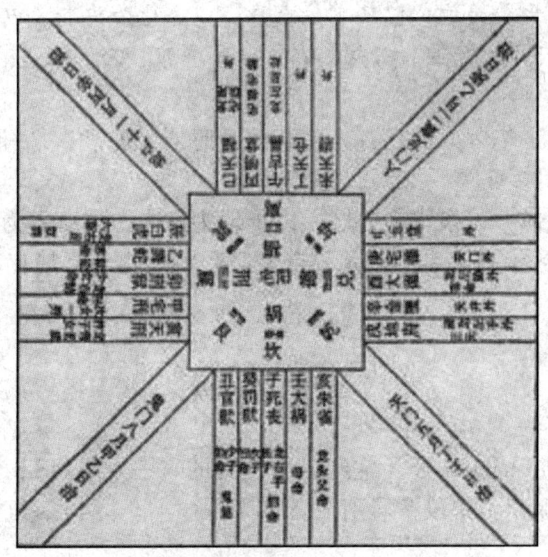

图 8 《黄帝宅经》中的阳宅图

而"五实"则指的是："宅小人多，一实；宅大门小，二实；墙院完全，三实；宅小六畜多，四实；宅水沟东南流，五实。"由于重实不重虚，所以原则上不主张建大宅，而主张"计口半造"，规模适度，并且劝世人"不衰莫移"，切莫要轻易大兴土木："宅乃渐昌，勿弃宫堂。不衰莫移，故为受殃。舍居就广，未必有欢。计口半造，必得寿考。"这些观点即使在今天看来，也仍然不失其指导意义。

《子夏宅经》

在《黄帝宅经》的序言部分，曾经提到《子夏宅经》，由于后者已经失传，其庐山真面我们已无从领略，但是，从明代万历年间陈梦和编辑的《阳宅集成》的引文里，我们还是搜索到了《子夏宅经》的精彩片段：

《子夏》云："墓有四奇：商、角二姓，丙、壬、乙、辛；宫、羽、徵三姓，甲、庚、丁、癸。得地得宫，刺史王公，朱衣紫绶，世贵名雄。得地失宫，有始无终，先人受苦，子孙当凶。失地得宫，子孙不穷，虽无基业，衣食过充。失地失宫，绝嗣无踪，行求衣食，客死蒿蓬。"

《子夏》又云："人因宅而立，宅因人而存，人宅相扶，感通天地，故不可独信命也。"

又云："先修刑祸，后修福德，即吉；先修福德，后修刑祸，即凶。阴宅从巳起工，顺转；阳宅从亥起工，顺转。刑祸方用一百工，福德方用二百工，压之即吉。阳宅多修于外，阴宅多修于内。"

又云："宅以形势为体，以泉水为血脉，以土地为皮肉，以草木为毛发，以舍屋为衣服，以门户为冠带。若得如斯，是事俨雅，乃为上吉。"

"人因宅而立，宅因人而存，人宅相扶，感通天地。"——瞧，《子夏宅经》将人宅关系，说得多么重要又多么透彻！

"宅以形势为体，以泉水为血脉，以土地为皮肉，以草木为毛发，以舍屋为衣服，以门户为冠带。"——瞧，《子夏宅经》将住宅与环境比喻得多么形象又多么贴切！

《三元宅经》

再如敦煌写卷 P.3865 号《宅经》所提到的《三元宅经》，在陈梦和的《阳宅集成》里，也保存了一段精彩引文：

《三元经》云："地善即苗茂，宅吉即人荣。"

又云："人之福者，喻如美貌之人。宅之吉者，如丑陋之子，得好衣裳，神采尤添一半。若命薄宅恶，即如丑人，更衣敝衣，如何堪也。故人之居，大须慎择。"

《吕才宅经》

在敦煌写卷 P.3865 号《宅经》所开列的二十四种宅经中，位居倒数第二的《吕才宅经》也很值得注意。虽然该书详情已无从领略，但是从标有"朝散大夫太常卿博士吕才推"字样的敦煌写卷 P.3492《诸杂推五姓阴阳等宅图经》中，我们还是可以约略体验到它当年的神韵：

阳宅福在南，德在西。

南入门为阳宅。

北有泽，南有高地及有林茂盛，居其内，吉。

南有泽，居之吉。

凡宅四面有坝、坎、沟、渠、道、泽等，去合一百二十步，吉。又三十五步，亦得居之，一代安乐吉庆也。

凡宅北高南下，名曰韩地，一名泽藏地，居之长富，食口五十人。其地东有流水，即名齐地，居之五年小富，十二年大福，生贵子。如南有流水，名曰魏地，居之富，宜子孙、六畜，食口七十，人生贵子。

如四方高，中央下，名曰周地，一名地藏之地，居之富贵，君子吉，小人凶。

凡地形平整，中央小高，有横西流一水者，居之绝世。

凡安宅前下后高，有水东南流，居之富贵，宜子孙。

凡宅四方高，中央下，并有水洼，地唯边不出，名曰宫地，居者宜子孙，富贵。

城郭四角，火烧、水冲、咸碱之地及陶冶之处，葱韭、五谷之地，皆不可居，令人灭门。

以上论述后来流传下来，被明代学者写入各种阳宅风水著作中，例如《阳宅十书·论宅外形》就保留有其中的许多内容。

总之，透过吉凶祸福等传统的浪漫修辞手法，我们看到的是隋唐五代的堪舆家们对光照、采暖、通风、给排水等居住环境要素的充满理性的观察与思考；看到的是他们指点江山时的那种自信、潇洒的音容与笑貌。起源于两汉而盛行于魏晋南北朝时的"五音姓利"风水理论，至此式微衰落。其标志之一是风水先生对它已失去了往日的敬畏心理，甚至公开声言可以不避"五姓宜忌"。如《黄帝宅经·总论》就说：

翻宅平墙，可为削狭。夫辨宅者，皆取移来方位，不以街北、街东为阳，街南、街西为阴。凡移来，不论远近，一里与百千里同，十步与百千步同。又此二宅修造，唯看天道，天德、月德生气到，即修之，不避将军、太岁、豹尾、黄幡、黑方及五姓宜忌，但随顺阴阳二气为正。此诸神煞及五姓、六十甲子，皆从二气而生，列在方隅，值一年公事，故不为灾。

既然"五姓宜忌"已到了"故不为灾"，可避可不避的份上，那么，风水理论面临变迁，似乎也就不言而喻了。

1.9 宋代 "风水" 分三派

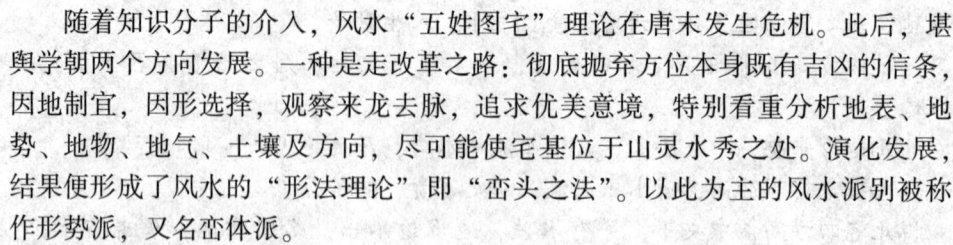

随着知识分子的介入，风水 "五姓图宅" 理论在唐末发生危机。此后，堪舆学朝两个方向发展。一种是走改革之路：彻底抛弃方位本身既有吉凶的信条，因地制宜，因形选择，观察来龙去脉，追求优美意境，特别看重分析地表、地势、地物、地气、土壤及方向，尽可能使宅基位于山灵水秀之处。演化发展，结果便形成了风水的 "形法理论" 即 "峦头之法"。以此为主的风水派别被称作形势派，又名峦体派。

另一种则是走改良之路：在不变更 "方位有灵" 这一根本信条的前提下，引入八卦、河洛、天星、生肖和干支等一系列新的分析工具，将方位度量细致化、复杂化、神秘化。逐渐演化发展，便形成了风水的 "理法理论" 即 "理气之法"。以此为主的风水派别则被称作数理派，又名宗庙派或屋宅派。

我们现在常说风水学分为形势与理气两大派别，这个说法应是指元代以后的情形。至于宋代，由于处于过渡期，旧的未去，新的已来，因此，当时的风水学应分为姓音、形势与理气三大派。例如，明代徐试可编辑的风水巨著《天机会元》卷五收录有宋代廖瑀（廖金精）所写的《金壁玄文》。据《金壁玄文》"地理三科" 说："世传地理有三科，分派至为多，形势难分方位次，此语当从事。姓音已见吕才非，国典尚遵依。景纯著书兼取二，至当无容议……直言无隐遵程教，可与知者道。" 显然，廖瑀认为地理分三派，而不像我们通常所说的分两派，反映的正是转型期的宋代风水学界的真实情况。当时，五音姓利尚未消失，皇室依然用其选择皇家陵园。廖金精说："姓音已见吕才非，国典尚遵依"，正与此合。

《金壁玄文·大地入式歌》说："大江以南最奇特，自古多王国。关中原是天苑星，洛邑紫宫形。" 据此，明人徐试可认为："此以洛阳为都，则曾、杨亦是后唐人，可见。" 一般认为形势派的祖师杨筠松为唐代人。这里，徐试可根据《金壁玄文》推断杨筠松、曾文遄为后唐人，非常值得注意。

《金壁玄文·俯察正法歌》说："景纯《葬书》最精要，其次《龙经》妙，推原议论本于斯，句句是吾师。" 根据《金壁玄文》推崇郭璞的这些话来看，《葬书》与《龙经》的成书年代应该在后唐至宋代之间。

还有一点，《金壁玄文》说："直言无隐遵程教，可与知者道。" 其中之 "程教"，似指宋代理学大师程颐（公元 1033~1107 年），程子有言："地之美者，则神灵安，其子孙盛。若培雍其根，而枝叶茂，理固然也。地之恶者，则反是。然则何为地之美者？土色之光润，草木之茂盛，乃其验也……惟五患者不得不谨：须使他日不为道路，不为城郭，不为沟池，不为贵势所夺，不为犁耕所及也。"程子的这段话，历来为风水先生津津乐道。程子卒于公元1107年，20年后，北宋灭亡，南宋建立。《金壁玄文》既然说："直言无隐遵程教，"可见其成书年代大约在程颐之后的北宋末年的宋徽宗大观元年至南宋时期。这个推论与传说中廖瑀"建炎中以茂异荐，不第"的说法大致吻合（图9）。

一直到宋末元初，姓音派才退出历史舞台。元代以后，风水学界便成了形势与方位两派的天下了。

近年，江西临川宋墓发现了两个"张仙人磁俑"，俑高22厘米，眼观前方，炯炯有神，束发绾髻，手持罗盘，俑底座墨书"张仙人"。

图9　宋代风水师——张仙人

1.10 形势派与理气派

清人丁芮朴《风水祛惑》认为："风水之术，大抵不出于形势、方位两家。言形势者今谓之峦体，言方位者今谓之理气。唐宋时人，各有宗派授受，自立门户，不相通用"。

形法理论据说"肇于赣州杨筠松、曾文遄、赖大有、谢子逸辈，其为说主于形势，原其所起，即其所止，以定向位，专指龙、穴、砂、水之相配。"所以又名赣派风水。

而理法理论据说："始于闽中，至宋王级乃大行，其为说主于星卦，阴山阴向，阳山阳向，纯取五星八卦，以定生克之理。"所以又名闽派风水。

理气之法还有个名称，叫宗庙之法，开宗于福建，以五行生克论吉凶为特点，至南宋大行于世。工其法者，专主阴阳配合生克制化，以罗盘定空间方位阴阳，并取八卦五行、飞星翻布定生克吉凶，亦即通过年运与宅、墓的坐向推算主人命运的时空因素，占测最优选择。理气之法依据《周易》的原理以八卦、十二支、九星、五行为四大纲，比峦体法专论山川形势更为抽象玄奥。

赣派风水与闽派风水最迟迄于元代，就已分流而行，水火不容，互相攻击，一竞短长。如元人赵坊就叙述、评论说：

> 赣人相传，以为闽士有求葬法于江西者，不遇其人，遂泛观诸郡名迹，以罗经测之，各识其方，以相参合，而傅会其说如此。盖盲者扣盘扪烛以求日之比。而后出之书，益加巧密，故遂行于闽中。理或然也。夫势与形，理显而事难，以管窥豹者，每见一斑；按图索骥者，多失于骊黄牝牡。苟非其人神定识超，未必能造其微也。方位者，理晦而事易。画师喜模鬼神，惮作狗马，况羁旅求合之巫，焉肯致其所难，以艰其食衣之途哉！

这里，赵坊固然对赣派"风水"有所偏爱，但他认为形法"理显而事难"，理法"理晦而事易"，还算比较客观，比较公正。

明清以还，堪舆家倾向"峦头为体，理气为用"，两派渐渐合流。但在实际应用中，理气之法仍侧重于营宅方面。

就人员构成来讲，赣派大多是饱学之士，雄厚的文化功底使他们能真正谙熟风水术的精华所在，并触类旁通，将其运用到建宅、筑城、兴宫以及军事等诸多领域。如元大都的选址人与规划者刘秉忠、赵秉温和明代的刘伯温，就是其中的佼佼者。

而闽派则多是下里巴人，他们粗通文墨，挟术数以混口饭吃，虽然也谙熟一方风土，但是对大范围的山川地理却了解无多，有时，甚至对风水著作中的文化名物也未必搞得明白。在这种情况下，简化风水理论，清除其中的不确定因素，使它口诀化，并经常使用罗盘这种神奇工具，就显得尤为必要。

此种理论倾向虽然教条化，但是却挽救了闽派风水，使其劣而不汰，具有了新的持久的生命力，长期在中国乃至东亚社会保有一定市场。

特别是在无龙可觅、无砂可察、无水可观的平原地区以及无特殊地貌特征的城市内部的住宅选址中，理气风水的教条性、模糊性，恰恰成全了它的普适性。

相比之下，过于看重自然地貌，"专论龙、穴、砂、水之相配"原理的赣派"风水"，却难以"放之四海而皆准。"

这就是为什么两派风水理论长期互相攻击，互竞短长，却都难以取得压倒优势的原因所在。

1.11 理气风水的理论要点

总之，两千年来，阳宅风水学大致经历了四个发展时期，即：

(1) 先秦时期的卜宅相宅；

(2) 秦汉以后的五姓图宅；

(3) 隋唐时期的理论创新；

(4) 宋元以后的理论分流。

从这些粗线条的描述中，不难发现，阳宅风水理论经历了一个由简单到复杂，由宗教到美学，由迷信到科学的逐步发展的过程；这个过程其实也是中国传统建筑文化史的一个侧面。

本书将要讨论的理气风水，正是阳宅风水学发展到晚期以后所产生的两大理论流派中在民间最有影响的那一派。

传世较有名的理气风水书籍，有《阳宅十书》、《紫白诀》、《三白宝海》、《八宅明镜》、《阳宅撮要》、《阳宅集成》、《阳宅爱众》、《阳宅大全》、《阳宅正宗》等书。其理论核心，主要有以下几个方面：

1. 分东西四宅，以东配东、西配西为吉，吉方宜门向、通路、灶向，吉方宜高大。

2. 以紫白飞星、三元气运、五行生克，论八方之生、旺、退、死、杀。

3. 以五行分宅体，配合方、圆、直、曲、深、浅、长、短、阔、狭、明、暗而造作。

4. 避免外围景观形象之凶恶，即所谓的形煞。以上这些理气理论若能配合，综合运用，理气之学才可以进入完美的境界。

关于以上理气理论，笔者将在后面几章中分别进行论述。

第二章

理气风水的基本观点

阴阳、五行、八卦、干支、二十八星宿等，是理气风水的理论基础，这些学术思想大多形成于战国以前。此后，它们成了中国人关于时间空间思维的一种经典性模式，无论在思想、信仰、生活各方面，都可以看到它们的身影。

易学是理气风水的根本，对此，研究者不可不知。此外，河图、洛书、先天卦、后天卦、太极、四象、干支、花甲、方位、辟卦、月候、互卦、爻位、序卦、纳甲、择吉等，也都是理气风水学者所要通晓的基础理论。对此，笔者在这里难以一一论述，只能选择其中较为关键较为常见的若干内容，进行详细说解与深入探讨。

2.1 东方魔符——太极图

太极图，人称"东方魔符"。它是先哲们创造的宇宙演化模型。《易经》说："无极生太极，太极生两仪，两仪生四象，四象生八卦。"这实际上是在解释宇宙万物的生成、繁衍、变化和对立。《周易正义》也说："（太极）乃天地未分之前，元气混而为一。"由图 10、图 11 中的几种常见的太极图可以看出，阴阳双方既对立，又统一，永恒流转，生生不息，呈现出动态平衡的整体形象。

我们的祖先能用太极、八卦这些最为简约、最为抽象，也最为形象的理论模型来表述高深的哲学问题，堪称炎黄文化之一绝。难怪韩国人在设计国旗、国徽时，要采用太极图和八卦的形象了。

在《博山篇》里，古代风水名家黄妙应写道："天下道理，阴阳五行，不离一圈。这一圈者，生死之窍。天地之间，有小的圈，有大的圈，认得此圈，处处皆圈……这一圈，天地圈：圆不圆，方不方，扁不扁，长不长……在人意会，似有似无，自然圈也。"

图 10　太极图三种

可以看出，黄妙应所谓的"圈"，就是生死之窍，就是万物之根，就是太极。作为一个社会人，人们的确需要圈，离不开圈，圈充分反映了人们的依赖心理。建筑风水学，说白了，就是为人们去寻找那些有益于身心健康的好山好水，即自然之"圈"。

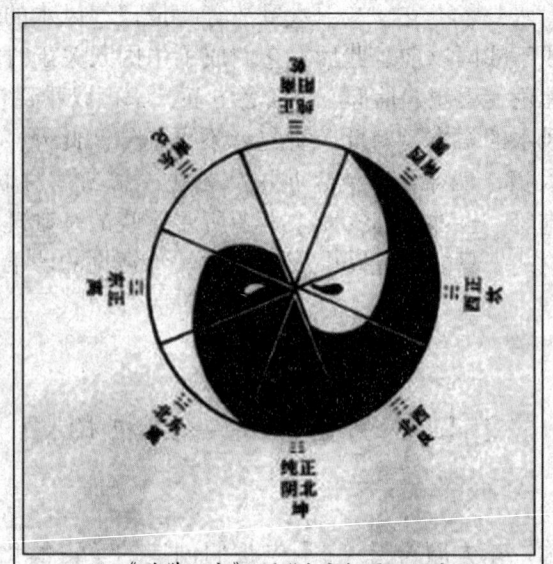

《道学正宗》：“古太极图，阳生于东而盛于南，阴生于西而盛于北，阳中有阴，阴中有阳，而两仪，而四象，而八卦，皆自然而自者。”此图传自陈抟，民间流传较广，有太极含阴阳，阴阳含八卦之妙。

图11 古太极图

与黄妙应《博山篇》的说法颇为相近，道教著作《玄宗正旨》也说：“人生之始，只此一○。凿破混沌，遂昧此○。辟开道路，惟赖此φ。踢倒坤乾，惟赖此φ。自动而静，自阴而阳，遂成此⊙。动中有静，静中有动，遂成此⊙。自无而有，自有而无，仍还此○。”

这是一种别开生面的人生观——它试图用生殖生育过程来解释人生奥义，并进而阐述太极与阴阳理论。

其实，仔细一想，所谓人生观，不就是讨论人生即人活着的意义吗？人生，人活着，其起点首先是生育。因此，离开生育，人生不知从何说起？再者说，人生的终点是死亡。而死亡在古人看来是一种再生，是“自有而无”，所以，还是离不开“穴”，离不开生育。因此，“○”就是“无极”，就是“穴”，就是“生气”。如果说，“○”代表了事物的本源，代表着“阴”，那么，这种“阴”也只是处子之“阴”。若用数学语言形容，“○”代表的是空集。要想生育结果，还必须经过“φ”的过程，“φ”代表着阴阳相交与阴阳和合。“φ”后之“○”，用符号表示就是“⊙”，“⊙”是“太极”，反映的是坐胎后的“○”。“⊙”是实集而不是空集。正如《玄宗正旨》所说，人生的终点是“自有而无，仍还此○”。“○”可以代表虚无，可以代表清零，可以代表删除一切。人生的终点不就是又回到"○"的状态吗？正如有些老人的生理与心理会出现返老还童，向初始化方向发展一样，"○"也代表着复归。总之"○"既可以代表人之初，也可以代表人之末。《玄宗正旨》关于人生观的这段议论，读来真是别致。

2.2 阴阳辩证法

一般人都把"阴阳"和"五行"连起来，说成"阴阳五行"。但是阴阳与五行，原是两个学说，它们各自独立产生，发展的路径也不同。

阴阳学说属二元论思想：认为宇宙是由"阴"与"阳"两方面构成的，依靠两者相互对立，相互调和，而生成天地万物。几十年前，国人似乎个个都是哲学家，凡事总喜欢上纲上线到哲学层面来理论。某些人经常挂在嘴边的一句话就是："一分为二"。其实，"一分为二"的观点并不新鲜，古人一直都在使用着。阴阳学说就是一种朴素的辩证法，其中当然也含有"一分为二"的意思。《易经》："无极生太极，太极生两仪，两仪生四象，四象生八卦"，就是典型的"一分为二"的哲学观，其中的"两仪"就包含有阴阳的含义（图12）。

实际上，阴阳是事物相互对立相互依存的两个方面。凡属外部的、热的、明亮的、开放的、无形的、活跃的，皆可称之为阳性；而属于内在的、冷的、暗晦的、闭合的、有形的、平静的，皆可称之为阴性。

阴与阳的划分具有相对性和灵活性。任何事物的阴阳属性都不是绝对不变的，而是以自身的对立面为转移，即在某种场合下属阴的事物，在其他场合下则可能属阳。阴阳之间存在着既对立又统一的关系。

在《易经》中，"两仪"即阴阳，阴，符号为"--"，《易经》称之为阴爻。阳，符号为"—"，《易经》称之为阳爻。爻者，象也。故两个符号统称为爻象。

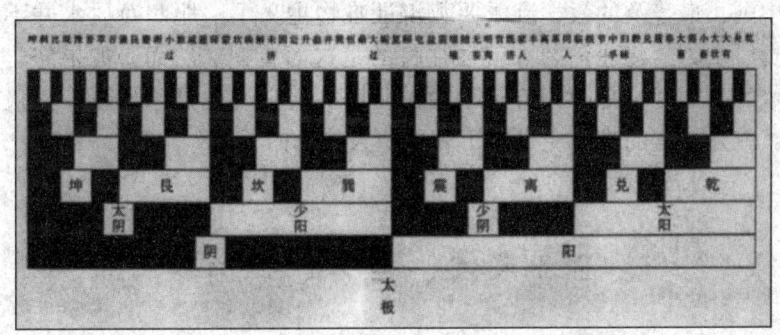

图12　六十四卦——"一分为二"的哲学典范

阳（—）为日，阴（--）为月。在原始文字中，"易"字实际上就是由日、月两字组合而成（图13）。

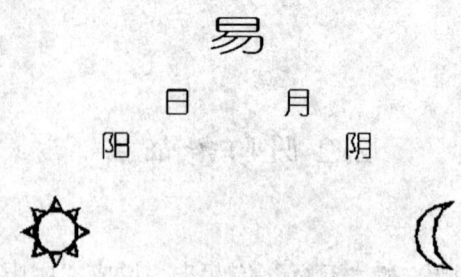

图13　日月阴阳为易图

阴阳学说可以说是《易经》的核心内容，它是象征、解释、辨认世间矛盾对立事物的总称。凡天地、日月、上下、大小、水火、雌雄、前后、昼夜、明暗、尊卑、男女，都可以用阴（--）、阳（—）两种爻象来概括。

唐时司马承祯在《天隐中·安处》篇中说："何谓安处？在乎南向而坐，东首而寝室，阴阳适中，明暗相半。"《吕氏春秋》也说："室大多阴，台高多阳。"指出房间不宜太大以避免房内过于阴冷；台基应该高些，以避潮湿与迎纳阳光。由此不难理解人们普遍喜阳而恶阴的道理。因此，理想的居住生活环境，都应该具有阴阳平衡的特点。

当然，阴和阳并不能以单纯、片面的单一属性来看待；这是因为阳中有阴，阴中有阳，阴阳两种相反的特性始终在互相循环、融会、变化着，从而衍生天地万物。

同时，阴阳也会因外界因素而转化。正如《老子》所说："万物负阴而抱阳"，故而阴阳虽然对立，也需交融调剂。这也就是孤阴不生，独阳不长的道理。

在中国，最普及的哲学流派要数辩证唯物主义了。那些对风水并不了解却无端指责风水为封建迷信的人就往往打的是这面旗帜。然而，如果您告诉这些人：风水的基本理论是阴阳五行学说，阴阳五行学说就是矛盾论，太极图就是辩证法，就是朴素的唯物主义，不知这些人将作何感想？

2.3 天才、地才、人才

30年前，林彪称毛泽东为天才，毛不领情，要批天才论。时下，我们称那些有为之士为人才。对于天才、人才这两个词，我们并不陌生。然而说到地才，则有些不知所云。其实，在古代，所谓三才——天才、地才、人才，其空间意义无非是指天、地、人或上、中、下三段。

图 14 三才具备的传统建筑立面

古人作文喜欢穿靴戴帽。盖房也一样，讲究的是三才具备，要有天才、地才、人才（图 14）。这表现在建筑立面上就是：天才——屋顶；地才——台基；人才——墙柱。并且，三才之间要相互协调。否则，会感到不舒服。

关于天时、地理、人和三者的关系，孟子曾经有个著名论断。2000 年来，在纵向空间设计方面，统治中国人的就是这种三段论式的三才思想。

2.4 神秘的四灵

风水学有个说法，即所谓左青龙、右白虎、前朱雀、后玄武（图 15）。这到底是什么意思呢？

要回答这个问题，先要知道古人怎样绘制地图。古人绘制地图时，是以自己为中心，地图上南方在前（居上），北方在后（居下），以坐北朝南为正确方位。之所以如此，是因为在八卦中南方为离，离属火，火性炎上，北方为坎，坎属水，水性润下；又有所谓天南地北，天在上，地在下的说法，所以，在古代中国地图中，才有南方在上，北方在下这种画法。这与现代地图依据国际惯例北方在上，南方在下的绘法，刚好相反。

古代称“青龙”、“白虎”、“朱雀”、“玄武”四种动物为“四灵”又叫

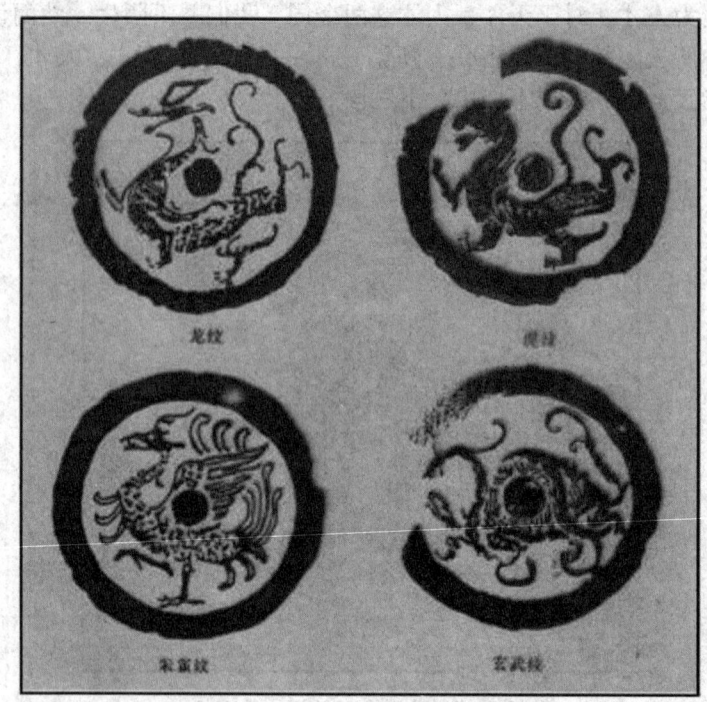

图 15　汉长安城瓦当上的四灵

"四象"，以代表四方的形势。

"青龙"、"白虎"、"朱雀"、"玄武"，是东、西、南、北的山形及其所主的颜色的简称。如果北在后方，我们的左手边就是东方，因为东方五行属木，所对应的颜色是青色，故称东方为"青龙"或"左青龙"。这里，需要说明的是，古代"青"色是指深蓝色，与蓝色及绿色不同。不过，青、蓝、绿均属东方的颜色系列，在风水上属于相同体系。如果北在后方，那我们右手边即是西方，西方五行属金，所对应的颜色是白色，故西面的群山称为"白虎"或"右白虎"。我们前面为南方，南方五行属火，色主赤红，故南面称作"朱雀"或"前朱雀"。我们的背后为北方，北方五行属水，而颜色主黑，故北面称作"玄武"或"后玄武"（见图 16）。

风水师为什么放着东、西、南、北或左、右、前、后这些比较好懂的空间概念不用，偏偏要用"青龙"、"白虎"、"朱雀"、"玄武"这些神秘的空间术语呢？

答案是：为了职业生存。

试想：面对着地位比自己高，财富比自己多的权贵之人，风水师如何才能取得话语的优先权？如何才能让自己的看法具有权威性？答曰：神秘化。只有通过神秘化，才能剥夺那些外行的权贵之人的发言权，才能使自己的工作更具有专业性。我认为，正是这种职业生存的需要，才导致风水学走向神秘化。

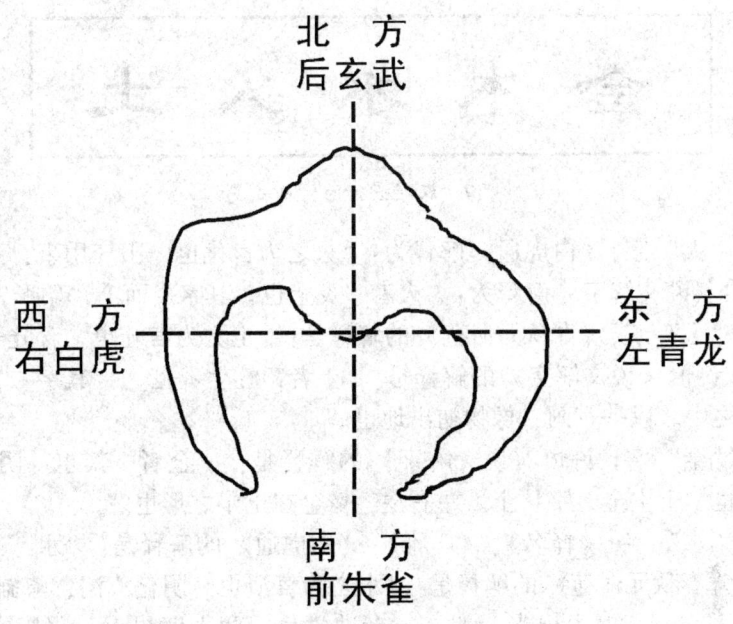

北　方
后玄武

西　方
右白虎

东　方
左青龙

南　方
前朱雀

图16　四灵方位图

2.5 五行的本体与性能

五行，是指金、木、水、火、土。古人认为天地万物全是由这五种基本物质组成。由于基本物质运转变易，于是构成了丰富多彩的大千世界。

中国传统美学思想的最大特点是"中和之美"。不管是道家的"一阴一阳谓之道"，还是儒家的"中庸之道"，或者是阴阳家的"太极图"，乃至阴阳五行八卦学说，都体现的是"中和之美"，其核心思想都是强调追求对称、均衡，不偏不倚。汉字"中"、"国"、"美"、"丽"等字本身就体现了这种均衡之美与对称之美。前几年，北京有个楼盘叫"美丽园"，卖得很火，其马路广告旗从正面看是"美丽园"，从背面看是"园丽美"，倒着念正好也是"美丽园"，非常奇妙。这就是汉字"中和之美"的魅力。

也许是一种巧合吧，五行——"金"、"木"、"水"、"火"、"土"五字，个个都是前后对称，左右均衡。不仅完美地体现了"中和之美"，而且多少也透出一股阴阳关系（图17）。

关于五行中的"木"字，《春秋元命苞》解释为："木者，触也。触地而生。"而许慎《说文解字》的解释是："木者，冒也。"意思是：草木冒地而出，"木"字上边一横像树枝，下面一竖像树根。

理气风水

第二章　理气风水的基本观点

金 木 水 火 土

图 17　汉字五行的对称之美

关于"火"字，《白虎通》解释为："火之为言化也。阳气用事，万物变化也。"许慎《说文解字》解释为："火者，炎上也。其字炎而上，象形者也。"

关于"土"字，《春秋元命苞》的解释是："土之为言吐也。含吐气精，以生于物。"许慎《说文解字》的解释是："土者，吐生者也。""其字二，以像地之下与地之中。以一直画，像物初出地也。"

关于"金"字，许慎《说文解字》的解释是："金者，禁也。阴气始起，万物禁止也。土生金，字从土。左右注，像金在土中之形也。"

关于"水"字，《释名》、《广雅》、《白虎通》的解释是："水，准也。平准万物。"《春秋元命苞》的解释是："水之为言演也。阴化淖濡，流施潜行也。故立字两人交，一以中出者为水。一者数之始，两人譬男女，阴阳交一起一也。"许慎《说文解字》的解释是："其字像泉并流，中有微阳之气。"

以上是有关五行的概念解释。至于五行的体性——即本体与性能，《洪范》的说法是："木曰曲直，火曰炎上，土曰稼穑，金曰从革，水曰润下。"对此，隋代萧吉在《五行大义》里发挥说：

木居少阳之位，春气和煦温柔，弱火伏其中，故木以温柔为体，曲直为性。火居大阳之位，炎炽赫烈，故火以明热为体，炎上为性。土在四时之中，处季夏之末，阳衰阴长，居位之中，总于四行，积尘成实，积则有间，有间故含容，成实故能持，故土以含散持实为体，稼穑为性。金居少阴之位，西方成物之所，物成则凝强，少阴则清冷，故金以强冷为体，从革为性。水以寒虚为体，润下为性。

归纳《洪范》与《五行大义》的说法，我们可以得出以下结论：

"水"系阴性，具有破坏性的向下能力；

"木"具扩散性的能力，它有阴阳之分，阳木具有积极性的扩散能力，阴木则具有缓和性的扩散能力；

"火"系阳性，具有狂暴性的向上能力；

"土"具往来性的能力，具体说，阳土具有建设性的往来能力，阴土则具有腐蚀性的往来能力；

"金"具有内聚性的能力，阳金具有组合性的内聚能力，阴金则具有杂乱性的内聚能力。

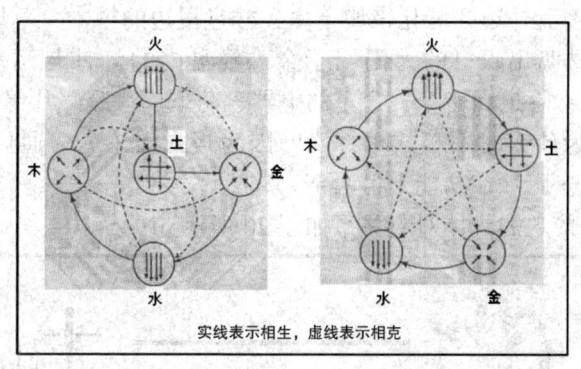

实线表示相生，虚线表示相克

图 18　五行性能生克图

以上有关五行体性的结论，我们可以用图18形象地表示。

2.6 五行与景观住宅

时下，景观住宅与生态住宅成为房地产的两大卖点，各地开发商都喜欢打景观牌与生态牌。其实，景观住宅的构成要素，说白了也无非是指山景、水景、树木、阳光（图19）。这四大要素，长期以来一直是风水学所追求的主要指标。

现代住宅就其构成要素来说，都可以归纳到"金"、"木"、"水"、"火"、"土"的五行体系里来。例如：

"土"——楼盘地基属于土，楼房本身属于土，小区内的假山属于土，楼房所用的建筑材料大部分也属于土。

"水"——楼盘外边的河流湖塘属于水，楼盘里边的小溪池水属于水，楼房内部的上水、下水也属于水。

图 19　景观住宅的四大要素

"木"——楼盘外边的绿化带属于木，楼盘里边的树木、草地属于木。

"金"——楼盘出入口的大门属于金，楼盘内的灯柱与运动器材属于金，楼房内部的电梯、管道属于金，家里的电器、防盗门、暖气片等也属于金。

"火"——为什么时下板式楼好卖？因为板式楼采光、通风好。而采光属于火。除此之外，厨灶在功能上也属于火。

五行与生态景观的具体对应关系如图20所示。

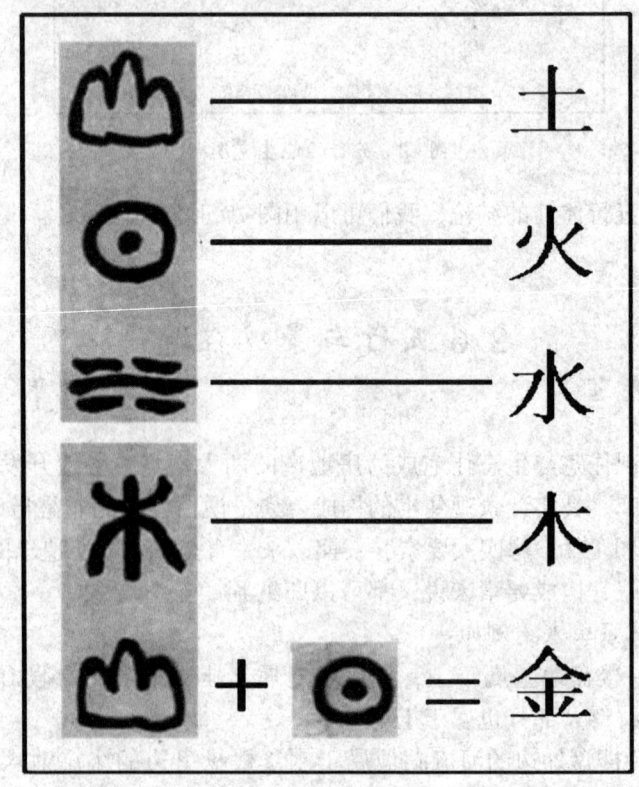

图20　五行与生态景观的对应关系

2.7 五行学说：一种自然哲学

2000多年前，五行学说风行一时，并衍生出五行相生与五行相克的原理。相生，是指一种物质对另一种物质存在着催化、促进、帮助、生成的积极关系；相克，则是指一种物质对另一种物质存在着反对、压迫、消耗、克制的消极关系。相生加上相克，就是当代哲学所说的矛盾的对立统一关系。五行学说可以说是最早的"矛盾论"。

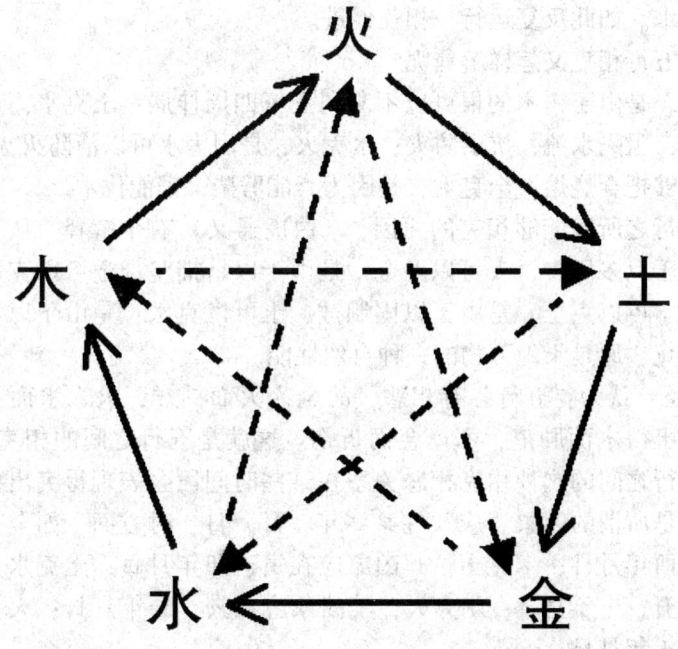

火

木   土

水   金

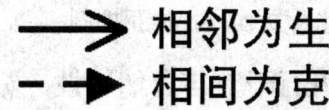

相邻为生

相间为克

图 21 五行相生相克合一图

五行相生的规律是：木生火，火生土，土生金，金生水，水生木。五行相克的规律是：木克土，土克水，水克火，火克金，金克木（图 21）。

为什么会有五行相生相克的看法呢？

解释是：以前人们做饭烧水，皆燃柴草，柴草为木，所以木能生火；火热可以焚木，木焚成灰，而灰就是土，因而火生土；聚土成山，山能成矿，矿能炼金，所以土能生金；销金融化，便成液体，故而金能生水；草木植物要靠水分维持生命，因此水能生木。

《金匮经》认为：二气交会，各立五行，五行之间，循环无端。故金化而水生，水流而木荣，木动而火明，火炎而土平，土积而金成，这就是五行之间的相生相克关系。而且认为五行之间的这种相生相受关系在某些时间段会表现的突出些，会呈现吉象，也就是所谓的吉象"应"在某些年、月、日、时方面。如金生水，其吉象必应在申、酉年月日；水生木，其吉象应在亥、子年月日；木生火，其吉象应在寅、卯年月日；火生土，其吉象应在巳、午年月日；土生金，其吉象应在辰、戌、丑、未年月日。

总之，相生的五行呈现出这样一个关系——水生木，木生火，火生土，土生金，金生水。如此反复运行，相互促进。

那么，五行相克又怎样解释呢？

木克土，是由于树木的根可以不断向土壤四周伸展；土克水，是由于土可以筑坝筑堤，阻隔水流，抗洪防灾；水克火，是因为水可以消防灭火；火克金，是因为火能够把金烧熔；金克木，是因为斧能劈柴，锯能伐木。

对于五行之所以能够相克的原因，《白虎通义》有个解释，认为：水可以克火，是由于以多压少；火可以融金，是由于以精摧坚；金可以克木，是由于以刚胜柔；木可以克土，是由于以固制散；土可以克水，是由于以实掩虚。总之，五行相克，原是天地万物的一种自然性能。

《金匮经》认为：五行各有相恶，故金入火而销洋，火入水而灭亡，水遇土而不行，土得木而肿疮，木逢金而折伤。这就是五行之间的相克相恶关系。而且认为五行之间的这种相克相恶关系在某些时间段会表现得突出些，会呈现凶象，也就是所谓的凶象"应"在某些年、月、日、时方面。如金克木，其凶象应在申、酉年月日；木克土，其凶象应在寅、卯年月日；土克水，其凶象应在辰、戌、丑、未年月日；水克火，其凶象应在亥、子年月日；火克金，其凶象应在巳、午年月日。

总之，相克的五行也浮现出这样一个关系——木克土，土克水，水克火，火克金，金克木。如此反复运行，相互抑制。

五行干支与自然属性一览表　　（表2）

五行	天干	地支	五属	五方	五气	五季	五声
木	甲乙	寅卯	青龙	东方	风	春天	角
火	丙丁	巳午	朱雀	南方	暑	夏天	徵
土	戊己	辰戌丑未	中宫	中央	湿	季夏	宫
金	庚辛	申酉	白虎	西方	燥	秋天	商
水	壬癸	亥子	玄武	北方	寒	冬天	羽

五行学说是中国古代的一种自然哲学。古代的宇宙观和伦理观往往借助于五行学说的方位体系，认为事物都具有金、木、水、火、土五种物质属性。这五种物质之间存在着相生、相克的依存关系，同时又可能在一定条件下发生相乘和相侮的非正常现象。"乘"即乘虚而入，亦即"克"的意思；"侮"即恃强凌弱。如金本克木，木本克土，而当木气亢盛，土气衰虚时，金不能对木加以正常的克制，亢盛之木不仅乘土之虚而制之，同时还会反过来侮金。反之，如果木气虚衰，土则可能反侮木。

古人将东、南、西、北、中五大方位分别用木、火、金、水、土表示，加之天干、地支，则五行与自然界事物属性的对照关系如表 2 所示。

2.8 五行学说与历代国号

说来人们也许不信，风水学的有关知识如阴阳、五行、八卦等，不但被学有素养的风水学家所使用，同时，它也是中国传统文化与传统智慧的结晶。上到帝王将相，下到平民百姓，都多少会受到这种传统文化与传统智慧的牢笼与影响。小的方面不说，就连国家取名（国号）这样的大事，都可以看出阴阳、五行、八卦的影子来。

历史学家似乎都有一种癖好：喜欢用器物来指代归纳文明演进。什么旧石器时代，什么新石器时代，什么青铜器时代，什么铁器时代，什么白银时代，什么黄金时代，什么机器时代，什么计算机时代，总之，都是用器物作为文明的标志物。

与此相类，中国古代帝王为了区别于前朝，为了表示自己继承了前朝的衣钵或革了前朝的命，也喜欢用五行的相生相克关系来解释政治与命名国号。

历来得天下有两条路：一是唐、虞的禅让；二是商、周的征诛。由于得天下的路径不同，所以命名国号也分两种情况：一种是用五行的相生关系来命名国号，适用于唐、虞式的所谓禅让而来的国家；另一种则是用五行的相克关系来命名国号，适用于那些商、周式的征诛而来的国家。

在汉代以前，即便政权取之于刀光剑影或宫廷政变，但是在政权更替交接时，人们还是喜欢温情脉脉地玩弄唐、虞禅让的把戏。所以，这时关于国家性质与国号的解释性说法，流行的是五行的相生说。例如我们最常说的"三皇五帝"，就曾被汉代学者刘歆纳入到这种五行相生关系里，认为：太昊伏羲氏为木，炎帝神农氏为火，黄帝轩辕氏为土，少昊金天氏为金，颛顼高阳氏为水；帝喾高辛氏为木，帝尧陶唐氏为火，帝舜有虞氏为土，伯禹夏后氏为金，殷商为水；周朝为木，秦为闰水，汉朝为火，新莽为土，等等。总之，前一朝代与后一朝代之间，是一种相生关系。

宋代以后就不同了，由于外族入侵，朝代更替一般会伴随着民族之间的征服与战争，政治斗争已白热化，所以不需要再用禅让这块遮羞布了。前朝与后朝之间于是就变成你死我活、水火不容的敌我关系，即相克关系。

例如宋朝皇帝姓赵，赵姓五音为"角"，五行属木，黄袍加身前的赵匡胤当时又兼任着宋州归德军节度使，所以新建立的王朝国号即为"宋"。而于北宋末年灭辽而起的完颜旻所建立的北方少数民族政权则国号为"金"，已有以金克木之意。

后来，金国被蒙古汗国取代。1271 年，蒙古汗国第三代领袖忽必烈定国号为"元"，定名京师为"大都"。其理论出处为《易经》："《乾》，元亨、利贞。……《象》曰：大哉乾元，万物资始，乃统天。云行雨施，品物流行。大明终始，六位时成……首出庶物，万国咸宁。"可见，"元"的意思为"乾"为"大"，而八卦里的"乾"卦五行属金，所以，国号取"元"，也有以金克木之意。1279 年，忽必烈终于灭了南宋，建立起了强大的元帝国。

1368 年，朱元璋建立大明政权，同年攻克大都，推翻元朝。

与前朝一样，朱元璋之所以定国号为"明"，其理论出处也来自于《易经》："《乾》，元亨、利贞。……大明终始，六位时成……首出庶物，万国咸宁。"只不过，朱元璋要取"大明"即太阳之火，去克元朝的乾金了。

按照传统风水理论，五行和五色存在着这样一种对应关系，即：金为白色，木为青色，水为黑色，火为赤色，土为黄色。不知是天意还是巧合，朱元璋的姓氏恰恰是朱，朱即赤色，五行为火，火象征光明正大，所以国号为"明"，即有以火克金的意思，同时，也与朱姓正好暗合。

现在，说起东北，人们喜用"白山黑水"来指代，其中的"白山"是指"长白山"，"黑水"是指"黑龙江"。1616 年，活跃于"白山黑水"间的努尔哈赤在东北建立政权，沿用历史旧名，定国号为"金"，史称"后金"。也许是担心"金"被"大明"之火克制住吧，1636 年，皇太极将国号改为"清"，取金生水，水又克火之意。1644 年，清兵入关，主宰中原。"大清"之水终于浇灭了"大明"之火。

1911 年，辛亥革命，"大清"覆亡，次年"中华民国"成立。按照风水理论，金为西方，木为东方，水为北方，火为南方，土为中央。中原之土终克北方之水，"中国"取代"大清"，说来也好像言之成理。

从宋朝的木，到元朝的金，到明朝的火，到清朝的水，再到民国的土，1000 年间，中国历史正好经历了五行相替的一个轮回。既然风水理论在解释政权更替方面都可以这样别开生面，令人耳目一新，那么，在它的大本营——住宅与建筑领域，自然应当更擅胜场了。

2.9 二进位制的八卦

《易经·系辞》说："古者包牺氏之王天下也，仰则观象于天，俯则观法于地，观鸟兽之文与地之宜，近取诸身，远取诸物，于是始作八卦。以通神明之德，以类万物之情"。就是说伏羲氏通过观察天象、地理、鸟兽、草木、人身、器物等事物，发明创造了八卦这种形象符号系统。八卦实际上是我国古代一切学术的数理基础。举凡中国古代的天文、医学、气功、哲学、伦理、堪舆等学科，无一不和八卦有着直接的关系。

八卦两字由来已久，"卦者，挂也，悬挂物质以示人，故谓之卦"。八卦反映了人类祖先借助筮占帮助判断、推理，并随着人们认识水平逐渐提高、抽象思辨能力日益增强，而对卦象予以深化认识的过程。

八卦不但在中国古代为自然科学建树了卓越的功绩，即使和现代科学，也存在着某些相互关系。例如现代电子计算机二进位制的创始人——17世纪德国的自然科学家、数学家莱布尼茨，他所创立的二进位制数学，就曾经从中国古老的"八卦图"中得到启发。再如20世纪30年代在法国留学的中国学生刘子华，依据太阳系各星体与八卦卦位所存在的对应关系，利用天文参数进行计算，写成了题为《八卦宇宙论与现代天文》的论文，从而在此基础上预测出太阳系第十颗行星——木王星的存在。这些都是科学家运用古老的八卦原理研究现代自然科学取得成就的伟大范例。

八卦有两个基本符号：阴爻"– –"和阳爻"—"。阴爻与阳爻合起来，称作"两仪"。

《周易·系辞传》说："易有太极，是生两仪，两仪生四象，四象生八卦，八卦定吉凶，吉凶生大业。"所谓"两仪生四象"，即在阴爻上加一阴爻，称为"太阴"；阴爻上加一阳爻，称为"少阳"；阳爻上加一阴爻，称为"少阴"；阳爻上加一阳爻，称为"太阳"。"太阴"、"少阳"、"少阴"、"太阳"，合起来称为"四象"（图22）。

太阳　　少阴　　少阳　　太阴

图22　四象图

乾　坤　震　巽　坎　离　艮　兑

图23　八卦图

如果四象上再加一阴爻，一阳爻，就成为坤（地）、艮（山）、坎（水）、巽（风）、震（雷）、离（火）、兑（泽）、乾（天），这就是所谓的八卦（图23）。

八卦符号是爻象，最下边的叫作初爻，亦称为地才位；中间叫作二爻，亦称为人才位；上面叫作三爻，亦称为天才位。换句话说，根据阴阳理论，阳可以分为太阳、少阴，阴可以分为太阴、少阳，此即所谓四象；将四象进一步细分，则成乾、兑、离、震、巽、坎、艮、坤，此即所谓八卦。

在朱熹《周易本义》里，收录了一首关于八卦卦象的口诀：

乾三连，坤六段，震仰盂，艮覆碗，
离中虚，坎中满，兑上缺，巽下断。

该口诀概括描述了八卦各卦的具体特征，既生动形象，又朗朗上口，非常便于人们记住卦象。

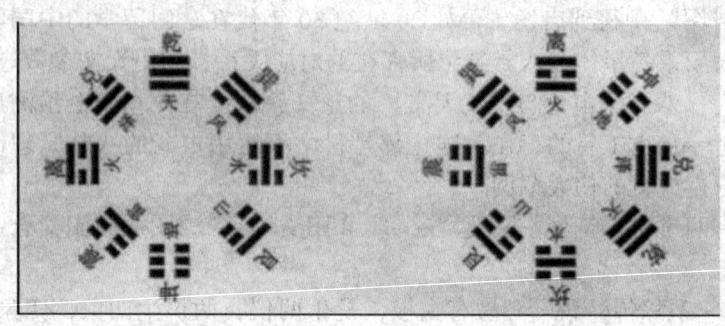

图24　先天八卦图　　　　　图25　后天八卦图

2.10 先天八卦与后天八卦

八卦有先天八卦（图24）和后天八卦（图25）两种图式。

《周易·系辞传》说："易有太极，是生两仪，两仪生四象，四象生八卦"；又说："天地定位，山泽通气，雷风相薄，水火不相射。"正是按照《周易·系辞传》的这段话，宋代著名易学家邵雍对八卦进行重新排列，从而创立了先天八卦，又叫伏羲八卦。

先天八卦的次序是：乾一，兑二，离三，震四，这些阳卦按逆时针方向排列；而巽五，坎六，艮七，坤八，这些阴卦按顺时针方向排列。

《周易·系辞传》说："帝出乎震，齐乎巽，相见乎离，致役乎坤，说言乎兑，战乎乾，劳乎坎，成言乎艮。"后天八卦即文王八卦的次序正是按照《周易·系辞传》的这一论述排列而成。

中国有个成语，叫"天长地久"。据我观察，世界各国国旗虽然设计得五花八门，各呈异彩，但是大多数都遵循着一个共同的国旗设计原则，这就是：用日、月、星这些大自然中最为永恒的东西来代表国家，以此象征国运长久。

作为一种抽象符号，八卦即有天、地、山、泽、雷、风、水、火的意义，同时又可以代表四面八方。而太极图则象征日、月。这和国旗设计中的永恒原则非常相符，而又意蕴无限，耐人寻味。正因如此，所以韩国人在设计他们的国旗时，取先天八卦中的四正卦——乾（天）、坤（地）、坎（水）、离（火），加上太极图，作为他们的国家象征，可谓高明之至（图26）。它比抢注"端午节"为世界文化遗产可要有价值得多了。

图26　韩国国旗上的中国符号

2.11 八卦中的五行关系

《八卦五行所属歌》说："乾金坎水艮土乡，震巽俱木火离方，坤亦为土兑又金，更有一土居中央。"在后天八卦中，震卦、巽卦五行为木，离卦五行为火，坤卦、艮卦五行为土，兑卦、乾卦五行为金，坎卦五行为水。水、火各一卦，金、木、土各二卦。八卦与方位、五行的对应关系详见表3。

在后天八卦里，八卦之间按顺时针方向排列，存在着不很严格的五行相生关系：震、巽之木生离火，离火生坤土，坤土生兑、乾之金，兑、乾之金生坎水，坎水滋润艮土，又生震、巽之木。

八卦方位五行属性 （表3）

卦名 / 属性	乾	坤	震	巽	坎	离	艮	兑
自　　然	天	地	雷	风	水	火	山	泽
情　　态	健	顺	动	入	陷	附	止	悦
五　　行	金	土	木	木	水	火	土	金
先天方位	南	北	东北	西南	西	东	西北	东南
后天方位	西北	西南	东	东南	北	南	东北	西

2.12 八卦中的人伦关系

在阳宅风水里，使用最多的是文王八卦。在文王八卦里，各个卦位的阴阳属性分别是：乾、坎、艮、震，四卦为阳；巽、离、坤、兑，四卦为阴。八卦与阴阳的对应关系如图27所示。

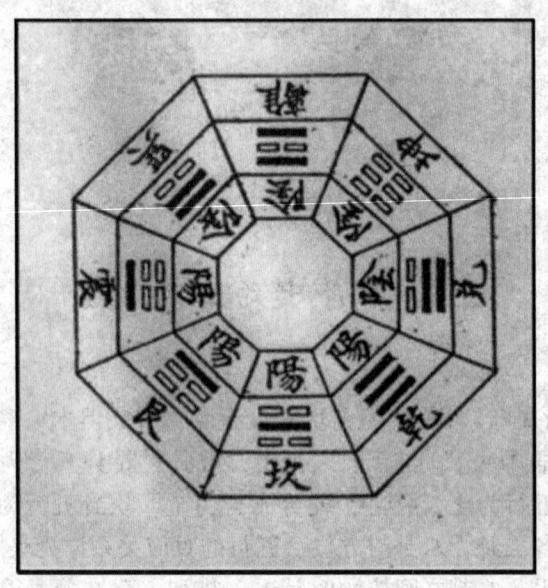

图27　八卦阴阳关系图

《易经·说卦》认为："乾，天也，故称乎父；坤，地也，故称乎母。"并用震、坎、艮三卦比喻长、中、少三男；用巽、离、兑三卦比喻长、中、少三女。三男皆阳卦，三女皆阴卦。三阳卦共有三个阳爻六个阴爻，故"阳卦多阴"；三阴卦共有三个阴爻六个阳爻，故"阴卦多阳"。三男三女，对待和谐，启示阴阳刚柔对立统一而化生万物。

按照《易经·说卦》的说法，八卦和人伦之间存在着如下对应关系：乾——老父；坤——老母；艮——少男；兑——少女；坎——中男；离——中女；震——长男；巽——长女（图28）。

《易经·说卦》之所以将震、坎、艮三卦比喻长、中、少三男，是因为震卦"得乾初爻"，即只有初爻（一爻）为阳爻；坎卦"得乾中爻"，即只有中爻（二爻）为阳爻；艮卦"得乾上爻"，即只有上爻（三爻）为阳爻。

同理，巽、离、兑三卦之所以被比喻为长、中、少三女，则是因为巽、离、兑三卦分别"得坤初爻"、"得坤中爻"与"得坤上爻"（图29）。

图28　八卦人伦对应图

　　八卦和人伦之间的这种对应关系，是风水学家给家庭成员分配房间的一个主要理论根据。有时，住宅的某个方位出现不良现象，堪舆家据此推测会对某个家庭成员构成妨害，其理论基础也是建立在八卦和人伦之间的这种对应关系之上。

　　例如，位于西北方位的乾卦，由于对应着家庭成员中的男性家长，所以是一个具有威严性质的方位，这个方位不应该用来做厕所。这就是为什么《阳宅

图29　文王八卦次序图

爱众篇》认为乾位作厕所是"秽乱乾宫"的理论根源。

在传统大家庭里，由于长子、长女最先成家立业，独立门户，所以他们与父母的关系一般比较疏远，不像幺儿幺女那样亲密。与此类似，风水上也是将乾卦（老父）、兑卦（少女）、坤卦（老母）、艮卦（少子）划分为一组，称为西四卦；而将坎卦（中男）、震卦（长男）、巽卦（长女）、离卦（中女）划分为另一组，称为东四卦。《阳宅爱众篇》将八卦之间的这种伦理关系非常形象地概括为："天下爷娘亲稚少，兄妹连肩多同心。"

2.13 河图与楼层选择

河图、洛书是我国古代数理之源，二者与五行、八卦有着极为密切的内在联系。《易经·系辞传》说："河出图，洛出书，圣人则之"，又说："天数五、地数五，五位相得而各有合。天数二十有五，地数三十。凡天地之数五十有五。此所以成变化而行鬼神也。"其中，所说的"天数五"是指一、三、五、七、九；"地数五"是指二、四、六、八、十。天数为阳，为奇数；地数为阴，为偶数。

"河图"数是自一至十。其位序，一、二、三、四、五，称作生数，位居内侧；六、七、八、九、十，称作成数，位居外侧。生数好比人有五指一样，为天然之数；成数则是由生数分别加五而成。这就是《阳宅爱众篇》所谓的"天一生水，地六成之；地二生火，天七成之；天三生木，地八成之；地四生金，天九成之；天五生土，地十成之"。

河图之数的五行属性与排列规律是：一、六为"水"，居北；二、七为"火"，居南；三、八为"木"，居东；四、九为"金"，居西；五、十为"土"，居中。其空间排列规律如图30所示。

图中，天一，地二，天三，地四，天五，地六，天七，地八，天九，地十。天数为阳，为奇数；地数为阴，为偶数。阳生正北，长于正东，盛于正南，极于正西，故阳生阴中。阴生正南，长于正西，盛于正北，极于正东，故阴生阳中。阳白阴黑，阴阳相抱，天地和合。

由于河图的一、六两数位居北方，对应着八卦的坎卦，其五行属性为水，水则可以克火，而藏书楼最怕着火，所以，宁波天一阁取名"天一"，其开间也一反常态，为偶数6间，而不像一般民居那样为3间、5间、7间等奇数开间。

在中国香港和中国台湾地区，河图的以上排列规律通常被用来选择楼层。每层楼的五行，是根据其本身层数而定。按照河图排列规律：

一、六为"水"，所以第一层楼与第六层楼五行属"水"。除此之外，第十

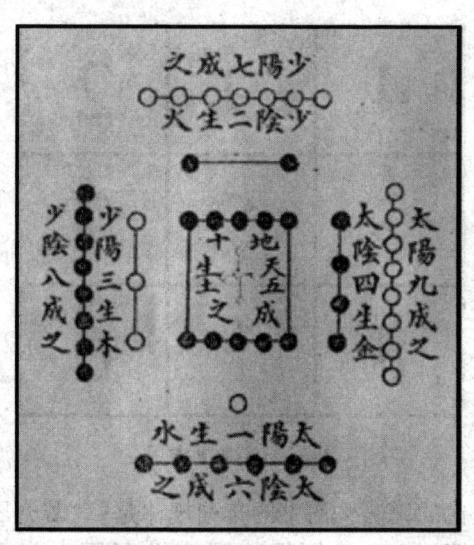

图30 河图阴阳生成图

一层、第十六层、第二十一层楼，五行皆属"水"。

二、七属"火"，所以第二层、第七层、第十二层、第十七层、第二十七层楼，五行皆属"火"。

三、八属"木"，所以第三层、第八层、第十三层、第十八层、第二十三层楼，五行都属"木"。

四、九属"金"，所以第四层、第九层、第十四层、第十九层、第二十四层楼，五行都属"金"。

五、十属"土"，所以第五层、第十层、第十五层、第二十层、第二十五层楼，五行都属"土"。

2.14 中国魔方——洛书

相传，大禹治水时，洛水里浮出一只神龟，背上有 45 个圆点，后人称之为洛书。用现代的数学符号把它写出来，就是三阶幻方（图31）。

"洛书"又叫"九宫"或"纵横图"，国外称"幻方"或"魔方"。洛书最先出现在中国春秋时期的《易经》中。在国外，公元 130 年，希腊人塞翁才在一本书中提到幻方，比中国迟了 600 多年。洛书是世界上学术界公认最早的幻方数阵，开创了"幻方世界"的先河，是组合数学的鼻祖。图32 为安徽阜阳双古堆汉墓出土的汉代漆木式盘中的天盘，其中央部分即有用篆书写出的洛书数阵，这是目前我们所看到的最早的有关洛书的实物。

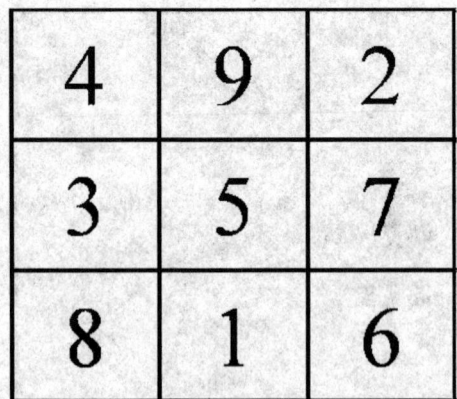

4	9	2
3	5	7
8	1	6

图 31　洛书魔方图

按照传统的拟人化的说法，洛书的排列规律是："戴九履一，左三右七，二四为肩，六八为足。阳居四正，阴居四隅。"详见图 33，图中，白点（白圈）表示阳数即奇数，黑点表示阴数即偶数。

在洛水九宫中，上中下、左中右以及两个对角线上的各数，相加之和，均为十五。排列之巧妙，使得洛书在数学史上非常有名。

九宫配以颜色与五行属性，则为：一白水，二黑土，三碧木，四绿木，五黄土，六白金，七赤金，八白土，九紫火。

将八卦纳入九宫，则得到：一坎，二坤，三震，四巽，（五中无卦位），六乾，七兑，八艮，九离。于此又导出：水生木、木生火、火生土、土生金、金生水；水克火、火克金、金克木、木克土、土克水等五行生克关系。可见，洛水中不仅有阴阳，有五行，同时也有八卦。

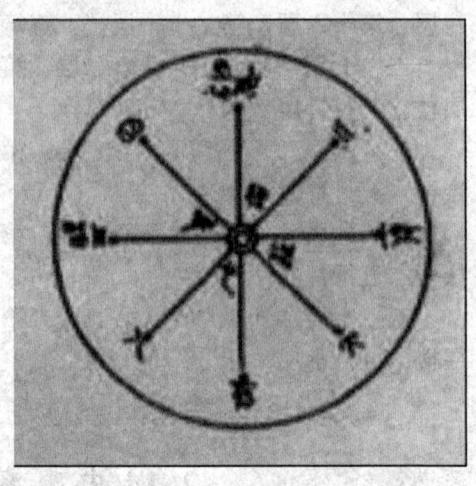

图 32　阜阳汉墓式盘上的洛书

2.15 八卦意象

作为六经之首的《易经》，是中国经典中的经典。在汉代以后的 2000 年间，它不仅一直是读书人的必读书，同时也是许多学者的研究对象。随着时代变化

理气风水

第二章　理气风水的基本观点

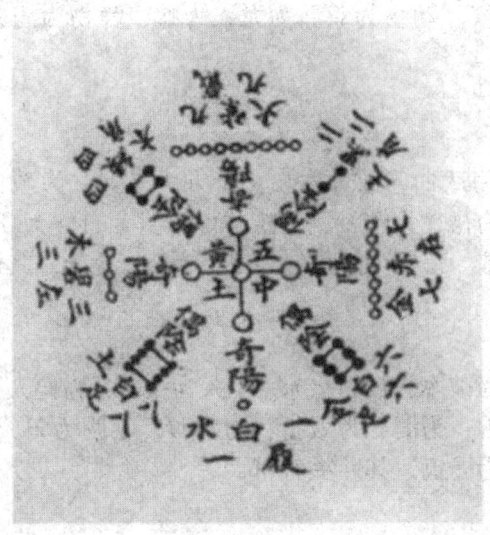

图33　洛书阴阳紫白图

与历史演进，人们给八卦赋予了越来越多的内容，这些内容合起来，就构成了八卦意象，其主要者如下：

坎卦意象

坎卦为水，星为贪狼，数为一白。于人为中男，为酒徒，为舟子，为盗，为淫，为加忧，为孕，为鬼。于德为敬，为劳心，为疑，为险，为乱。于身为耳，为肾，为血。动物为鼠，为燕。静物为池塘，为河海，为泥涂，为幽谷。其性浮而荡。

坤卦意象

坤卦为地，星为巨门，数为二黑。于人为老母，为寡妇，为女子，为小人，为吝啬。于德为智，为安宁。于身为腹，为脾，为肉。动物为牛，为羊，为猴。静物为丘墓，为郊墟。其性柔而静。

震卦意象

震卦为雷，星为禄存，数为三碧。于人为长男，为秀士，为官，为好爵，为侯，为里甲，为言。于德为决躁。动物为龙，为狐，为兔。静物为栋梁，为园，为陵，为刑具。其性劲而直。

巽卦意象

巽卦为风，星为文曲，数为四绿。于人为长女，为文人，为婢妾，为富，为官，为工，为近利市三倍。于德为进退，为损。于身为股肱，为寡发，为广颡，为多白眼，为气。动物为鸡，为龙，为蛇。静物为庙，为藤萝，为绳索。其性和而缓。

乾卦意象

乾卦为天，星为武曲，数为六白。于人为老父，为贼盗，为军吏，为富。于德为大，为道，为德，为福祉，为庆祥。于身为首，为项，为肺，为骨。动物为马，为犬，为猪。静物为钟鼎，为玉，为石，为金。其性刚而动。

兑卦意象

兑卦为泽，星为破军，数为七赤。于人为少女，为谗人，为武人，为倡优，为巫祝。于身为口舌，为涎，为毁折，为跛眇。动物为羊，为虎豹，为鸡，为鸟。静物为刀戟，为斧锄。其性决而利。

艮卦意象

艮卦为山，星为左辅，数为八白。于人为少男，为僮仆，为樵竖，为君子，为损疾。于身为手，为指，为背，为鼻。动物为狗，为鼠，为虎，为牛。静物为园林，为岩墼，为门阙，为宅，为丘。其性安而止。

离卦意象

离卦为火，星为右弼，数为九紫。于人为中女，为颖士，为通人。于德为蓄，为言，为敬。于身为目，为心，为三焦，为大腹，为不孕。动物为雉，为鹿，为马。静物为炉灶，为灯烛，为焚。其性燥而烈。

与以上的八卦意象内容相近，在明人陈梦和编辑的《阳宅集成》里，还收录有一篇《九星意象赋》，其文辞押韵合辙，便于记诵。现附录于此，以供比照玩味。

九星意象赋

贪狼者，九星中之吉曜，北斗内之魁星；名为生气，称曰吉星；因属木为青龙，因纯善为白星；克之者有生，益之者多荣；见木而财帛积聚，见水而子孙贵显，遇火而福禄耗泄，遇金而刀斧伤人，见土而阴人残疾，无克则位至公卿；克我者妻财有损，生我者平地凌云；比和者享绵绵富贵，重生者吐万仞虹霓；五行审乎轻重，八卦变乎纵横。

巨门者，乃圣人之宫阙，实万象之生门，因全生为天医；属土宿号曰拚龙，遇生盛名为福曜；克我者无大祸，我克者反为凶；见金则埋名不贵，见土则子弱财丰；遇木阴人不利，逢水阴盛阳平；见火必财增人旺，无克则位至三公；重克为僧尼巫道，比合者术艺精能；必田庄之大旺，喜牛马之成群；生桃花之春浪，传桂蕊之秋馨；吉凶存乎正变，机关切要详明。

禄存者，星属三碧，号曰病龙；为盐砂碱卤之土，实万物之难生；克之愈急，犯之不轻；见乾主矮驼聋瞽，见离主目盲心疼；见震咳嗽瘤跛，临艮酸痛难禁；居坎痼疾喑咽，临坤痰嗽痨声；逢巽出刁奸寡汉，主诬赖之邪人，遇兑而典田卖屋，或官事之徒刑；刑妇杀夫，伶仃长幼。

文曲者，九星之阴曜，号曰灾星在沐浴，称回禄之狂龙；是无力之弱水，乃霜气之露痕；见金而田地大旺，遇火而人死官刑；临土而病黄残疾，逢水而男女淫奔；见木而衣食亦足，无克者出人聪明；立身离乡于外郡，必主淫风于家庭；或赌博而败散，或花酒以凋零。

廉贞者，璇玑中之独火，北斗内之阳星，九曜中之五鬼，五行中之灾星；人遇之增憔悴，与人交为无情；遇金而终遭贼盗，遇火而必带残聋；见木而贫穷无靠，临水而弃地充军；见土星发资财而少死，遇破军上法场而遭刑；生嚣喧之狂汉，见瘫癞之灾缠；性孤独而难事，好赌博以营生；必长男之怀疾死，有寡妇之在家门。

武曲者，九星中之宝曜，因纯善名延年，居六白号旺龙；为府库之宝兆，乃帝旺之尊星；见水子孙大旺，见土代代兴荣；遇木而清正循良，逢金则兄弟相争；临火者劳疾夭寿，无克则家计丰盈；生四子之荣贵，出二品之腰金；招八方之财利，罗四海之欢情；好术艺娱乐于邦郡，习韬略游说于边城。

破军者，九星中之凶曜，乃剑锋之利金，因名绝命，伤人至恶，因为白虎，号曰绝龙；见金而多主口舌，见土而多主昏盲；逢水而终遭孤寡，遇木而速犯宫刑；见火而孤贫继赘，绝祀而异姓更宗；有克者主生劳疾，无克者亦主伶仃；或腰驼而足跛，或头秃而锉身；必投河而自缢，或军贼之逃奔；僧道寡天，眇目残聋。

辅弼二星，分属木曜，为北斗之阴星，居八卦依本宫；在天门之傍侧，与九曜而和同；遇吉曜则随而为吉，遇凶星则化而为凶；畏丙、丁之火宿，惧壬、癸之玄冬；遇克者家必速破，比合者重木为林；或出师婆，或生异端；必螟蛉而守家业，或外甥以立门庭；嗟家资之退落，痛小口之伤生；吉曜生扶，灾殃顿息，五行至妙，八卦玄通。

2.16 干支与二十四山

中国古代计时使用最多的是干支法，"干"原指树干，"支"原指树枝，所以，"干支"又写作"干枝"，后引申用于纪年。"干"指的是十天干，即甲、乙、丙、丁、戊、己、庚、辛、壬、癸。"支"指的是十二地支，即子、丑、寅、卯、辰、巳、午、未、申、酉、戌、亥。由于支有分支意思，中国古人把

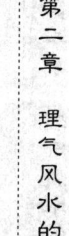

天分成十二方位，这就是十二支，根据十二支来确认诸星的移动。

十天干与五行、四季和方位的对应关系是：

甲、乙——五行为木，四季为春天，方位为东；

丙、丁——五行为火，四季为夏天，方位为南；

戊、己——五行为土，四季为季夏，方位为中；

庚、辛——五行为金，四季为秋天，方位为西；

壬、癸——五行为水，四季为冬天，方位为北。

十二支可代表十二年，也可代表一年的十二个月，还可代表一天的十二个时辰，其中每个时辰相当于我们现在所说的24小时的两个小时。其实，"小时"说法本身就是由十二个时辰引申而来，十二个时辰其实就是所谓的"大时"。

亥10月 戌 9 月 乾	子11月 北 冬 坎	丑12月 艮 寅 1 月
酉 西 8 兑 月 秋		东 卯 震 2 春 月
申 7 坤 月 未6月	离 南 夏 午5月	巽 辰 3 月 巳4月

图34　时间与空间的相互关系

如图34所示，十二支与十二月、二十四时及方位的对应关系是：

子——十一月，23时~1时，正北位；

丑——十二月，1时~3时，东北偏北；

寅——一月，3时~5时，东北偏东；

卯——二月，5时~7时，正东；

辰——三月，7时~9时，东南偏东；

巳——四月，9时~11时，东南偏南；

午——五月，11时~13时，正南；

未——六月，13时~15时，西南偏南；

申——七月，15时~17时，西南偏西；

酉——八月，17时~19时，正西；

戌——九月，19时~21时，西北偏西；

亥——十月，21时~23时，西北偏北。

古人将十二支与十二生肖相配，子配鼠、丑配牛、寅配虎、卯配兔、辰配龙、巳配蛇、午配马、未配羊、申配猴、酉配鸡、戌配狗、亥配猪，于是便有了"猴年马月"的说法。

十二支与十二生肖的配合规律最初可能来源于十二生肖的各自品性与一天十二时的相互关系。例如明人郎瑛《七修类稿》卷四"十二生肖"条就说：子为阴极，幽潜隐晦，而鼠则喜欢藏迹，因此以鼠配子；午为阳极，显明刚健，而马为快行动物，因此以马配午；丑为阴，俯而慈爱，而牛有舐犊之情，因此以牛配丑；未为阳，仰而秉礼，而羊有跪乳之情，因此以羊配未；寅为三阳，阳胜则暴，而虎性最暴，因此以虎配寅；申为三阴，阴胜则黠，而猴性最黠，因此以猴配申；日生东而有西酉之鸡，月生西而有东卯之兔，此阴阳交感之义，卯、酉为日、月之私门，因此以兔、鸡配卯、酉；辰、巳阳起而动作，而龙、蛇为变化之物，因此以龙、蛇配辰、巳；戌、亥阴敛而潜寂，而狗、猪为持守之物，狗司夜、猪镇静，因此以狗、猪配戌、亥。这也是一家之言。

十天干与十二地支除用于计时外，在风水上使用最多的是用来标定方位，这就是罗盘上经常要用到的"二十四山"。

"二十四山"，又名"二十四向"或"二十四路"，是堪舆家用来称建筑四面的二十四个方位，分别以子、丑、寅、卯、辰、巳、午、未、申、酉、戌、亥十二地支和甲、乙、丙、丁、庚、辛、壬、癸八个天干（不用戊、己）以及八卦中的乾、艮、坤、巽四维卦来表示。其中子指北，午指南，卯指东，酉指西，乾指西北，艮指东北，坤指西南，巽指东南，其他干支均代表特定的方位，每一方位相隔刚好十五度。

唐代卜则巍《雪心赋》说："二十四山，山名太杂。"又说："山分八卦。"明代田希玉注解说："一卦管三山，乾管戌乾亥，坎管壬子癸，艮管丑艮寅，震管甲卯乙，巽管辰巽巳，离管丙午丁，坤管未坤申，兑管庚酉辛。合之为二十四山也。"时间，一日分为二十四时；空间，八方分为二十四向。时空统一而成二十四时、向图。二十四山的具体方位关系如图35所示。

如果说八卦将空间分为八等份，是一种粗线条的分类法，那么，"二十四山"则是将空间分为二十四等份，所以是一种细致的分类法。

也许因为"二十四山"分类过于细致吧，所以，也就难免过于烦琐了。结果，在阳宅中，它除了用于确定住宅的座山和朝向外，在其他场合很少使用。相反，倒是在阴宅风水要常常用到。

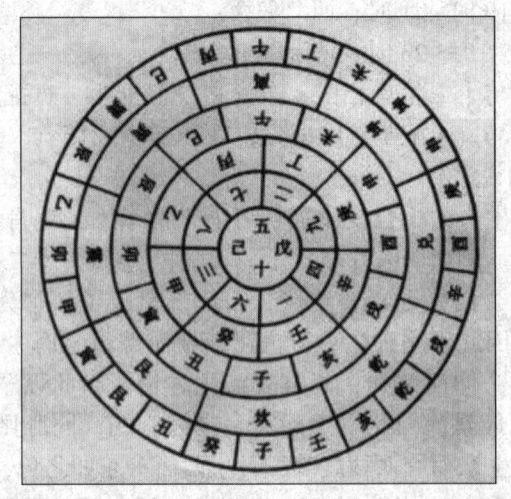

图35　八卦、干支与二十四山

2.17 六十花甲纳音五行

理气风水理论认为，风水好的住宅并非适合所有人，住宅的风水好，也还要配合户主的命卦。同一所住宅，张家住进去大吉，一切顺利；而李家住进去则可能事事倒霉。这是由于户主五行与住宅方位不合所造成。换言之，户主五行与方位五行相生，则家运兴旺；户主五行与方位五行相克，则家运衰败。所以，看风水也需要了解户主的出生时间，要了解户主的命卦，这样，才能使时间、空间达到最佳配合。

古代时间选择理论（即择吉术）门派很多，其中，最为流行的是"八字推命"，其理论核心是六十花甲纳音五行。

六十花甲是中国传统计时制度的特色内容。它由十天干与十二地支配纳组合而成。将六十花甲再纳入到五行体系里，就形成了六十花甲纳音五行。

与流行的五行理论比较概括、分类过简有所不同，古代择吉术将五行的每一行进一步细化为六类，并给每类分别起了一个非常形象的比喻性名称，然后与六十花甲相配纳，从而形成了一套更为细密、更具有操作性的五行体系，这就是六十花甲纳音五行。

纳音五行歌

甲子、乙丑——海中金，丙寅、丁卯——炉中火，
戊辰、己巳——大林木，庚午、辛未——路旁土，

壬申、癸酉——剑锋金，甲戌、乙亥——山头火，
丙子、丁丑——涧下水，戊寅、己卯——城头土，
庚辰、辛巳——白蜡金，壬午、癸未——杨柳木，
甲申、乙酉——泉中水，丙戌、丁亥——屋上土，
戊子、己丑——霹雳火，庚寅、辛卯——松柏木，
壬辰、癸巳——长流水，甲午、乙未——沙中金，
丙申、丁酉——山下火，戊戌、己亥——平地木，
庚子、辛丑——壁上土，壬寅、癸卯——金箔金，
甲辰、乙巳——覆灯火，丙午、丁未——天河水，
戊申、己酉——大驿土，庚戌、辛亥——钗钏金，
壬子、癸丑——桑柘木，甲寅、乙卯——大溪水，
丙辰、丁巳——沙中土，戊午、己未——天上火，
庚申、辛酉——石榴木，壬戌、癸亥——大海水。

关于六十甲子纳音五行的理论来源，顾炎武《辍耕录》认为：按照洪范五行（即河图），一六为水，二七为火，三八为木，四九为金，五十为土；而五行之中，唯有金、木有自然之音，至于水、火、土，则必须假借金、木而成音：水遇土激则有音，故五与十虽是土之数，乃为水音；火入水沃沸而有音，故一、六虽是水之数，乃为火音；土经火煅而有音，故二、七虽是火之数，乃为土音。所以金音四、九，木音三、八，水音五、十，火音一、六，土音二、七。

干支与河图之数的对应关系是：甲、己、子、午——九；乙、庚、丑、未——八；丙、辛、寅、申——七；丁、壬、卯、酉——六；戊、癸、辰、戌——五；巳、亥——四。

按照以上对应关系，甲子、乙丑，甲与子对应之数皆为九，乙与丑对应之数皆为八，总计四字共得三十有四，除去三十成数，余数为四，而四在河图里五行为金，所以甲子、乙丑的纳音五行也为金。

丙寅、丁卯，丙、寅对应之数皆为七，丁、卯对应之数皆为六，总计四字共得二十有八，除去二十成数，余数为六，而六在河图里五行为水，火以水为音，故丙寅、丁卯纳音为火。

戊辰、己巳，戊、辰对应之数皆为五，己对应之数为九，巳对应之数为四，总计四字共得二十有三，除去二十成数，余数为三，三乃木数，故戊辰、己巳纳音为木。

庚午、辛未，庚数为八，午数为九，辛数为七，未数为八，总计四字共得三十有二，除去三十成数，余数为二，二乃火数，土以火为音，故庚午、辛未纳音为土。

甲申、乙酉，其数三十，十乃土数，水以土为音，故甲申、乙酉纳音为水。

五行各举一条，其余依此类推。

至于"海中金"、"炉中火"这些比喻性的名称，其来源则和天干的气运有关。

天干和季节的对应关系是：甲、乙为春，丙、丁为夏，戊、己为长夏，庚、辛为秋，壬、癸为冬。季节的变化规律是：春种，夏长，秋收，冬藏。与此相同，天干气运的变化规律也是：甲、乙为始，丙、丁为旺，戊、己为化，庚、辛乃成，壬、癸为终。

海中金——甲、乙为气之始，金始生而在子、丑北方大水之位，所以，甲子、乙丑称为"海中金"。

炉中火——丙、丁为气之旺，又居寅、卯长生之地，像炉中之火存而不息，所以，丙寅、丁卯称为"炉中火"。

大林木——戊、己为气之化，木化居东南辰、巳之方，长养丰茂，这不就是大林之木吗？所以，戊辰、己巳称作"大林木"。

路旁土——庚、辛为气之成，土成在午、未南方常行之地，所以，庚午、辛未称作"路旁土"。

剑锋金——壬癸为气之终，其作用乃在申、酉这些肃杀之地，如同刀刃上的钢一样，所以，壬申、癸酉称作"剑锋金"。

山头火——甲乙如同火始燃而居戌、亥乾天之方，火至高而不为用，所以，甲戌、乙亥称作"山头火"。

涧下水——丙、丁水气方旺，在子、丑坎方，其流不息，犹如涧下之水，所以，丙子、丁丑称作"涧下水"。

城头土——戊、己土化，在寅、卯木盛之地，有遮防之义，犹如城池，所以，戊寅、己卯称作"城头土"。

白蜡金——庚、辛金气既成，居辰、巳之位，与申、酉相得，金色主白，所以，庚辰、辛巳称作"白蜡金"。

杨柳木——壬、癸木气之终，木终于午、未南方火旺之地，泄气太重，中空无用，犹如杨柳之木，所以，壬午、癸未称作"杨柳木"。

泉中水——甲、乙之水始生于申、酉之方长生之地，源源而来，这不就是井泉水吗？所以，甲申、乙酉称作"泉中水"。

屋上土——丙、丁土旺于戌、亥之方休息之所，不为所用，又居乾位至高之地，休息无用，不生万物，犹如屋上之土，所以，丙戌、丁亥称作"屋上土"。

霹雳火——戊、己火化，火为至阳，包于子、丑坎方至阴之下，阳为阴掩，震击发声，如同霹雳之火，所以，戊子、己丑称作"霹雳火"。

松柏木——庚、辛木成于东方（寅、卯）木旺之地，常青不凋，犹如松柏，所以，庚寅、辛卯称作"松柏木"。

长流水——壬、癸水终而钟于东南（辰、巳）归聚之处，奔赴不息，如长流之水，所以，壬辰、癸巳称作"长流水"。

沙中金——甲、乙金始生于午、未火乡，火煅之金为细弱之金，所以，甲午、乙未称作"沙中金"。

山下火——丙、申之火虽旺于申、酉之方，但与艮宫相对，艮山高峙，所以，丙申、丁酉称作"山下火"。

平地木——戊、己木化在戌、亥休息之地，又得长生，所以，戊戌、己亥称作"平地木"。

壁上土——庚、辛为成，并且成于子、丑水土和合之中，遂成粘和之土，只能泥墙，不能生育万物，所以，庚子、辛丑称作"壁上土"。

金箔金——壬、癸为金，终而为用，乃居寅、卯之地，绝而始生，生却微薄，所以，壬寅、癸卯称作"金箔金"。

覆灯火——甲、乙之火，始生如灯，而在辰、巳巽风之方，必须遮覆，方能不灭，所以，甲辰、乙巳称作"覆灯火"。

天河水——丙、丁之水旺于南方午、未之方，南方乃天汉所经，莹明可见，所以，丙午、丁未称作"天河水"。

大驿土——戊、己土化而在申、酉坤方，土得长生而坤方平易如道，这不就是驿道之土吗？所以，戊申、己酉称作"大驿土"。

钗钏金——庚、戌之金已成，成则为器，乃居戌、亥乾方，乾为首脑，有在上之义，这就好比女人头上的首饰钗钏，所以，庚戌、辛亥称作"钗钏金"。

桑柘木——壬、癸木气既终，采伐为用，居子、丑水地，水善利万物，采伐而利物，这就好像桑柘之木，所以，壬子、癸丑称作"桑柘木"。

大溪水——甲、乙乃水气始出，其位置在寅、卯之地，艮山之下，如同山间大溪之水一样，所以，甲寅、乙卯称作"大溪水"。

砂中土——丙、丁之土虽为壮旺，然而其位置却在巳火、辰土之间，土经火煅，烧炼成砂，所以，丙辰、丁巳称作"沙中土"。

天上火——戊、己化火，升于午、未阳明之处，光焰赫然，犹如天火，所以，戊午、己未称作"天上火"。

石榴木——庚、辛木气既成，在申、酉西方，石榴树是由西方传入中国，可谓西方之木，加之石榴多籽，木胎丁酉而生了至多，就像石榴一样，所以，庚申、辛酉称作"石榴木"。

大海水——戊、辰为水气之成，到戌、亥休息之地，而后者乃水之窟宅，这就好比水归大海一样，所以，壬戌、癸亥称作"大海水"。

总之，宅主的出生时间不同，住宅的吉凶意义也就不同。自然界中的木、火、土、金、水五行的盛衰变迁，可以使人的宅运为之改变。有了六十花甲纳音五行，人们可以方便地将时间纳入五行的相生相克的体系中来，从而去推断时空的吉凶变化。

2.18 易经六十四卦

《易经》六十四卦也是阳宅风水的基础理论。关于六十四卦的排列顺序，从古至今有多种方法。其中对后世理气风水尤其是八宅游年法影响最大的是汉代著名易学家京房的八宫世应法（图36）。

京房托名孔子，以重卦中的爻的变化为着眼点，以乾、震、坎、艮、坤、巽、离、兑为八宫，每宫各领七卦；七卦中，前五卦称"一世"至"五世"，六、七两卦称"游魂"、"归魂"。如此，用八宫卦说重排六十四卦，就将六十四卦纳入到了八卦的理论体系中来，从而使二者可以一一对应起来，具体如下：

图36 八宫世应图

乾卦——包括姤、遁、否、观、剥、晋、大有、乾。

坎卦——包括节、屯、既济、革、丰、明夷、师、坎。

艮卦——包括贲、大畜、损、睽、履、中孚、渐、艮。

震卦——包括豫、解、恒、升、井、大过、随、震。

巽卦——包括小畜、家人、益、无妄、噬嗑、颐、蛊、巽。

离卦——包括旅、鼎、未济、蒙、涣、讼、同人、离。

坤卦——包括复、临、泰、大壮、夬、需、比、坤。

兑卦——包括困、萃、咸、蹇、谦、小过、归妹、兑。

乾卦即天卦，坎卦即水卦，艮卦即山卦，震卦即雷卦，巽卦即风卦，离卦即火卦，坤卦即地卦，兑卦即泽卦。由四象而合八卦，则宅之方位可定；自八卦而配九星，则生克之理可行。八卦八变，则天、地、风、雷、水、火、山、泽之气，可以一网打尽。

第三章

人天建筑学：八宅游年法

明代以后，阳宅风水派别很多，但是说到影响力来，还是理气派的"八宅游年法"一枝独秀，最有市场。"八宅游年法"又叫"七政大游年法"或"八宅九星法"，它是理气风水的一个基本方法。其他如玄空派、三元派等，也大多是由"八宅游年法"派生而出。从明代开始，该派理论在中国的南方与北方都非常流行。如今，在港台与东南亚地区，它依然是阳宅风水的主流派别。

3.1 北斗七星与七政大游年

在风水术中，所谓"七政"，即指北斗七星。清代乾隆皇帝亲命考订的《协纪辨方书》认为："大游年变卦，相宅家用之选择，有以宅长行年配合修造之说，故名游年"。因此，可以说"七政游年"就是将紫微北斗七星的内涵与运行规律，用于相宅的一种方法。此种方法的理论渊源非常悠久，例如，出土的大多数汉代漆木式盘的天盘中心，就都绘有北斗七星。

在风水术中，有时又将北斗七星中开阳星旁边的辅星、弼星纳入推演，故又引申称为"九星"。

九星来源于北斗星。在中国古代天文学中，古人取法于天体星座来决定方位。因地轴指向北极星（小熊星座），通常以北极星为主。在北极星外围有大熊星座，即人们常见的"北斗七星"（图37）。

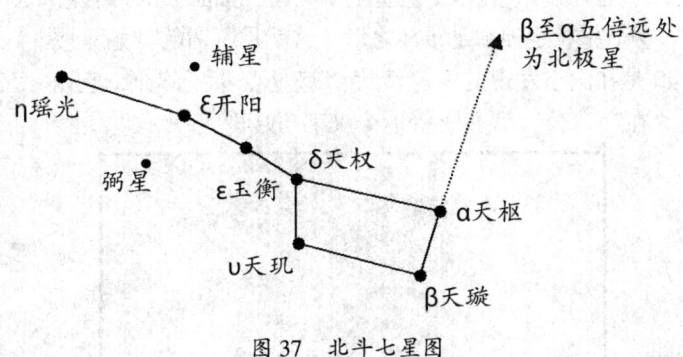

图37　北斗七星图

北斗七星的第一颗叫"天枢"，第二颗叫"天璇"，第三颗叫"天玑"，第四颗叫"天权"，第五颗叫"玉衡"，第六颗叫"开阳"，第七颗叫"瑶光"。

其中第一至第四颗星连成一个近于方形的斗，统称为"魁"；第五至第七颗星连成一条线像"柄"，统称为"勺"。若把天璇、天枢连成一直线并延长约五倍的距离，就可以找到北极星。而在开阳、瑶光的旁侧的两颗星，叫做"辅星"与"弼星"。风水上将这九颗星合称，叫做"九星"。

科举制度是古代中国文化对人类社会的一大贡献。比起封建性、世袭性、垄断性的贵族制度来，科举制度不失为一种先进的公平的社会制度。它为古代中国的各个社会阶层进入统治精英圈，进而实现阶层跃迁提供了一个公平的竞争平台。后来，西方的文官制即由此演变而来。

在汉代人们的宴饮生活里，从酒尊中酌酒通常用勺。勺有短柄和长柄两种，后者也可称斗。《仪礼·士冠礼》郑注："勺，尊斗也"（图38）。而盛汤则用"魁"。《说文·斗部》："魁，羹斗也"（图39）。可见，"勺"、"斗"、"魁"原是三种造型相近的宴饮器物。明白了这一点，我们就容易理解"北斗星"为何称作"北斗星"，"北斗星"为何又叫"七星勺"，人们又为何将"北斗星"中的第一至第四星称为"魁星"了。

据《辞源》解释，"魁"有七义：一指汤勺，二指最先、第一，三指首领，四指高大、魁伟，五指小土山，六指蜃蛤，七指魁星。

又据《辞源》解释，"魁星"有二义：一是星名：一般认为北斗七星中第一至第四星为魁星，还有一种说法是第一星为魁星；二指主宰文运的神，南宋以后，士人为了求取功名，常供奉"魁星"之像，设有乡试会场之城镇，常建"文昌阁"，阁中上层即塑"魁星"之像，下两层分塑"朱衣老人"和"孔夫子"像。故魁星象征功名利禄。

魁星又名奎星。顾炎武《日知录》指出："今人所奉魁星，不知始自何年。以奎（星名）为文章之府，故立庙祀之。然不能像奎，乃改奎为'魁'；又不能像魁，而取之字形，为鬼举足而起其斗。不知奎为北方玄武七宿之一。魁为北斗之第一星，所主不同，而二字之音亦异。"由于魁星主宰文运，象征考试高中魁首，于是古人就"魁"字取像，塑造鬼状之神举足踢斗之形，这就是所谓的"魁星踢斗"，又叫"魁星点斗"。图40是在山东发现的一座清代"魁星点斗"碑刻，它由"三"、"正"、"无"、"私"、"在"、"公"、"心"等七个汉字巧妙构成。

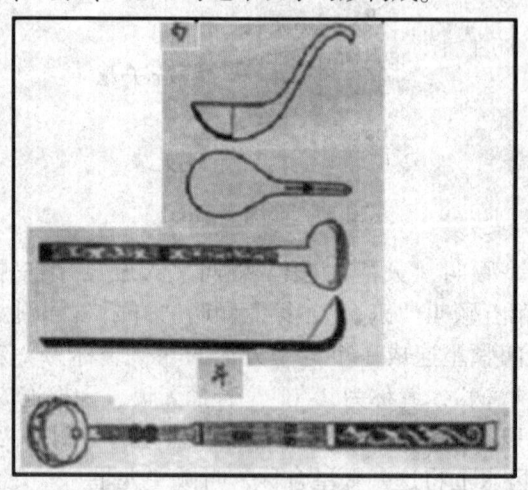

图38　勺与斗——两种酒器

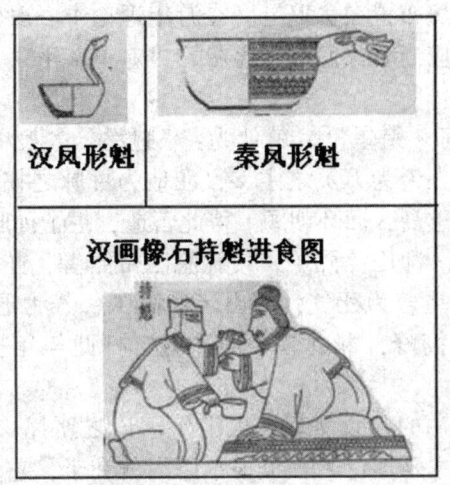

图 39　魁——一种盛羹之器

图 40　碑刻魁星踢斗图

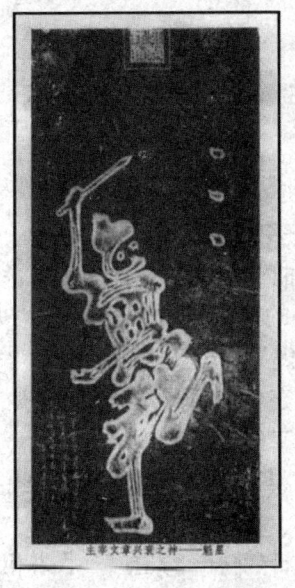

图 41　魁星独占鳌头图

在有些"魁星踢斗图"中，还让魁星足踏一鳌，这就是我们常说的"独占鳌头"。图 41 是清代徽州的木雕"独占鳌头"。

科举制度可以说是古代的一种知识经济。在科举制度下，读书人的普遍理想当然是高中进士、高中举人了。而作为科举考试的佼佼者，高中状元当然也是读书人的最高理想了。于是"魁星点斗"、"独占鳌头"便成为读书人乃至老百姓所追求的一个至为美好的生活目标。

在北斗七星中，第一星为贪狼星，也就是所谓的魁星。风水理论之所以主张将阳宅的大门或主房布置在贪狼星（在游年理论中一般称作"生气"）的对应位置，就是为了顺应当时人们普遍存在的"魁星点斗"、"独占鳌头"的社会心理。

例如，《三白宝海·魁星论》就认为："魁星，贪狼星也，乃九宫之魁首，为文章、牙笏之星，在天为万灵之主宰，在地为百脉之权衡，最吉之曜也。若大江大水送此，山山重蠹，回环朝顾。得此营造，主子孙聪明远众，世代为官，文章德业，压倒一世。即山路隔绝，气脉隐隐微露者，亦出清奇、儒雅、高才达士，衣食饶足。此星若为死气，亦出名僧高士；若为退气，亦出艺术能人。诗曰：'魁星叠叠耸高峰，九九星中第一龙，扦此年年生福德，子孙世代沐重封。'"

总之，在明清时期的几百年里，大游年理论之所以广为流行，大行其道，发展成为阳宅风水的主要理论，一个根本原因就在于，它是建立在当时的主要的社会制度——科举制度之上，并与这种制度相适应，从而满足了人们追求功名这一广泛的社会需求。

3.2 游年九星的不同名称

在古代许多风水著作里，"九星"名称的习惯叫法是："贪狼"、"巨门"、"禄存"、"文曲"、"廉贞"、"武曲"、"破军"、"辅星"、"弼星"。

而在另外的许多风水著作里，"九星"则被命名为："生气"、"天医"、"祸害"、"六煞"、"五鬼"、"延年"、"绝命"、"伏位"。有时，"伏位"也称作"伏吟"，它们的意思一样，都是指座山之位，以此对应天上北斗星座的"辅"、"弼"二星。

当然，在早期的一些风水著作里，"九星"有时也被称作"生气"、"天医"、"绝体"、"游魂"、"五鬼"、"福德"、"绝命"、"本宫"（包含"辅""弼"二星）。与前套"九星"术语相比，这套"九星"术语中的"绝体"与"绝命"多少有些重复，有些粗糙。因而可能是前者的一种祖型。尽管如此，这套"九星"术语也很值得我们注意。为什么？因为它将"六煞"称作"游魂"。而我们知道，在京房易学的八宫世应理论里，正好将六变后的爻象称作"游魂"。这也从侧面说明了八宅游年理论与京房易学的渊源关系。

在不同的风水著作里，九星有着不同的叫法，其对应关系如下：

天枢星——贪狼，生气，生气，紫气木，青龙吉曜。
天璇星——巨门，天医，天医，天财土，生龙禄曜。
天玑星——禄存，祸害，绝体，孤曜土，病龙灾曜。
天权星——文曲，六煞，游魂，扫荡水，游龙败曜。

玉衡星——廉贞，五鬼，五鬼，独燥火，旺龙血曜。

开阳星——武曲，延年，福德，金水金，福龙宝曜。

瑶光星——破军，绝命，绝命，天罡金，绝龙煞曜。

辅弼星——辅弼，伏位，本宫，太阳木，太阴晦曜。

辅弼星实际上由辅星与弼星两颗组成。辅星又名洞明星，弼星又叫隐光星。

关于"伏位"即"本宫"，这里需要解释一下。一般来说，民间风水师都是用"罗盘"来确定宅院所处的卦位。以本卦位再定"座山"，或以后天八卦卦位定名为某宅。此名均冠以"朝"和"向"，如"座坎朝离"即"坐北朝南"；"座震朝兑"即"坐东朝西"，依此类推。因此其"座山"就是"本宫"即"伏位"。

在明代王君荣编辑的《阳宅十书》里，"伏位"还有两个别名，叫"福元"或"福德宫"，它是指以堪舆术所测得的宅主发福方位。堪舆家认为，由于人的生辰八字、人的命运不同，因此，体现于阳宅中的发福方位也各不相同。所以，修造房屋时，就必须根据家庭主要成员的"福元"因素，做出合理调度。《阳宅十书》第二书"论福元"指出：

福元者何？即福德宫是也。古人隐秘此诀，谓之伏位。盖厥初太极生两仪，两仪生四象，四象生八卦，故生人分东位西位，乃两仪之说；分东四位西四位，乃四象之说；分乾、坎、艮、震、巽、离、坤、兑，乃八卦之说。是皆天地大道，造化自然之理。若福元一错，则东四修西，西四修东，吉星反变为凶星，虽外形内形俱吉，皆无用矣。天地间不过一阴阳五行、历法易数，互相表里者。历法以一百八十年为一大周天，第一甲子六十年为上元，第二甲子六十年为中元，第三甲子六十年为下元，此之谓三元。配以洛书九宫八卦，一年属一宫。洛书戴九履一，左三右七，二四为肩，六八为足，五独居中。配合流年，一岁属坎，二岁属坤，依次震三、巽四、中五、乾六、兑七、艮八、离九，生人之年值何卦，此卦即为福德宫。

综上所述，所谓"伏位"，所谓"伏吟"，所谓"本宫"，所谓"福元"，所谓"福德宫"，都指的是以堪舆术所测得的宅主发福方位，它们在空间上一般指的是"座山"；当然，在有些地方，也可能是指大门的所在方位。

3.3 京房易学与八宅游年法

明清以后在中国最为流行的八宅游年法，其理论根源可以追溯到汉代的京房易学。

　　图42系根据清代张觉正《阳宅爱众篇》所收录的一幅"七星变卦图"简化制作而成。在原图里，六十四卦每卦都配有卦象。

　　将"七星变卦图"与前边的"八宫世应图"进行比较，不难发现，二者存在一脉相承的关系，具体对应关系如下：

七星变卦图	八宫世应图
一变（祸害）	一世
二变（天医）	二世
三变（延年）	三世
四变（五鬼）	四世
五变（生气）	五世
六变（六煞）	游魂
七变（绝命）	归魂

　　由此可见，世俗所传的八宅游年法，并非是古代的堪舆学家们凭空创造的一种新的玄学理论，而是有着深厚的易学基础与文化内涵。其理论渊源直接来自于汉代的京房易学。

本卦	一变 祸害	二变 天医	三变 延年	四变 五鬼	五变 生气	六变 六煞	七变 绝命
乾卦	姤	遁	否	观	剥	晋	大有
坎卦	节	屯	既济	革	丰	明夷	师
艮卦	贲	大畜	损	睽	履	中孚	渐
震卦	豫	解	恒	升	井	大过	随
巽卦	小畜	家人	益	无妄	噬嗑	颐	蛊
离卦	旅	鼎	未济	蒙	涣	讼	同人
坤卦	复	临	泰	大壮	夬	需	比
兑卦	困	萃	咸	蹇	谦	小过	归妹

图 42　七星变卦图

3.4 八宅游年法的理论要点

　　大游年，又称变爻大游年，是以游年飞星占测阳宅门、道路方位吉凶的一种理气方法。之所以称作游年飞星，实际上是对八卦上、中、下三爻不同的阴阳变化的代称。变爻，指阴爻变阳爻，或阳爻变阴爻。每卦随着三爻阴阳的不同变化，可以变成另外七卦。而每种变化决定了住宅某方位为哪个游星所飞临。由于游年飞星的排列规则存在两套体系，为了区分，古人把它们分别称作大游

理气风水

第三章　人天建筑学：八宅游年法

年与小游年。在阳宅风水里，主要使用的是大游年理论。至于小游年，其用途主要是推排男女婚配是否合适。

当然，宅的坐向不同，八方因飞临之星不同而吉凶各异。例如兑方在乾宅里属于生气方，而在震宅里则属于绝命方。

根据爻变规律，风水家们编成了"大游年歌诀"，具体如下：

大游年歌

乾——六、天、五、祸、绝、延、生，

坎——五、天、生、延、绝、祸、六，

艮——六、绝、祸、生、延、天、五，

震——延、生、祸、绝、五、天、六，

巽——天、五、六、祸、生、绝、延，

离——六、五、绝、延、祸、生、天，

坤——天、延、绝、生、祸、五、六，

兑——生、祸、延、绝、六、五、天。

如今在市面上所出售的某些罗盘，其底部就刻画有这种"大游年歌诀"。歌诀依后天八卦顺序排列。每八个字就是一个宅的游年，也就是其七星之位。第一个字是"伏位"的八卦之名，即座山。然后按照顺时针方向，依次将"伏位"以外的其他七个"星位"分布到所对应的具体方位上，其中吉位，按"阳宅三要"的提示，应该安排门、主、灶。此法是阳宅房屋规划的一种最为流行的布局模式。

要记住"大游年歌诀"，首先需要记住后天八卦的排列顺序。"大游年歌诀"与后天八卦的具体对应关系如下：

坎　五天生延绝祸六——艮震巽离坤兑乾

震　延生祸绝五天六——巽离坤兑乾坎艮

巽　天五六祸生绝延——离坤兑乾坎艮震

离　六五绝延祸生天——坤兑乾坎艮震巽

乾　六天五祸绝延生——坎艮震巽离坤兑

艮　六绝祸生延天五——震巽离坤兑乾坎

坤　天延绝生祸五六——兑乾坎艮震巽离

兑　生祸延绝六五天——乾坎艮震巽离坤

例如坎宅，口诀："坎——五、天、生、延、绝、祸、六"，按照顺时针方向排列，坎为伏位，艮为五鬼，震为天医，巽为生气，离为延年，坤为绝命，

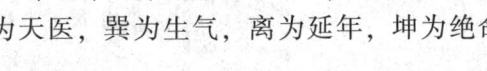

兑为祸害，乾为六煞。因此，坎宅应该以坎为座山，将门、主、灶布置在震、巽、坎、离这四个吉方。

按照大游年法，我们可以得到以下八类住宅布局模式，即乾宅、坎宅、艮宅、震宅、巽宅、离宅、坤宅与兑宅（图43～50）。这就是为什么大游年法又叫八宅法或八宅游年法的道理所在。

对于由几个"四合院"组成的"大宅"，则应按建筑群体的宫位作大的布局。然后，再按各成体系的"小院落"考虑游年。

生　气 上　吉 东南 巽	延　年 上　吉 南 离	绝　命 大　凶 西南 坤
天　中 东震 医　吉	坎	次　祸 兑西 凶　害
艮 东北 大　凶 五　鬼	坎 北 小　吉 伏　位	乾 西北 次　凶 六　煞

图43　坎宅图

延　年 上　吉 东南 巽	生　气 上　吉 南 离	祸　害 次　凶 西南 坤
伏　小 东震 位　吉	震	大　绝 兑西 凶　命
艮 东北 次　凶 六　煞	坎 北 中　吉 天　医	乾 西北 大　凶 五　鬼

图44　震宅图

伏位 小吉 东南 巽	天医 中吉 南 离	五鬼 大凶 西南 坤
延年 上吉 东 震	巽	六煞 次凶 西 兑
绝命 大凶 东北 艮	生气 上吉 北 坎	祸害 次凶 西北 乾

图 45　巽宅图

天医 中吉 东南 巽	伏位 小吉 南 离	六煞 次凶 西南 坤
生气 上吉 东 震	离	五鬼 大凶 西 兑
祸害 次凶 东北 艮	延年 上吉 北 坎	绝命 大凶 西北 乾

图 46　离宅图

五鬼 大凶 东南 巽	六煞 次凶 南 离	伏位 小吉 西南 坤
祸 次 东 震 害 凶	坤	中 天 兑 西 吉 医
艮 东北 上吉 生气	坎 北 大凶 绝命	乾 西北 上吉 延年

图 47　坤宅图

六煞 次凶 东南 巽	五鬼 大凶 南 离	天医 中吉 西南 坤
绝 大 东 震 命 凶	兑	小 伏 兑 西 吉 位
艮 东北 上吉 延年	坎 北 次凶 祸害	乾 西北 上吉 生气

图 48　兑宅图

绝命 大凶 东南 巽	祸害 次凶 南 离	生气 上吉 西南 坤
六煞 次凶 东 震	艮	延年 上吉 兑 西
东北 小吉 伏位 艮	北 大凶 五鬼 坎	西北 中吉 天医 乾

图 49　艮宅图

祸害 次凶 东南 巽	绝命 大凶 南 离	延年 上吉 西南 坤
五鬼 大凶 东 震	乾	生气 上吉 兑 西
东北 中吉 天医 艮	北 次凶 六煞 坎	西北 小吉 伏位 乾

图 50　乾宅图

3.5 游年变卦的基本原理

七政游年爻变法

所谓翻卦，其实也叫变卦。它的口诀是："上中下今中上中，下中一诀值千金。"

	一变 上爻 生气	二变 中爻 五鬼	三变 下爻 延年	四变 中爻 六煞	五变 上爻 祸害	六变 中爻 天医	七变 下爻 绝命	八变 中爻 伏位
乾								
坎								
艮								
震								
巽								
离								
坤								
兑								

图 51 七政游年爻变图

变卦之理，其机最深。八宅游年的推演规律，是根据八卦爻变而来。八卦爻变的规律是：一变上爻为生气，二变中爻为五鬼，三变下爻为延年，四变中爻为六煞，五变上爻为祸害，六变中爻为天医，七变下爻为绝命，八变中爻为伏位。八变即得本宅之卦（图51），这样也就确定了住宅的四吉方与四凶方。具体口诀如下：

七政游年爻变歌

三爻不动本伏位，三爻俱变延年金，
上一爻变为生气，下一爻变乃禄存，
上二爻变成五鬼，下二爻变作巨门，
上下爻变六煞水，中爻独变系破军。

为了押韵，以上口诀交替使用了两套"九星"术语，其中，"禄存"即"祸害"，"巨门"即"天医"，"破军"即"绝命"。

现以乾宅为例加以说明。乾宅代表坐乾向巽的住宅，其八方游星分别是：
乾卦三个爻象不变，仍然为乾，所以乾宅的乾方为"伏位"；
乾卦改变上一爻象，则为兑卦，所以乾宅的兑方为"生气"；
乾卦改变中一爻象，则为离卦，所以乾宅的离方为"绝命"；
乾卦改变下一爻象，则为巽卦，所以乾宅的巽方为"祸害"；
乾卦改变上二爻象，则为震卦，所以乾宅的震方为"五鬼"；
乾卦改变下二爻象，则为艮卦，所以乾宅的艮方为"天医"；
乾卦改变上下爻象，则为坎卦，所以乾宅的坎方为"六煞"；
乾卦三个爻象皆变，则为坤卦，所以乾宅的坤方为"延年"。
其余七卦可依此类推。

总之，通过八卦变宅，即得四吉四凶方位，凡修造、移徙、迎婚、上官、经营等事，均可依此而行。

"翻卦歌" 与 "翻卦图"

为了便于风水师记忆掌握，在民间流行的许多理气风水著作里，都收录有以下所示的"翻卦歌"与"翻卦图"。

翻卦歌

乾翻兑卦兑翻乾，巽坎翻来颠倒颠，
坤艮艮坤相对起，震离离震是根源，
八卦装成来往取，子离午坎是仙传。

翻卦图

"翻卦图"的要点是："中起中收，弦起弦止，生五延六，祸天绝伏"（图52）。例如坎卦从巽上起生气，艮为五鬼，离为延年，乾为六煞，兑为祸害，震为天医，坤为绝命，坎为伏位，这是"中起中收"。而乾卦从兑上起生气，震为五鬼，坤为延年，坎为六煞，巽为祸害，艮为天医，离为绝命，乾为伏位，则是"弦起弦止"。

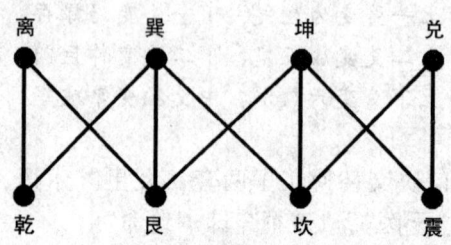

图 52　翻卦图（天定卦）

前已提及，游年九星存在两套术语系统，并且可以一一对应起来：生气又名贪狼，五鬼又名廉贞，延年又名武曲，六煞又名文曲，祸害又名禄存，天医又名巨门，绝命又名破金，伏位又名辅弼。既然"翻卦歌"说："生五延六，祸天绝伏"，那么，在"天定卦"里，游年九星的排序也可以表述为：贪、廉、武、文、禄、巨、破、辅。

"翻卦图"是由先天八卦推演出来的，各卦之爻依次递变，八卦之间互相对列。例如：乾一兑二互对，离三震四互对，巽五坎六互对，艮七坤八互对，相互对列的卦位称作"对宫"。

以上"翻卦图"，是各种卦例的原始根据，是"诸卦之祖"，所以，清代叶九升在《罗经拨雾集》里也称"翻卦图"为"天定卦"。

"天父卦"与"地母卦"

众所周知，在八卦里，乾为老父，坤为老母。"天定卦"如果以乾为首，

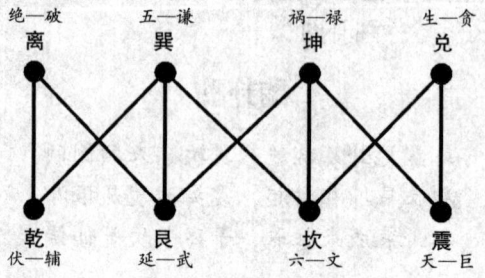

图 53　天父卦

"弦起弦止"，从乾卦的对宫兑卦开始，按照"生天祸六，五延绝伏"（即贪、巨、禄、文、廉、武、破、辅）的卦序进行翻卦，那么，由此所得到的卦例就称作"天父卦"（图53）。

同理，"天定卦"如果以坤为首，"中起中收"，从坤卦的对宫——艮卦开始，按照"生天祸六，五延绝伏"（即贪、巨、禄、文、廉、武、破、辅）的卦序进行翻卦，那么，由此所得到的卦例就称作"地母卦"（图54）。

俗话说，"天高地下"，由于天在上，地在下，所以，在古代建筑中，"天父卦"主要用于确定三维空间中的上下一维即立体尺度问题，如建筑物的高度，柱高、门窗尺寸等；而"地母卦"则主要用于确定三维空间中的另外两维即左右、前后问题，如座山、朝向的九星分布及建筑物面阔、进深的尺寸选择等。

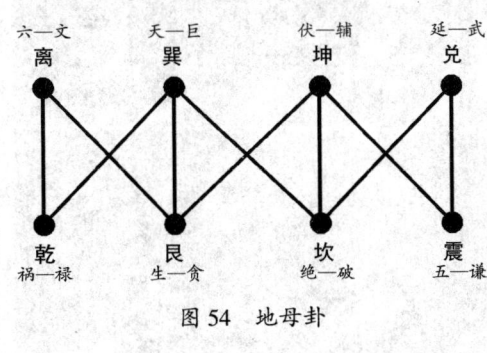

图 54　地母卦

"小游年"与"大游年"

按说，游年理论的主要用途在于确定建筑的方位问题，即左右、前后问题，因而理应符合"七政游年爻变法"的翻卦规则才是。但两相对照，我们却发现，二者多有不合。这是什么原因呢？

原来，按照"七政游年爻变法"推排出来的"游年"，在理气风水里被称作"小游年"，它在方位选择中很少使用，主要用于"择吉术"的婚嫁时间选择。清人熊渭甫在《阳宅指迷》里，也称"小游年"为"校正游年"。"校正游年"的口诀是："乾——六延天五绝祸生，坎——天延生祸绝五六，艮——六绝五生祸延天，震——祸生五绝天延六，巽——延天六五生绝祸，离——六天绝祸五生延，坤——延祸绝生五天六，兑——生五祸绝六天延。"

除此之外，还存在另一种用"天定卦"推排出来的"游年"，即"大游年"。在推排"大游年"时，翻卦规则也是"中起中收，弦起弦止"，也是从本卦对宫开始起贪狼。但有所不同的是，九星卦序不是按照"生天祸六，五延绝伏"（即贪、巨、禄、文、廉、武、破、辅）的卦序进行，而是按照"生五延六，祸天绝伏"（即贪、廉、武、文、禄、巨、破、辅）的卦序进行。所以，"大游年"可以看作是"七政游年爻变法"的一个变种，一种俗传，或者说是一种误传。

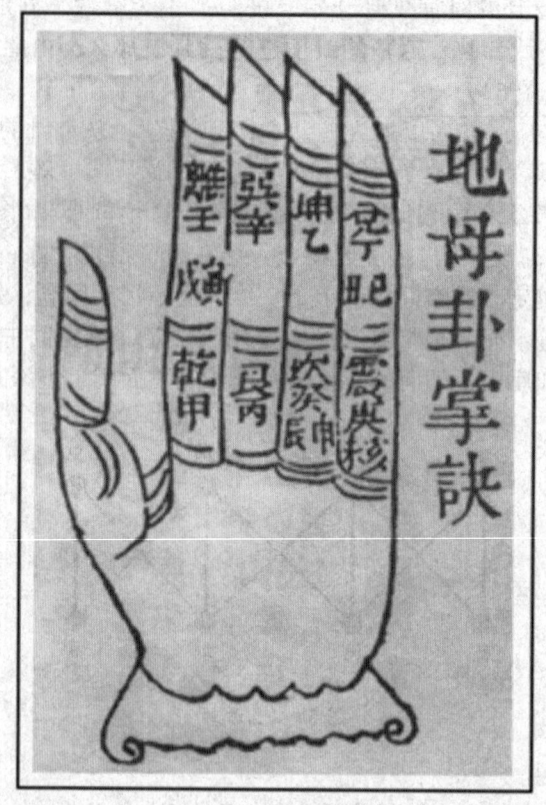

图 55　地母卦掌诀图

俗话说：假作真时真亦假。理气风水学毕竟是一门世俗化的学问体系。虽然"大游年"理论不如"小游年"理论符合易学卦理。然而自明清以后，由于它毕竟已流传几百年了，所以，我们也没有必要像清人熊渭甫那样认死理，舍"大游年"不用，非要退回到"小游年"（即所谓的"校正游年"）上来。

在《阳宅指迷》里，收录有一首"地母卦掌诀"："本卦伏吟对卦生，五延六祸天医绝。本宫辅弼对宫贪，廉武文禄巨破列。"

这首"地母卦掌诀"，可以说是"大游年"的专用"翻卦歌"。

同时，该书还配有一幅"地母卦掌诀图"（图 55），该图的核心内容与前边的"翻卦图"完全一样，只不过增加了一些八卦纳甲的内容，并且更加便于记忆罢了。

3.6 九星与五行的对应关系

游年九星（简称"游星"）的吉凶等级与五行属性如下所示：

"生气"——"贪狼"，吉星（上吉），五行属木；

"天医"——"巨门"，吉星（次吉），五行属土；

"延年"——"武曲"，吉星（中吉），五行属金；

"伏位"——"辅弼"，吉星（小吉），五行属木；

"祸害"——"禄存"，凶星（小凶），五行属土；

"六煞"——"文曲"，凶星（中凶），五行属水；

"五鬼"——"廉贞"，凶星（次凶），五行属火；

"绝命"——"破军"，凶星（大凶），五行属金。

游星的吉凶取决于所有本卦与变卦之间的五行相同、相生、相克的比例，并由此评定吉凶等级。有些堪舆家认为：生气之星为四同四生，"同"是自然相合，因而此星为吉中最贵；天医之星为全生，皆有五行相生之义，吉贵仅次于生气之星；延年之星有两同两克，仅次于天医之星；伏位三爻不变，可进可退，为吉中最次。祸害之星四生四克，且俱属阴阳互相生克，故为凶中最轻；六煞之星亦为四生四克，但均属阴阳各自相互生克，为中凶；五鬼之星为全克，均属阴阳各自相克，故为次凶；绝命之星亦为全克，且东西南北上下各方合着皆伤，故为大凶之星。以上前四星飞临之方为四吉方，后四星飞临之方为四凶方。

九星游年占卦生克对照表 （表4）

七政星名	九曜星名	吉凶判断	五行属性	游年所占卦位				
				卦位	方位	五行	五行生克	断语
生气	贪狼	大吉	木	震	东	木	相偕	高第文章
				巽	东南	木	相偕	
				离	南	火	我生	
				坎	北	水	生我	
天医	巨门	上吉	土	坤	西南	土	相偕	福禄富贵慈善
				兑	西	金	我生	
				乾	西北	金	我生	
				艮	东北	土	相偕	
延年	武曲	吉	金	坤	西南	土	生我	兵权蒙爽
				兑	西	金	相偕	
				艮	东北	土	生我	
绝命	破军	大凶	金					恶疾
五鬼	廉贞	凶	火					邪祟
祸害	禄存	凶	土					壅滞
六煞	文曲	次凶	水					淫荡

这就是五行的同、生、克而言。而有些堪舆家则是从八卦的伦理关系来推论游星的吉凶如何与吉凶等级。详见表4所列。

在这些堪舆家看来，乾坤艮兑四宅，门主灶三者相配，以延年武曲金为上上大吉（老父配老母、少男配少女，土金相生，为夫妇正配）。天医巨门土，虽然五行相生比和，但为纯阳、纯阴之配，不利生长，故为中吉。生气贪狼木虽然有阴有阳，但为老少之配，不是年纪相当的夫妇"正配"，所以是次吉。

而坎离震巽四宅，门主灶三者相配，以生气贪狼木为上上大吉（水木、木火相生，虽非夫妇正配，但长女、中男，长男、中女之配，年纪相差不多，有阴有阳，故吉）。延年武曲金是夫妇正配，但不免金木、水火相克，故为中吉。天医巨门土，五行相生，但为男配男、女配女，只是兄弟、姊妹、朋友的情谊，不比夫妻那样恩爱，故为次吉。

3.7 星宫相配的五行原理

先天八卦出自宋代学者邵雍之手，其排列方式是：乾一、兑二、离三、震四，沿逆时针方向排列，此所谓"数往者顺"；巽五、坎六、艮七、坤八，沿顺时针方向排列，此所谓"知来者逆"。

由于八宅游年法本身是在先天八卦的理论基础上发展而来，所以，根据《阳宅集成》与《阳宅爱众篇》，笔者绘出了七幅先天卦位图，即：先天生气图、先天天医图、先天延年图、先天绝命图、先天五鬼图、先天祸害图与先天六煞图。以此进一步探讨游星与九宫之间的五行相生相克关系。

先天生气图

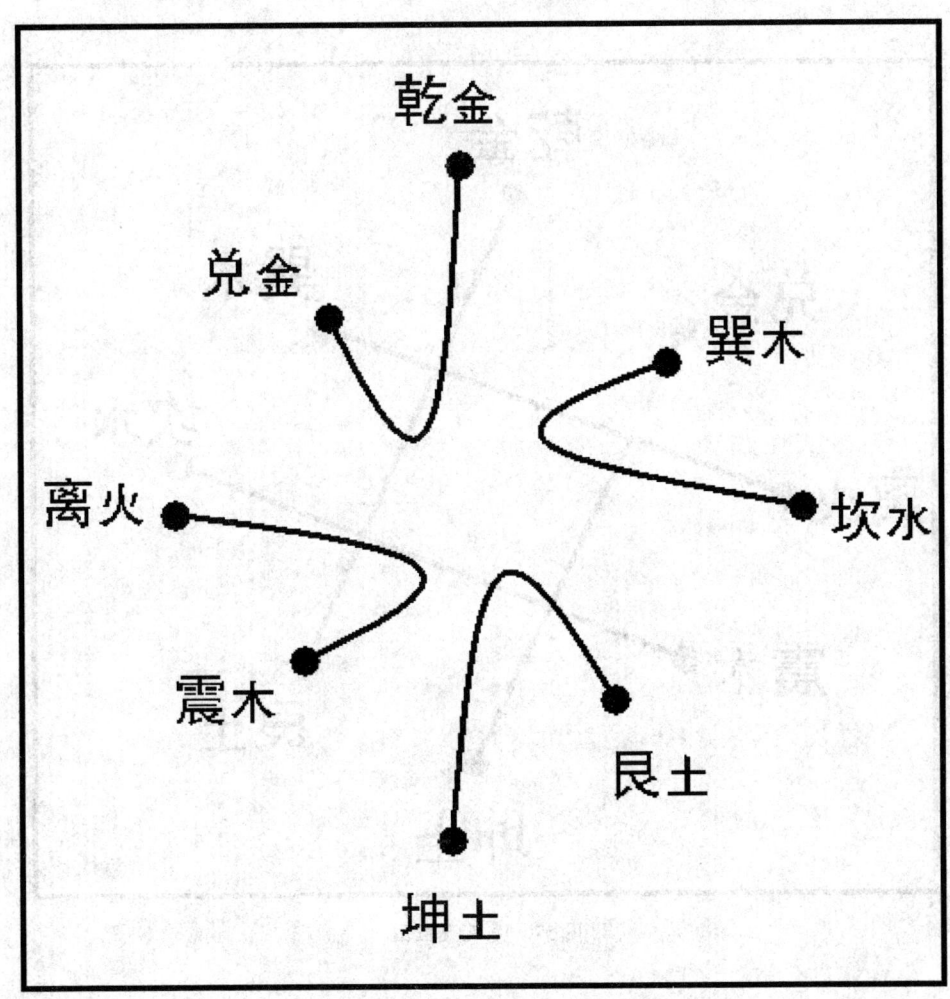

图56　先天生气图

　　"生气"在坎卦，为宫生星；"生气"在离卦，为星生宫；"生气"在震卦和巽卦，属于比和；都主富贵悠久。而"生气"在乾卦、兑卦，则为内克；"生气"在坤卦、艮卦，称作外战。凡属"克"、"战"，都叫"吉星失陷"，主日中有悔。

先天天医图

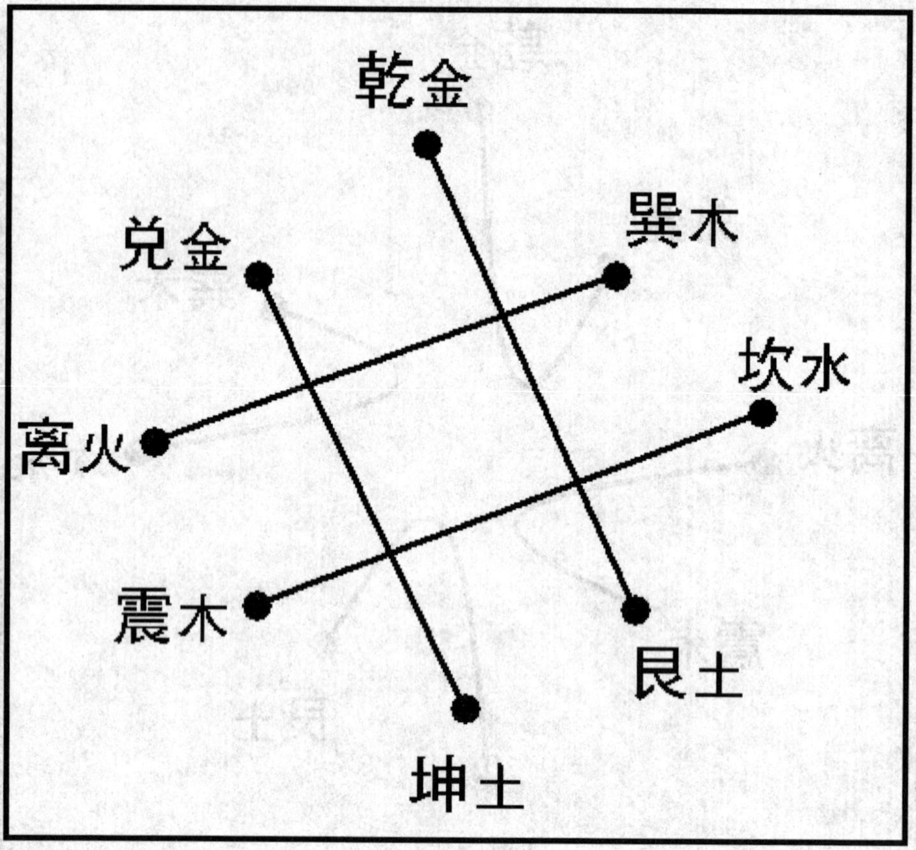

图57 先天天医图

"天医"亦是先天卦位,五行虽有相生之义,不如"生气"混沌无迹,故为次吉之星。

"天医"在乾卦、兑卦,为星生宫;"天医"在坤卦、艮卦,为星宫比助;"天医"在离卦,为宫生星;"天医"在震卦、巽卦,为星宫内战;"天医"在坎卦,为星宫外克。星宫如果相生比助,主富贵而旺丁;星宫如果互相克战,则吉里藏凶。

先天延年图

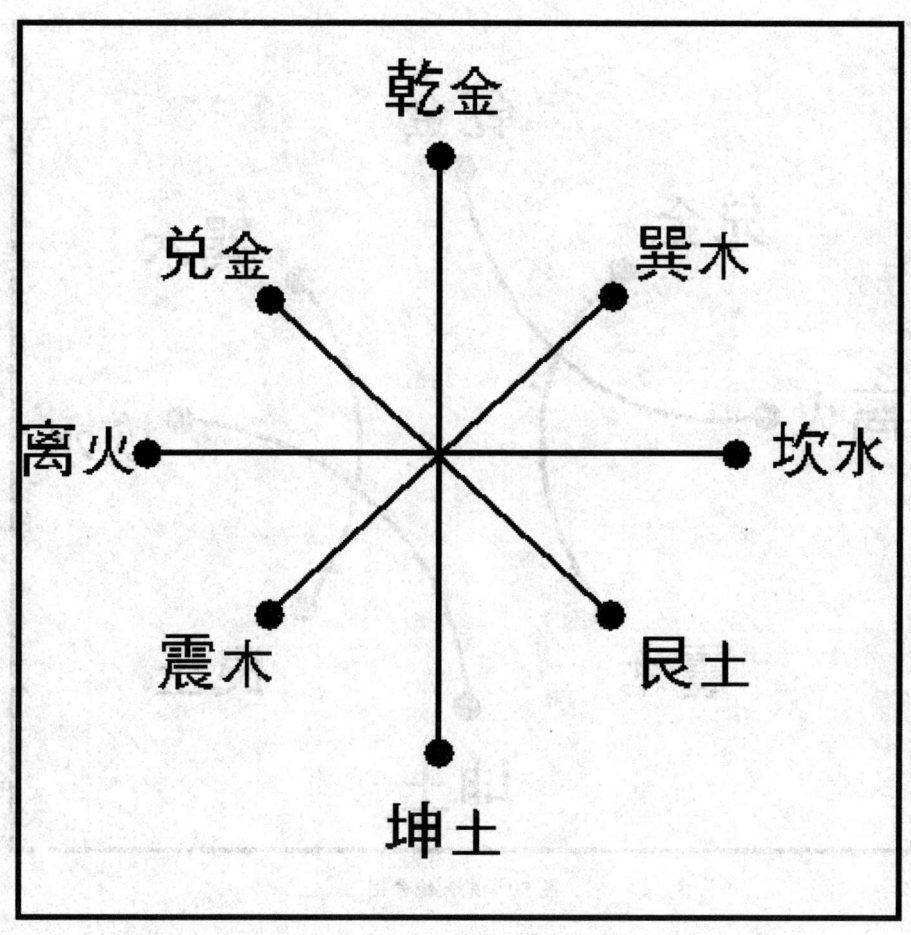

图 58 先天延年图

　　乾南坤北，离东坎西，震、巽位于东北、西南，艮、兑据守东南、西北。这就是《易经》上所说的："天地定位，山泽通气，雷风相薄，水火不相射。"乾父与坤母相配，震、坎、艮三男，配巽、离、兑三女，此种"延年"关系，是阴阳互配之道，不像"天医"，纯是相生之义。所以其吉利程度比起"天医"来，要低一些，为中吉之星。

理气风水

第三章　人天建筑学：八宅游年法

先天绝命图

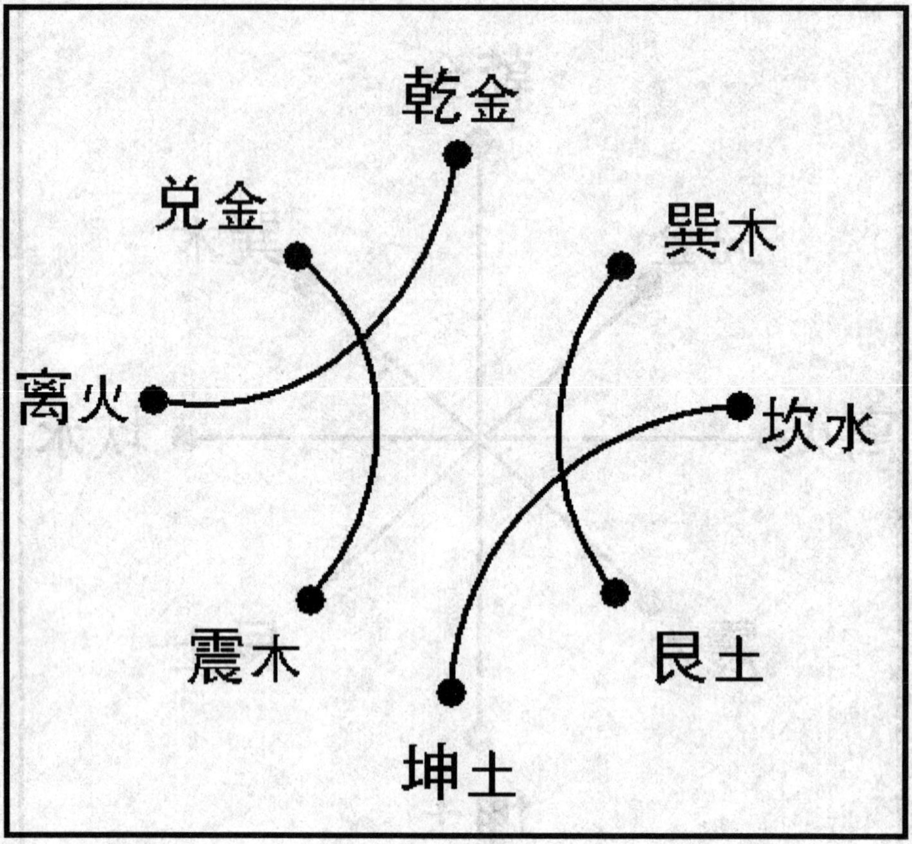

乾金

兑金

巽木

离火

坎水

震木

艮土

坤土

图 59　先天绝命图

　　"绝命"为最凶之星，亦因先天克制而生：离火克乾金，坤土克坎水，巽木克艮土；仇敌相遇，互相搏杀，于是带来"绝命"凶煞。

　　"绝命"在离宫，如穷兽被迫，犹能返噬；"绝命"在震、巽，如强梁得志，虐害忠良；"绝命"在坤、艮，如积粮资寇，养虎遗患；"绝命"在坎，如驱兽入窖，犹肆咆哮；"绝命"在乾、兑，如枭獍长大，反噬所生。

先天五鬼图

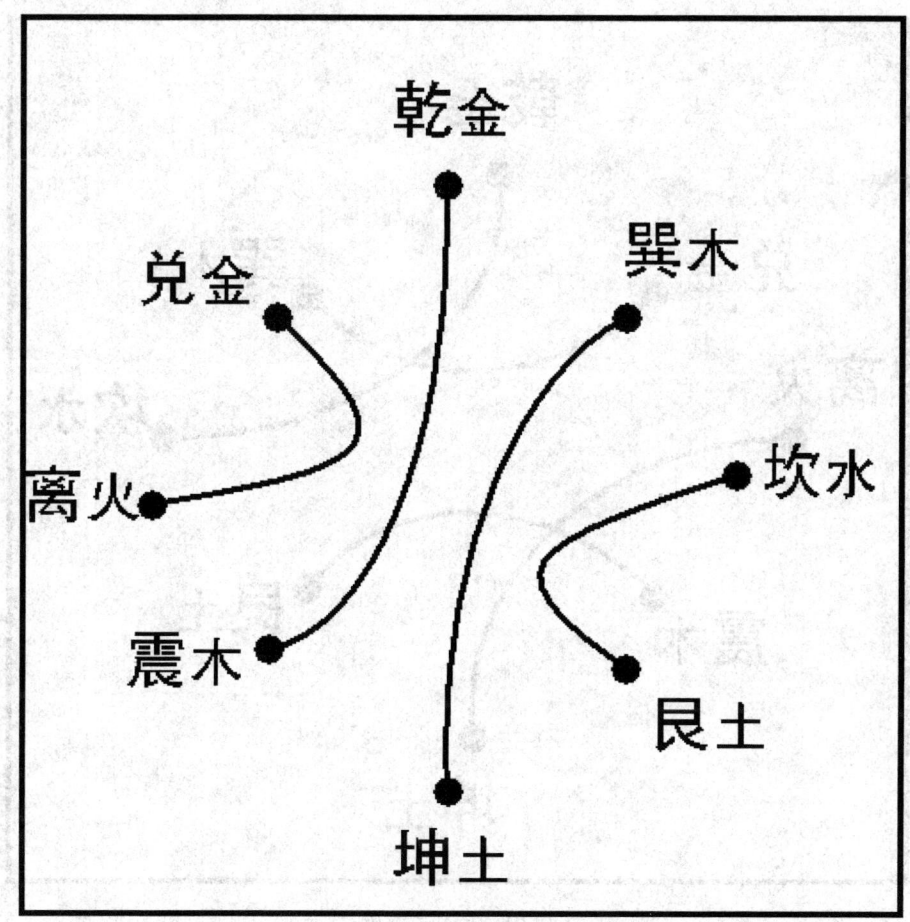

图60 先天五鬼图

乾金克震木，巽木克坤土，艮土克坎水，离火克兑金，世道交丧，相刃相剋，所以称作"五鬼"。

"五鬼"在震、巽，如火生于木，焚泽燎原；"五鬼"在乾兑，如沃焦烈日，烁石销金；"五鬼"在坤艮，如火炎昆岗，玉石俱焚；"五鬼"在坎宫，如野葛乌头，不受炮制；"五鬼"在离宫，如以膏益火，烟焰转炽。总之，"五鬼"所在诸宫，俱不吉利。

先天六煞图

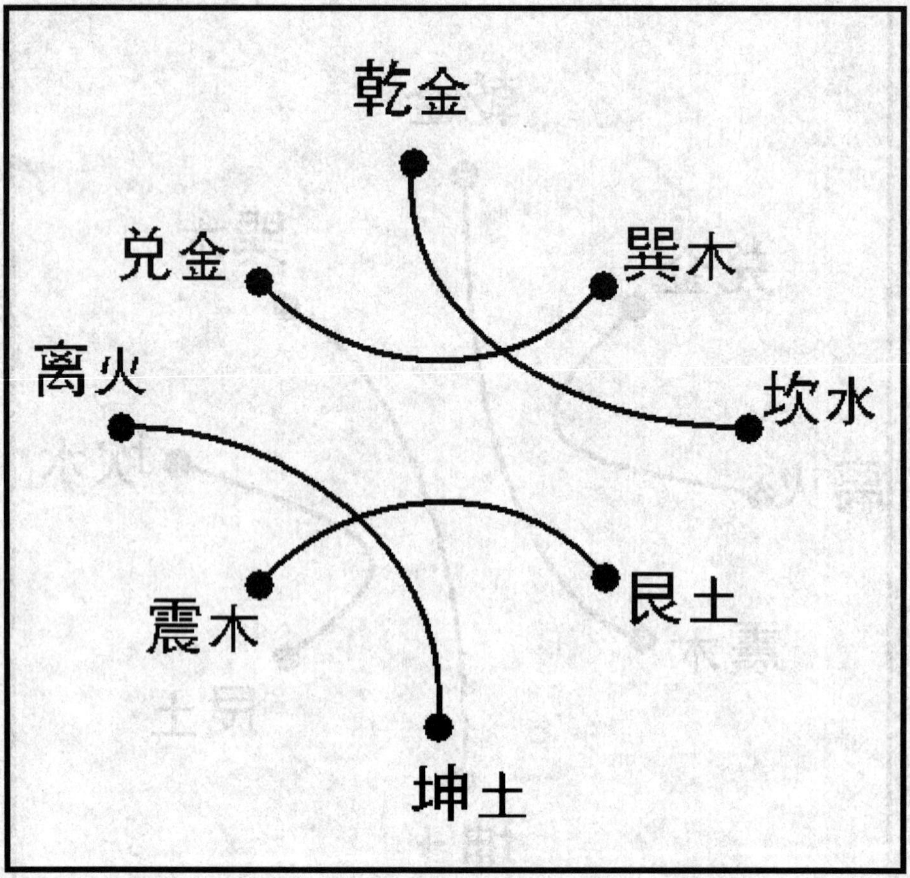

乾金

兑金　　　　　　巽木

离火　　　　　　　　　坎水

震木　　　　艮土

坤土

图61　先天六煞图

　　"六煞"是兑金克巽木，震木克艮土；东离之火生西坤之土，西乾之金生东坎之水，由于生理不顺，所以见生不生，反成盗败，遂使"六煞"生于淫邪。但其凶险程度次于"绝命"、"五鬼"。

　　"六煞"在乾、兑，如冶容献笑，钻穴相窥；"六煞"在坤、艮，如老妇再醮，唱随可丑；"六煞"在震巽，如偷香私赠，臭秽彰闻；"六煞"在坎宫，如濮上答歌，桑间赠叶；"六煞"在离宫，如姑妇同室，闲言碎语。

先天祸害图

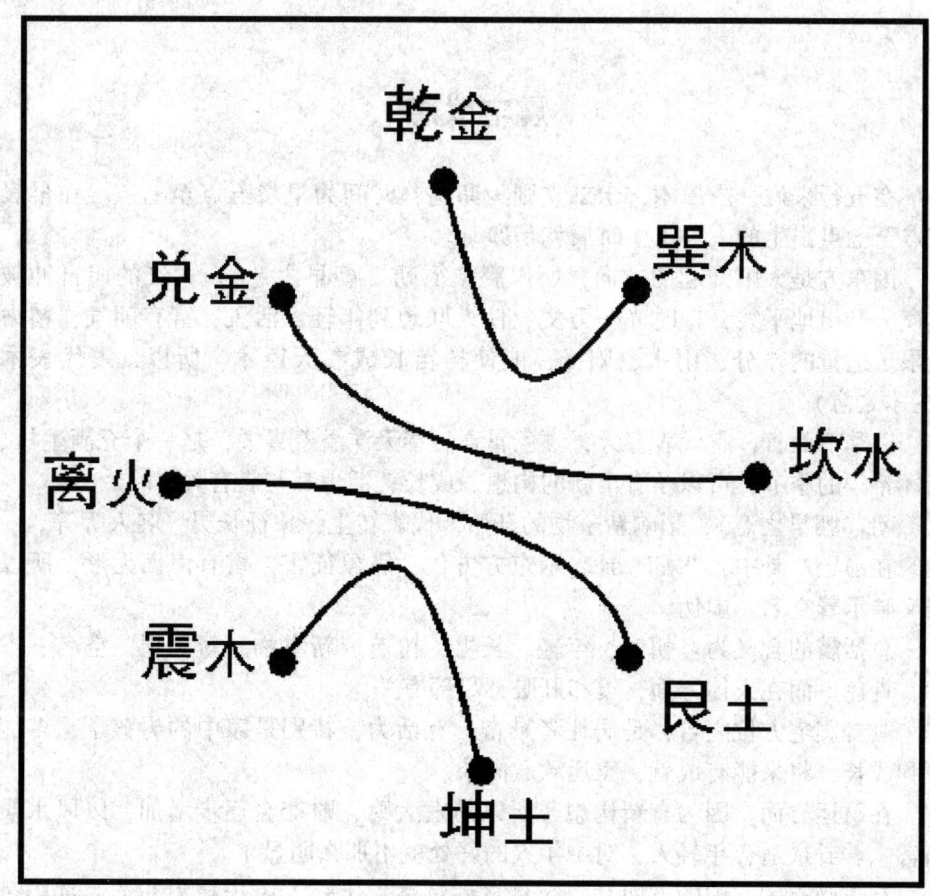

图 62　先天祸害图

祸害之星，有生有克。如震克坤，乾克巽，相克者当然属凶。而离生艮，兑生坎，乃东四生西，西四生东，由于生理不顺，反成盗败，所以亦作凶断。

祸害在震巽，如强奴悍婢，虽受恩生，包藏祸心。祸害在乾兑，如黠虏归王，虽效顺而终致反复。祸害在离宫，如养贼为子，自劫家宝。祸害在坎宫，如宵人怙恃，恣肆猖狂。祸害在坤、艮，如朋比胁从，圯族败政。

3.8 关于八宅的系统联想

震宅联想

在五行来说，震属木，十二支则为卯座，时间为早晨五点至七点。在早晨五点至七点出生的人，出生时辰就是卯时。

因东方是太阳升起的方向，所以震象征朝（朝早之意）。火红的旭日冲破黑夜，升出地平线，顿时光芒万丈，使人联想到年轻、活泼、富有朝气，精力无限。适量的养分、雨水、阳光，能使树苗长成参天巨木，所以，震代表木（树木之意）。

以季节而言，震代表春天，颜色属青。春天洋溢着喜悦，是一个充满生机、满怀希望的季节，可以孕育出新的构想。成长、活力都与震有关。

朝（朝早之意），影响新事物的开始，代表转生，象征长男、名人等等。

在易经八卦中，"震"卦表示东方方位，震象征雷，雷有声而无形，所以震又暗示着空名、虚伪。

总括震的含义为：朝气、年轻、长男、树苗、新事物、新构想、空名、虚伪、青色。而在人体方面，震和肝脏、足部有关。

震卦震宅方位之吉，是居住者勤奋、有活力，特别是家中的男孩子，多能顺利成长，将来能有成就，家运欣欣向荣。

在财运方面，因为有新构想，所以易发大财，财产会逐步增加。以风水学而言，震卦最适合年轻人，对中年人的好处就不那么明显了。

有吉必有凶。凶的方面是：容易自信过高，年轻人由于精力充沛，欲望过强，过分重视金钱与权力，结果往往招来恶果。所以行为必须与方位配合，方是红花绿叶，相得益彰。

巽宅联想

"巽"卦代表东南方位，五行属木，十二支在辰及巳座，时间则是上午七点至十一点。上午七至九点是辰，上午九至十一点是巳。这时间，正是太阳由东方升起的时候。

巽对应的颜色为绿色，因此可以象征枝叶茂密、挺拔有力的大树。万物从太阳的光和热获得活力，只要有活力，便能克服困难，达到目的。我们可以将活力改说成努力。换言之，只要居住的一家上下勤奋努力，自然事业有成，人丁繁昌，经济丰裕。

巽方又有调和之意，象征男女好合、结婚、获别人信任。八卦的初象是天、地、雷、风、水、火、山、泽。巽象征风，风的行踪不定，因此巽象征旅行、远方。

风是自由来往出入的，只要有小小的空隙，风就可以进出，因此，大门若在巽位，是十分有利的。

出入口在东南、凸出处在东南，居住者家运昌盛，生活安定，财运好，思想稳健，信用亦佳。全家每一分子生活都有规律，家人一团和气，没有摩擦争吵，更会得到亲戚朋友的支持及援助。

巽方最大特色是：对女性有好的影响，比如恋爱、婚姻都会很顺利。

由于巽象征远方，因此很可能和意想不到的远方人结合。

如果户主是主管的话，会得到优秀的女性部下协助，事业容易有成。

五行与巽方位相克，效果就相反了，居住者萎靡不振，毫无成就可言。对长女的婚事也不利，迟迟不能成婚，家人健康也不好。

离宅联想

离卦五行属火，十二支则在午座，时刻为正午，即上午十一点至下午一时。

离卦代表：正午、酷暑、夏季、六月。有火的暗示，如火焰、三角形，或表示辉煌地位、名誉、光明、美丽、聪明。如以人物作比拟，属中年、成熟女性。此方位对人体的心、眼、血压等有影响。

由于离卦代表智慧与美丽，故此对学者、艺术家、堪舆家、美容师、投机生意人特别有利，甚至可成为巨富。

居于离卦者身心健康，子女运气也佳，尤其对女儿最好。

离卦方位之凶：在疾病方面，易患贫血、性冷淡、精神病，尤其是心脏、眼、血压等的疾病。

在事业上，反应迟钝，做投机生意时，会一时大意而导致全部投资付诸东流。

家中则是女性天下，女权大张，丈夫觉得家庭生活无趣味，会在外面另谋发展，结交新人，甚至与之同居。如此家庭没有幸福可言。

坤宅联想

西南方为坤卦，五行属土，十二支为未、申座，时刻为下午一点至五点，季节属季夏。至于居于西南坤位的人，若是五行相克，则有极坏影响，对男性来说，是会短命早亡，工作无干劲，绝无向上进取之心，而且体弱多病，倚靠太太或女儿工作为生。对女性来说，则容易离婚。

一间房屋，西南坤位凸出部分如果是厨房、浴室，受影响最大的是主妇的健康，常常会感到身体不舒服。

兑宅联想

正西方为兑卦，五行属金，十二支在酉座，时刻是下午五时至七时，季节属秋。

西方是太阳下山的方向，所以此方位和日落黄昏有关。

黄昏时，一天的辛劳工作已告完结，全家人回到家里团坐一桌吃晚饭，可以说是一家团聚的时间，于是引申出饮食、喜悦或男女互相爱慕等的象征意义。

由于五行属金，所以有金钱的含义，特别暗示动产会增加。

易经中，西方含有少女情怀之义，由此引申出侍女或给人快乐的女人等意义。

日落西方后，大地黑暗来临，有肃杀之气，由此使人感受到杀气。

正西兑位之吉，是家庭富裕。凡是经济富裕的家庭，多数是安定幸福的，家人和睦相处，食欲好，健康佳，交游广阔，家中常常高朋满座，对家人的事业有极大的帮助。居住此方位的人，多能得到佳偶，而且选择伴侣的权利操在自己手上，有财运，可以放胆做生意，但太冒险的生意就不宜，比如炒金、炒股及炒地产之类。

仍是一句老话，有吉当亦有凶。

如果正西兑位凸出面积过分大，在此方位是厕所、浴室，加上屋位与住户五行相克，则属于凶了，居住者会健康不佳，容易得肺病，虽然现在医学先进，肺病已不算是死症，但医好之后，又会复发，尤其是中年以后，体质转弱，病痛更多。

正西兑位和金钱有关，因此许多纠纷不幸会由金钱而引起，赌钱甚至与钱有关的玩意儿尽量少参与为妙。甚至借钱给朋友，事前也要小心考虑，避免追还不获，徒惹烦恼。

乾宅联想

西北方位为乾卦，五行属金，十二支是戌与亥，即晚上七时至十一时，晚上七至九时是戌，晚上九至十一时是亥，季节属秋及暮秋。

秋天丰收之后，灰暗的冬天接着就来了。一般来说，秋收冬藏，暮秋容易叫人联想到收藏，而藏字也就引申为聚积财富之意。

易经中西北属"乾"，乾象征天，天是高高在上覆盖万物的、最尊贵的，所以此方位代表：父、夫、长辈、官长、总经理、董事长、院长、会长、老板等等。上述人物给人印象是：伟大、有远大的理想。在易经中，天是权威象征，所以又暗示少动。

此方位会影响人的肺（西方代表正肺，西北代表副肺）、右足、骨、头、颈等。

住在此方位的人，若是宅命相配，则很少患染上述病症。相反，如非宅命相配，就容易患上上述的病症了。

既然西北部方位在易经中属乾，乾象征天，居住在西北方位又宅命相配的人就有领袖运。谁都知道人的一生牵涉的问题极多，举凡家庭、恋爱、事业、金钱、健康等等，都不是在短时间之内可以完成，必须经过一番努力才会达到目的。有一些人，更是穷一生之力，也无法如愿以偿。但是住在此方位的男性，都比较容易意外获得。

由于有领袖运，因此会有能干的部下协助其发展事业。

"乾"代表金，所以亦能聚财致富，此方位对男性最为有利。

如果西北方位是凹入的或者过分凸出，又或者是厕所、楼梯位，依照风水学说，就是凶相。

居于这样的房屋，最不利的是一家之主的男性，健康不佳，易得浮肿、头痛之疾病，而且不务正业，爱好玩乐、赌博，家庭难得幸福，因此必须研究如何趋吉避凶。

坎宅联想

正北方位为坎卦，五行属水，十二支属子座，时刻是晚上二十三时至翌日凌晨一时，是黑夜的正中央，因此代表：暗、不明显、阴、黑等意思。很多地方以凌晨一时作为一日二十四小时的起点，所以子时又有新生、新规划之意。

坎卦方位属水。水，是由一点一滴开始，慢慢汇集成细流，再由细流而得大川、大河、大海。大海表面平静，事实上则波涛汹涌。水因此代表了汇合、交际、苦恼、困难、希望、通达等。

一滴水与其他的水汇合成大川、大河，坎卦包含了交际、男女交往、性爱、相识、追踪等。但水成为大川、大河，是要经过很长途的旅程，所以坎卦亦有给人苦恼、困难之意。

坎卦方位之吉屋，户主有强健的体格，因而有充沛的精神魄力，容易创立自己的事业，而且头脑聪明，能克服很多困难。就算自己不创业，只做工薪阶级人士，职位也会比别人高。

此屋住户全家都健康，生活得十分美满，尤其是夫妇性生活能够得到满足。因为此方位代表"不明显"，故此户主的收入从副业得到的会比正业多。

一般人所称的吉屋，是在此方位上稍微凸出或者不凸不凹，如果过分的凸出或凹入，就成为凶屋了。尤其是凹凸部分是厨房或厕所，则更为不妥。住在凶屋的人，男户主容易跋扈粗暴。

艮宅联想

东北方位为艮卦，五行属土，十二支属丑及寅，时间为凌晨一时至五时，丑是凌晨一时至三时，寅是凌晨三时至五时。

由黑夜至太阳从东方升起这一段时间，是强烈的变化时刻，古人认为在黎明的瞬间，是神仙最可能出现的时刻，因此艮卦代表着不可思议的灵气。

在古代宅经中，认为艮方即东北方位是"鬼门"，因为中国历史上是以中原为正统，中原常遭外敌入侵，尤其是以来自东北方面的居多，故古人认为东北方是"鬼门"。

黑夜到黎明，含有再生、更醒、新事开始等意思，又暗示有相续、后继之意。此方位属土，大地生育万物，人死后归土，故亦代表生育与死亡。东北方位之吉宅，对继承者最为有利。

3.9 东四宅与西四宅

按照五行所属，坎属水，震、巽属木，乾、兑属金，离属火，坤、艮属土。依五行生克的道理，坎、离、震、巽四卦可以互相生助：坎水生震、巽之木，震、巽之木生离火，都是互相生助。而乾、兑、坤、艮，坤艮为土，乾兑为金，土可以生金，也都是互相生助。

但是如果把"乾坤艮兑"四卦和"坎离震巽"四卦摆在一起，相互比较，不仅难以协调，而且大为敌克。例如离火克乾兑之金，乾兑之金又克震巽之木，震巽之木克艮坤之土，艮坤之土又克坎水，互相制约敌克。

于是八卦在五行生克的制约下，就组成了两组互不亲和的对立系统：

一是"坎、离、震、巽"，此所谓东四卦；

一是"乾、兑、艮、坤"，此所谓西四卦（图63）。

如果以南北向为中轴线，将空间划分为东、西两部分。那么，在坎、离、震、巽这四卦里，震、巽两卦都位于中轴线的东部，坎、离两卦则正好位于南北中轴线上。而乾、兑、艮、坤这四卦，除了艮卦位于南北中轴线的东部之外，其他三卦都位于南北中轴线的西部。这就是东、西四卦的得名由来。

关于东、西四卦，《阳宅集成》收录有一首《选择歌》，是这样描述的："乾坤艮兑四宅同，未申西戌亥丑寅，戊己庚辛四干用，阳配阳来阴配阴。震巽坎离是一家，子卯辰巳午无差，甲乙丙丁并壬癸，阴阳相配不须加。"

东、西四卦的分法：震、巽、坎、离为东四，其五行是木、木、水、火，属软性性质（文质）；乾、坤、艮、兑为西四，其五行是金、土、土、金，属

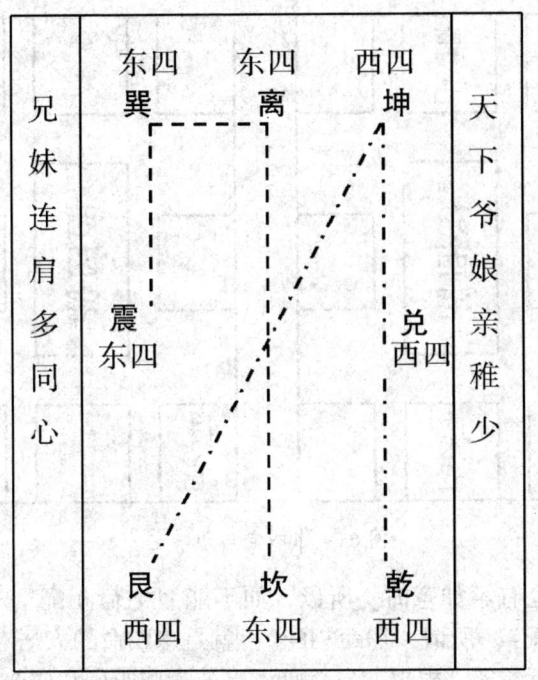

图 63　东、西四宅图

硬性性质（武质）。在人事而言，东四卦是长男、长女、中男、中女，西四卦是老父、老母、少男、少女。

命理五行是以出生的年、月、日、时来作推算，俗称八字。而风水则是以出生的那一年的卦位来推算五行，所以两者不同。

在八宅风水里，需要把人的出生年份换算成年命。年命又称卦命，卦命可分为东四卦命与西四卦命。出生年份与卦命的换算方法详见本书第五章第5.2节。

查出自己的卦命是东四命抑或西四命后，便可以用罗盘或指南针测定坐向，看住宅是属于东四宅或西四宅（图64）。

东四宅包括：震宅——坐东向西，又称"东宅"；巽宅——坐东南向西北，又称"东南宅"；坎宅——坐北向南，又称"北宅"；离宅——坐南向北，又称"南宅"。东四宅配合东四命的人居住。

西四宅包括：乾宅——坐西北向东南，又称"西北宅"；坤宅——坐西南向东北，又称"西南宅"；兑宅——坐西向东，又称"西宅"；艮宅——坐东北向西南，又称"东北宅"。西四宅配合西四命的人居住。

总之，东四命的人，喜住东四宅，忌住西四宅；西四命的人，喜住西四宅，忌住东四宅。这就是所谓的命宅相配。

命宅相配，主要是以男主人（一家之主）的卦命来比较。

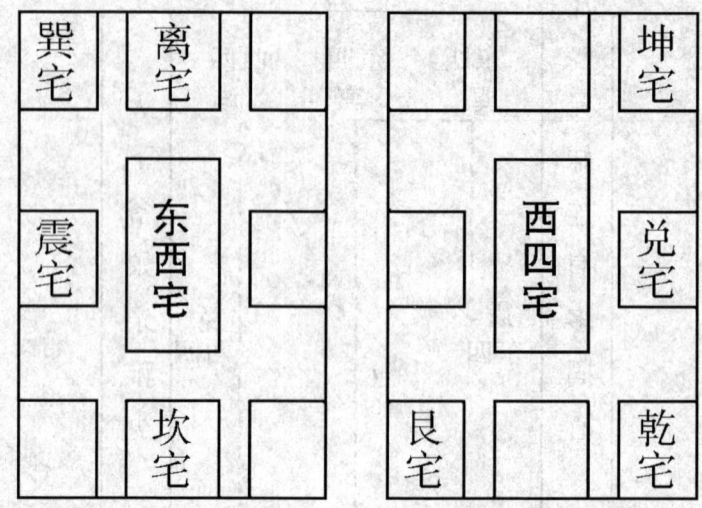

图 64　东四宅与西四宅

　　当然世间事也有不如意时。所以，如不能"宅命相配"，也可以"房命相配"或"床命相配"。所谓"房命相配"，就是东四命的人居东四房，西四命的人住西四房。一所住宅，根据方向总是可以分为东四房和西四房的。

3.10 阳宅六事与阳宅三要

　　"阳宅六事"包括"内六事"和"外六事"。"内六事"是指门、灶、井、厕、碓磨（包括仓库）、畜栏；"外六事"是指道路、池塘、桥梁、庙宇、佛塔。堪舆家认为，内、外六事的方位坐向，与人口的祸福休咎有密切关系，其中尤以门的方位最为重要。清人《阳宅十书》、《阳宅经纂》、《阳宅会心集》等书认为，门是阳宅的纳气之口，门向得法，宅舍便能趋吉避凶，所谓"地理作法，全借门风路气，以上接天气，下收地气，层层引进，以定吉凶"（《阳宅经纂》卷二），其重要性几与宅地相等，必须开在宅的吉方。

　　门分为大门、中门（或称二门）、总门、房门、便门等多种。大门为住宅的外门，是住宅的气口所在，其吉凶与主人的关系最为重要；总门是宅内每一层的总外门，其吉凶关系着同住一宅之人的命运。一般宅小则专论大门；若宅大屋多，大门的吉凶影响相对拉远，则须慎择总门。房门是各房间的主门，与其居住者的关系最为直接，亦须开在吉方。至于中门，由于位于大门之内，厅堂之外，所以只有在无大门之时，中门才具有重要性。便门是供柴、水出入的左右小门，虽然关系不大，也宜开在吉方。门的吉方，通常以游年九星的飞布和阴阳五行的配合来确定。

灶在内六事中的地位仅次于宅门。堪舆家认为，灶位不当，会导致主妇受祸，渐及老幼。灶向的选择除了以游星飞布及阴阳五行来确定之外，也有用峦体之法，但一般仅涉及灶在宅中的位置及其开口。如谓房前栋不宜安灶，否则宅主罹疾，子孙不贤；灶口不宜靠近池、水、井，否则主孤寡绝嗣等等，不一而足。

至于水井，则宜开于宅的生气方和延年方，不宜开于厅前，尤其不能与房门相对，否则应心痛眼疾之凶；井与灶不能相连，也不能南北相对，否则主家出忤逆。

厕所，宜压在宅主本命的四凶方，以镇其凶，其方位宜隐蔽，不宜与灶门相对。

碓磨及仓库宜设于宅主本命的四吉方，不能设于卧房左右与前方。畜栏的方位视家畜的五行归属而定，如牛属坤土，忌木星飞临之方；猪与鸭属坎水，忌土星飞临之方，否则不利于本畜。此外，畜栏不宜当门而设，也不宜设于大门左右，否则人财损失，易涉瘟疫。

外六事俱以外形论，重在象征意义，其选择、占测大多采用的是峦体之法。如谓门前道路渐远渐宽，则人口安康；渐远渐窄，则阴人郁厄；路呈"之"字形，主田宅进益；呈"八"字形，主家出忤逆；呈"井"字形，主自缢身亡；呈"川"字形，主遭窃遇盗；呈"火"字形，主灾祸临门；呈"丁"字形，主人丁衰败；呈"一"字形，主贫无衣食；池在宅前主招财，在宅后主损妻伤儿；开塘宜呈半月形或文曲形，忌方形，否则为"血盆照镜"，主绝嗣之凶；又谓忌双池，因其像"哭"字，有损吉祥。

其他如桥梁、庙宇、佛塔等，均不宜与宅门相对，否则主灾晦冲破之凶象。以上各项宜忌均就大要而言，在堪舆书中的载录十分复杂烦琐，各家各法也互有出入，难以俱录。

"阳宅三要"指的是门、主、灶，它是对阳宅六事的一种简化。

成书于明代的《阳宅十书》"论开门修造门"一篇认为：

夫人生于大块，此身全在气中，所谓"分明人在气中游"者是也。惟是居房屋中，气因隔别，所以通气，只此门户耳。门户通气之处，和气则致祥，乖气而致戾，乃造化一定之理。故古先圣贤制造门尺，立定吉方，慎造成月日，以门之所关最大故耳。昔人云：宁与人家造十坟，不与人家修一门。

因为"门乃由之路"，也就是说：任何人从外面进入房屋，必须先经过门，尤其是大门、前门，为房屋进出口的要隘，所以门很重要；"主乃居之所"，主是主房，也就是房屋主人作息的处所，房屋虽有东四宅和西四宅之分，主房却没有一定的位向，选最适合的，比较高大的就是，因为起居休息睡觉，占着人生很多时间，所以也很重要；"厨灶乃养生之所"，它供应生活必需的饮食，维

持生命的力量，所以也很重要。因此，门、主、灶称为"阳宅三要"。

选择修造门楼的时间的一个基本原则是：逢旺不修。即：春不作东门（树大招风），夏不作南门（火旺早灭），秋不作西门（过刚必折），冬不作北门（水旺必滥）。这条原则在过去有些匠人所使用的鲁班尺上也可以见到。

凡修造门楼，务与宅房相称，不可太高，太高为昂头煞；不可太出，太出为探头煞。太高太出，多主招讼损丁之灾。假如宅房大而门楼低小，谓之闭气，主生疾病。宅房小而门楼高大，谓之泄气，主退资财。

以上原则体现了中庸之道对中国传统建筑思维的影响——凡事要留有余地，不可走极端，不可太过，过则不吉。

八种住宅可能设门的方位也有八个，八八六十四，所以有六十四"门"；八种住宅可能设主房的方位也有八个，八八六十四，所以有六十四"主"；八种住宅可能设厨灶的方位也有八个，八八六十四，所以有六十四"灶"。这些"门"、"主"、"灶"，组合排列，可以推演出二十六万二千一百四十四种变化。古人就是利用这种易理的变化规则，去推断房屋的吉凶祸福。因为太复杂了，所以理气派的风水学说玄奥难懂，不容易被社会大众所接受。

3.11 何为伏位——门还是主房

如何确定伏位？关于这个问题，在民间流行的，主要有两种方法。

第一种方法是将主房布置在"伏位"上，然后依次顺布游年七政，这样，大门就应该布置在"生气"位置。

第二种方法则是将大门作为"伏位"，然后依次顺布游年七政，这样，主房就应该布置在"生气"位置。

两种方法看似不同，其实大同小异。

不同之处在于：按照第一种方法，主房位于"伏位"即小吉位置，大门则位于"生气"即最吉位置；而按照第二种方法，主房位于"生气"即最吉位置，大门则位于"伏位"即小吉位置。

相同之处在于：二者都将大门和主房布置在吉位。明清以后，两种方法在全国各地其实都十分流行。例如图65是《阳宅爱众篇》所收录的一幅巽门东四静宅图，它就是按照第二种方法（即以大门为"伏位"）布卦而成。

那么，到底是以主房为伏位好，还是以大门为伏位好呢？

对于这个问题，我的回答是：这要根据住宅类型来决定。如果是传统的院落式住宅，则既可以以主房为伏位，也可以以大门为伏位；如果是现代的楼房式住宅，则应当以大门为伏位。为什么呢？要回答这个问题，我们不妨举个最为常见的户型为例来加以说明。

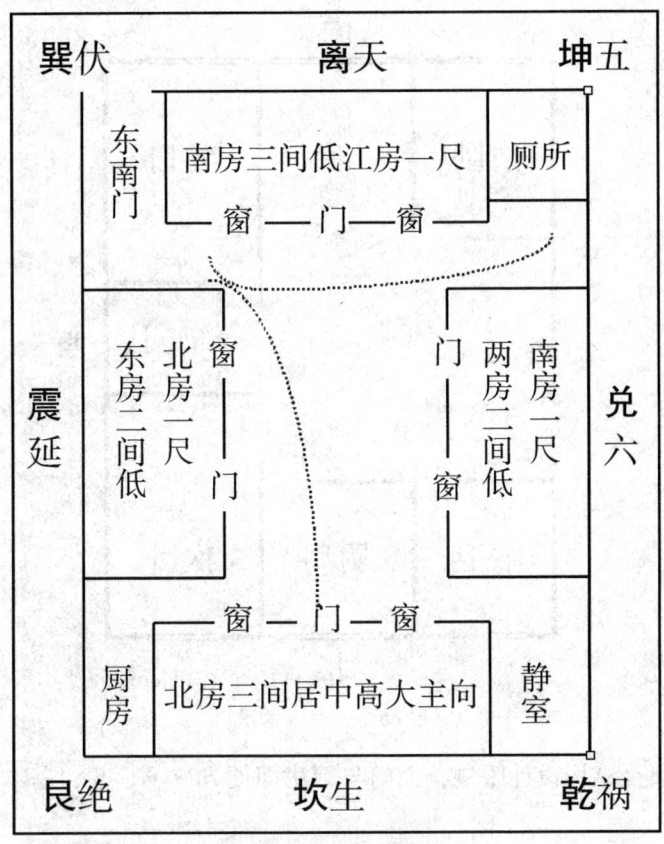

图中文字：

巽伏　　　　　　离天　　　　　　坤五

东南门

南房三间低江房一尺　　　厕所

窗 — 门 — 窗

东房二间低　　北房一尺　　窗　　门　　两房二间低　　南房一尺　　门

震延　　　　　　　　　　　　　　　　兑六

窗 — 门 — 窗

厨房　　北房三间居中高大主向　　静室

艮绝　　　　　　坎生　　　　　　乾祸

此宅巽门，北房居中高大，是生气主向，贪狼入坎，宫星相生，门房相合，诚为吉星得位。以东房武曲为官，南房巨门为财，西房文曲为印，西北禄存为寿，财、官、印、寿俱全，可称大吉之宅。

图 65　巽门东四静宅图

　　如图 66 所示，整栋楼房坐北朝南，该户住宅户门在震位（东方），主卧在坤位（西南），厨房在坎位（北方）。

　　如果我们以大门为伏位，则这座住宅属于震宅，震宅属于东四宅，而我们知道，东四宅的四吉方分别为东方、东南方、南方与北方。以此来看，这座住宅的大门、厨房皆在吉位，只有主卧室不在吉位。不过，由于这所住宅有三个卧室，所以，即便主卧室的方位不太理想，也可以把它调整到东南巽位。

　　相反，如果我们以主卧室为伏位，则这座住宅属于坤宅，坤宅在传统意义上一般是指坐西南朝东北的住宅，而这栋楼房的整体坐向却明明是坐北朝南。两者显然矛盾。还有，坤宅属于西四宅，而西四宅的四吉方分别为西南方、西方、西北方与东北方。以此对照，这座住宅除主卧室在吉方外，大门与厨房皆

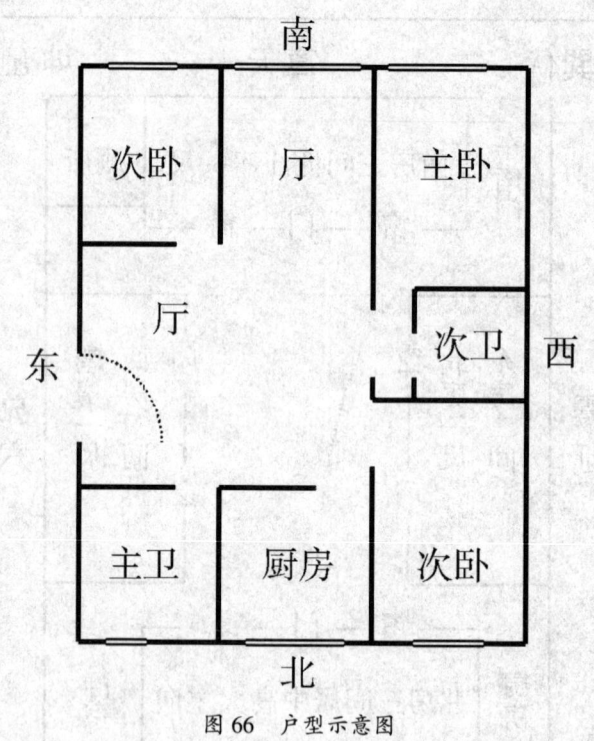

图 66　户型示意图

在凶方。并且受结构设计限制，大门与厨房即便方位不理想，基本上也没有移动的可能。

两相比较，我认为城市楼房住宅，还是以大门为伏位较为方便可取。

第四章

理气风水的方位艺术

八宅游年理论是理气风水中的大宗，但不是它的全部。除此之外，理气风水其实还有许多其他理论方法值得我们研究。在这一章里，我们将集中讨论理气风水的各种空间处理艺术。

4.1 方位判断法

凡修阳宅，用罗经格定坐向，八方只用八卦，不用二十四山及分金等说。

巽	离	坤
震		兑
艮	坎	乾

图 67　简易方位判断法

例如坎宅，一定要南北长于东西。如开巽、离二门，将南北和东西各分为四等份，其中离、坎、震、兑四正卦各占两份，乾、坤、艮、巽四维卦各占一份。如安巽门，则安于巽卦的一份之内；如安离门，则安于离卦的两份之内；切不可安于离卦和巽卦之间（详见图 67）。这里，介绍的是一种简单明了的方位判断方法，当然还有其他判断方法。

4.2 坐宫分房法

坐宫分房法，是以本宅所坐主宫，推排各房方位的一种理论方法。《阳宅集成》收录有一首"坐宫分房诀"，全文如下：

房分八卦，皆由本坐推排；宫列五星，当看游年布置。故气口为祸福之玄关，主星乃诸宫之司宰。七煞穿宫，克生宜审；五行运化，补泄须知。吉曜有凶，定是临宫相克；凶星带吉，多缘到位生比。恶煞侵宫，莫言有咎；主星照位，反祸成祥。吉曜加临，未可据为喜庆；尊凶压我，必然变作忧危。最喜恩星助吉加比补，发福无量；若值恶曜填凶遇生扶，招灾莫测。凶生吉，泄煞无刑；吉照凶，弥灾勿咎。后吉前凶，移界截则吉多凶少；宫凶星恶，更门户则祸去福来。八卦纵横，玄通造化；五行变化，巧夺神工。故宅至六分、七分，则乾、艮移于正南，而巽、坤迁北；截分十二、十四，斯震、兑居于界缝，而四维环宫。方位变于界分，吉凶易于反掌。经曰：动则变，变则化，其玄矣哉。

坐宫分房法的基本要点是：凡宅若是单间，即以中间为本坐；如是双间，则坐向位于界缝之中；然后，改变原为九宫分布的八卦格局，将它们按一定规则重新排列在坐山两侧，这样，就可以为一栋住宅的每间房屋都确定出对应的八卦卦象。

例如坎宅三间，中间一间是本位坎坐，左一间属震，右一间属兑。如果房为五间，则东一间属艮，东二间属震，西一间属乾，西二间属兑，而坎坐仍然居中。

如果坎宅是双间并且一分为二，则坎坐位于界缝之中，左一间属震，右一间属兑。

如果坎宅是双间并且一分为四，则东一间属艮，东二间属震，西一间属乾，西二间属兑，而坎、离亦位于界缝之中。

若将坎宅双分二间截作四分，则左一间前为巽，后为艮；右一间前是坤，后是乾。

若将坎宅四间房分作八分，则后截四间左艮右乾，前截四间左巽右坤，而坎、离、震、兑皆位于界缝之中。

若将坎宅三间分为六截，五间分为十截，只有中一间后坎前离，东边皆是艮、巽，西边皆是乾、坤。若双分为六间，东一间飞得巽，东二间属艮，东三间属震，西一间飞得坤，西二间属乾，西三间属兑。

若将坎宅截分作十二房，中二间是坎、离，东二间分为艮、巽，西二间分为乾、坤，震、兑亦在界缝之中。如单分为七间，中一间是坎，左三间为巽、艮、震，右三间为坤、乾、兑。截分为十四房，中三间作坎、离，东二间为艮、巽，西二间为乾、坤，而震、兑亦在界缝之中。

图68~图73绘出了坎宅的几种坐宫分房方法，至于艮宅、震宅、巽宅、离宅、坤宅、兑宅、乾宅等其他七种住宅类型如何坐宫分房，读者可以根据坎宅予以类推。

坐宫分房法是对八卦理论的一种活用，它丰富了八卦理论在空间规划方面的指导范围。只不过，这种方法现在已很少使用了。

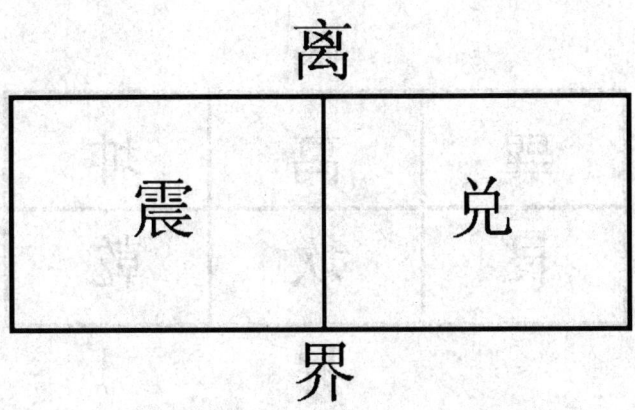

图 68　坎宅二分法

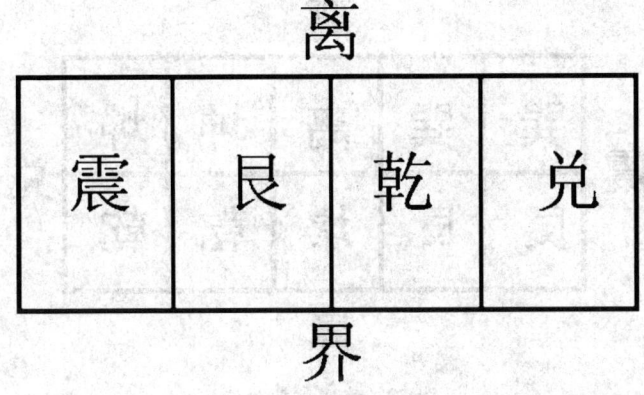

图 69　坎宅四分法

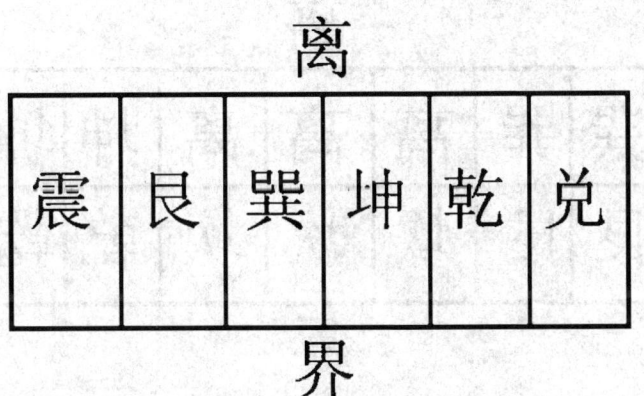

图 70　坎宅六分法

离

巽	离	坤
艮	坎	乾

震 ... 兑

界

图 71　坎宅六截分法

离

巽	巽	离	坤	坤
艮	艮	坎	乾	乾

震 ... 兑

界

图 72　坎宅十截分法

离

巽	巽	离	离	离	坤	坤
艮	艮	坎	坎	坎	乾	乾

震 ... 兑

界

图 73　坎宅十四截分法

4.3 理气相宅法

关于相宅之法，形势派与理气派都有论述。形势派主要侧重于论述阳宅的内形与外形。理气派则主要侧重于论述阳宅的方位关系。为了更好地理解理气派的相宅法，我们首先归纳一下形势派的相宅法。

形势派相宅法

内形相法

阳宅内形是指阳宅内部的布局，亦即宅内屋、院、墙、门等构成的统一整体形象。《阳宅十书》等认为住宅内形与人的命运关系密切，宜间架整齐，不宜东牵西拽，南盈北缩；房屋宜地阔而矮，不宜地窄而孤耸；屋间须为单奇之数，并要相互对称；住房须呈翕聚之形，庭院宽狭应与主屋相称，正门大小应与宅的整体相宜，墙垣篱堑俱要回环无缺。

根据这些标准，宅形可细分成不同的种类，每类各有吉凶主属。如屋形端肃、气象豪雄、拱卫整齐、俨然不可犯者为贵宅；墙垣周密、四望光明、天井通爽而规矩翕聚者为富宅；屋小而高、孤立无依者为孤寒宅；东倒西歪、栋折梁斜、风吹雨打者为病痛宅；屋宇不整、四望破缺、椽头外露者为伶仃宅；前后陷深、四水不聚、荡然无收拾者为贫穷宅。

就屋主本身而言，又另有若干说法：如富贵屋，楼房须有两厢，平屋须为三间，前厅浅则钱粮日进如流，后堂深则儿孙世守殷富等。

贫穷屋又有多种说法：四面门窗多者为露星房，主破财损富；前后两厢过长者为扛轿屋，主财源大退。此外还有四角不齐的露肘房，主长子夭亡；前屋大后屋小的少丁房，主人丁哀减；两门相对的相骂门，主家庭不睦。

屋形又有各种禁忌，如前后两进屋仅一边有侧厢相连，为亡子煞；主屋后有直屋，为直射煞；四面多屋而中间天井出入无墙门，为扛尸煞。名堂甚多，不一而足。

在行家看来，阳宅最关键的是门。门是一家朝夕出入的至要之地。诚如人之口鼻，或人之咽喉，不能有丝毫阻挡。最忌者：委曲钻洞，昏暗之门，主招牢狱之灾。门宜明亮、清静、宽平，不可驳杂。倘有人家屋脊、房角、飞檐、兽头、道路来射，据说主损妻克子。

外形相法

阳宅外形是指住宅所在的地形环境。在行家看来，阳宅外形的基本要求是地基宽平，坐北向南、背山面水，景观优美，交通、排水便利。此外，尚有不少具体细则。其中有科学性的见解，也有非科学性的迷信禁忌。

例如《阳宅十书》——"论宅外形"就说："人之居处宜以大地山河为主，其来脉气势最大，关系人祸福最为切要。若大形不善，纵内形得法，终不全吉，故论宅外形第一。阳宅来龙原无异，居处须用宽平势。明堂须当容万马，厅堂门庑先立位。东厢西塾及庖厨，庭院楼台园圃地。或从山居或平原，前后有水环抱贵。左右有路亦如然，但遇返跳必须忌。水木金土四星龙，此作住基终吉利。惟有火星甚不宜，只可剪裁作阴地。……凡宅不居当冲口外，不居寺庙，不近祠社、窑冶、官衙，不居草木不生处，不居故军营战地，不居正当水流处，不居山脊冲处，不居大城门口处，不居对狱门处，不居百川口处。……凡宅前低后高，世出英豪；前高后低，长幼昏迷。左下右昂，长子荣昌；阳宅则吉，阴宅不强。右下左高，阴宅丰豪，阳宅非吉，主必奔逃。……凡宅居滋润光泽阳气者吉，干燥无润泽者凶。"

理气派相宅法

与形势派有所不同，理气派堪舆家主要是根据住宅的坐向、八卦属性及它们之间的五行生克来占测住宅内形与外形的吉凶。

理气派堪舆家按照五行将住宅内形分为五种：屋低而平，或下堂与两厢檐位齐者为水形；屋高而耸，或两厢过长而堂前入深者为木形；屋中高而两头低，或正房是楼、两厢是平房者为火形；上下正房如口字样，或前后有两厢者为金形；屋上有推照、下有掩心，或宅房四合者为土形。

理气派堪舆家认为，住宅的坐山与屋形五行相生则吉，相克则凶。屋形管人，坐山管财，屋形受克则丁衰，遇生则丁盛；坐山受克则财败，遇生则财旺。如坤宅属土，建水形屋，坐山之土克屋形之水主丁衰，所谓"水见土宫损少丁，钱财难有不为荣"，虽有钱财而子孙不昌。宜选火形屋或金形屋，屋形之火生坐山之土主旺财，坐山之土生屋形之金主丁盛。

理气派堪舆家认为，相宅之诀，自有一定之规：初则以门合房，是为宾来合主；次则以房合门，是为主去合宾；务要宾主相合，星宫相顺，诸事亨通，富贵久远。只以房之高大者为主。如吉星高大得位，不怕次下凶星；若凶星高大，定欺低小吉星。居宅不能无凶星，但使贪、巨、武三房高大为主，则禄、破、文、廉四凶自不能为祸，此所谓一曜当权，群凶退伏。

理气派堪舆家认为，天下之宅，必有门向。既有门向，定有卦位。就看首门处在何卦上，便用本卦大游年歌诀，以门去合宅内主房，遇吉星高大则以吉断，凶星高大则以凶断。然后，考察其得位不得位。如果得位，如贪狼遇坎、震、巽，巨门遇离、坤、艮，武曲遇艮、坤、兑、乾，皆为上吉，主子孙兴盛，富贵久远。如贪狼遇离，巨门遇乾、兑，武曲遇坎，是为泄气，中吉，主子孙微茂，富贵不巨。如贪狼遇坤、艮，巨门遇坎，武曲遇震、巽，为克战，下吉，主人旺逢夭，财兴见损，主顺利而不久长。如果不得位，比如贪狼遇乾、兑，巨门遇震、巽，武曲遇离，是为吉星受克，名为失位，则主人丁损克，财物耗散。至于凶星，不管得位不得位，都以凶断。

在理气派看来，八宅不外乎易象而变，凶中隐吉，吉里藏凶。大致而言，贪狼星现，清高富贵；巨门星现，积善人家；禄存星现，妻女横伤；文曲星现，逃淫疾病；廉贞星现，火光官事；武曲星现，文明贵显；破军星现，子孙少亡；辅弼星现，师巫娼盗。只有深研易理，配合阴阳、形势、方位，交相为用，以体天道，以验人事，方能广大悉备，妙用无穷。

不和谐的阳宅形象

阳宅禁忌很多，它们大多以禁令的形式出现，告诉人们在住宅建设中应该注意些什么。其目的，无非是想指导人们去营建出一个和谐的住宅空间来。相宅时，如果发现住宅形象违反了禁忌，缺乏和谐精神，则应当进行处理。据《阳宅爱众篇》的归纳，在所有阳宅禁忌中，以下二十四种禁忌最为重要：

第 1 忌——五鬼门

所谓"五鬼门"，是指东南巽门宅基，又有西南门往西去；或者西南坤门宅基，又有东南门往东行。二者皆称作"五鬼门"。若犯此凶，风水上传统的恐吓式说法是：主火盗官非，横伤人命。

第 2 忌——五鬼路

所谓"五鬼路"，是指东南巽门宅基，再从西南坤宫夹道内，不安门往西走；或者西南坤门宅基，又从东南巽宫夹道内，不安门往东去。二者皆称作"五鬼路"。据说犯此主贼打火烧，官事连连。"五鬼路"与"五鬼门"的说法来自于八宅游年理论。

第 3 忌——龙虎探头

所谓"龙虎探头"，是指西南坤门，东房比西房长二三尺，入门即冲墙角，名为青龙探头；或者东南巽门，西房比东房长二三尺，进门即冲墙角，名为白虎探头。据说犯此主出拐跛之人，亦主小人暗算。

第 4 忌——龙虎张口

所谓"龙虎张口",是指坤门宅基,东房南头接一间小东房,留门正冲坤门(或是小西厦),称作青龙张口。或者巽门宅基,西房南头接一间小西屋,留门正冲巽门(或是一间小东厦),称作白虎张口。据说犯此主伤小口。

第 5 忌——绝命门路

所谓"绝命门路",是指东南门宅基,再开东北便门往东去,名为绝命门;如果不安门,从东北夹道内往来,即为绝命路。或者正南门宅基,开西北便门,亦为绝命门;如果不安门,从夹道内往西北行走,亦为绝命路。据说犯此主少男受伤。

第 6 忌——秽臭乾宫

在八卦里,乾为天为父为老人,为至贵之地,宜干净整洁。若在此处设置厕所,主老翁身心不净。

按照《阳宅爱众篇》的说法,厕所宜设在五鬼方,如果五鬼方不便作厕所,则设在祸害方亦可以。还有就是厕所宜设在宅之四维,不可设在宅之四正。此外,凡宅皆有座山、朝向,厕所宜设在朝向的左右,不可设在座山的左右,这是因为风水上讲究浊气应当下降之理。厕所浊水宜顺墙直去,不可上堂,上堂主出忤逆子弟,家多疾病。

第 7 忌——火炼乾金

所谓"火炼乾金",是指在乾地设置厨房。乾为老阳,五行属金,理宜作为静室,以延年益寿。如果作为厨房,定主老翁伤寿。

第 8 忌——吐舌煞

所谓"吐舌煞",是指耳房檐出主房墙皮外,耳房檐皆宜与主房墙皮相齐,不可外出,如果外出,则为吐舌煞。据说主有口舌是非。

第 9 忌——对堂煞

所谓"对堂煞",是指正冲主房门,有一间屋或一间厦。据说犯此主三年两头,不免哭声。

第 10 忌——滴泪煞

所谓"滴泪煞",是指主房后门两边,俱有相连小屋小厦。据说犯此主两眼失光。

第 11 忌——曳尾煞

所谓"曳尾煞"，是指主房后门一边有相连小屋，主坐卧不安。

第 12 忌——燕尾煞

所谓"燕尾煞"，是指主房后门两边，俱有相连小屋，或正房左右耳房，皆后坠，与后院墙齐。据说犯此主伤丁缺后。

第 13 忌——突出煞

所谓"突出煞"，是指主房后院墙，不垒到两头，只用墙圈住后门。据说犯此主生痔漏、疮症。

第 14 忌——五鬼屋

所谓"五鬼屋"，是指东南门宅基，无南房，西南坤宫有室。或者西南门宅基，无南房，东南巽宫有屋。皆为五鬼屋。据说住必伤人；若作厨房，多主火灾；即作空室，亦主招祟。

第 15 忌——反向煞

所谓"反向煞"，是指主房两头耳房，直顶厢房山墙。据说犯此主妇女不孝，少男受伤。

第 16 忌——掉臂房

所谓"掉臂房"，是指厢房不从前面留门，而从山墙上留门。据说犯此主兄弟不和。

第 17 忌——掉背房

所谓"掉背房"，是指四合院头房宅基，倒座南房因嫌其黑暗，北面不留两窗，而留在南面。据说犯此主出忤逆子弟。

第 18 忌——刺肩煞

所谓"刺肩煞"，是指耳房靠主房山，不垒墙，又不使跨梁，使檩插入主房墙内。据说犯此主有肩疼之灾。

第 19 忌——丧气煞

所谓"丧气煞"，是指主楼特高，两侧厢房特低，厢房与主楼不相称，好像一个人垂手孤立。据说犯此主出孤寡，百事不顺。

第 20 忌——争权煞

所谓"争权煞",是指一座主房,四间并肩,开二门,窗在两头。据说犯此主家庭不睦,彼此争权。

第 21 忌——肢离煞

所谓"肢离煞",是指住宅过宽,两厢与主房互不粘角。犯此者,主兄东弟西,父南子北,彼此互不相顾。

第 22 忌——脱脉煞

所谓"脱脉煞",是指住宅过长,两厢离主房八九尺。据说犯此主少不顾长。

第 23 忌——忤逆煞

所谓"忤逆煞",是指将原为坐南朝北的南房改作腰房,但是只改门窗,不改梁架。据说犯此主出悖逆子弟,百事不顺。

第 24 忌——埋儿煞

所谓"埋儿煞",是指在院内香台上修个顶来,形如小庙。据说犯此主伤人丁。

4.4 阳宅放水法

放水法是指住宅排水的准则。堪舆学对此项颇为重视,有关细则甚多。总的要求是内水与外水的流向互逆,外水到左则沟口向右,外水到右则沟口向左:"盖水为气之母,逆则聚而不散;水又属财,曲则留而不去也。"

《阳宅十书》卷七"论放水"一节说:"阳宅阴宅俱以水法取效,若宅内外之形虽佳,修造之法亦善,只凶方地支放水一差,则以前诸法俱坏。"此外,《阳宅十书》还收录了以下这首《放水歌》:

放水歌

若论门庭先论水,家道兴隆从此起。
中堂天井两分流,引得外人相窥视。
其次精详总出水,水要流行须吉位。
阳山宜放阳字水,阴水须放阴水去。

合得阴阳不驳杂，去来俱要星辰利。

假如坐亥向巳方，巽巳长生去有妨。

但得斜穿丙丁去，不然左穿出乙方。

折归巳巽横斜过，欲穿丙丁去亦良。

仍忌午与坤申位，更有吉辰非去方。

举此凡例可类取，别有图说为君详。

《阳宅经纂》卷三"入水定法"说："只论入口出口，入口处定一桩，出口处定一桩，以罗盘格定方位，总宜曲折如生蛇样出去便佳。水不宜直流，为水破天心；不宜横过，亦不宜八字分流，为散财耗气；亦不宜门下穿出，主耗散贫穷；或斜出，或直出而不曲者，抱枪煞，凶。犯卯字位者，忌穿房，宜从厅旁出，不宜从房间出。一穿房，则此屋难住。亦忌穿厅梁下中及门下直出，主虚耗。穿大门更凶。俱应绕边而去，顺直去则无情，硬而曲尺则带煞，宜之玄曲折而去，遇栋略曲而抱之。"

此外，《阳宅集成》还收录了一首《开门放水口诀歌》，也值得注意。

开门放水口诀歌

乾作坤门水流乙，须知富贵天然出。

乾门坤宅甲为宜，切忌乙位损家室。

坎宅离门水放壬，奢华儿女更多金。

坎门离宅宜流癸，申辰一路亦须寻。

艮作兑门丁放水，家风勤俭无奢侈。

艮门兑宅丙亦然，只恐丁位流不是。

震宅巽门水放辛，文官武备实超伦。

震门巽宅庚同例，亥未之方亦可论。

放水之法随门折，大中小神总不屑。

贪狼巨武亦毋庸，纳甲从来有真诀。

若还此处难流放，消详生克论水入。

生来克入皆可取，生出克出不堪泄。

在这首口诀歌里，生克指的是正五行，"出入"是就水口坐位而言。如果水口生、克坐宫，称之为生入、克入；如果坐位生、克水口，则称之为生出、克出。

如果院落为多进院落，开门只在外一进厅上，以罗经定其方位，合得正配，是为体用协和。自一进之内，皆为门内之门，没有必要再分什么体用了。

放水只在外一进滴水中，以罗经定其方位，是为阴阳留恋；自一进之内，虽水旋绕，但是由于没有离开住宅，所以不可称之为"出口"。

关于院内水法，《阳宅爱众篇》认为："走水宜于坤、艮、震、巽，不宜于乾、兑、坎、离。"如果门在乾、兑、坎、离四方，放水时"宜调水润土以生木，利于方者取其利，不利于方者权为隧。"根据《阳宅爱众篇》的论述，八门放水之法如下：

乾门、兑门放水之法

"乾兑走水最不祥，丽水随去财畜伤，调润天土暗生木，坤艮无道从隧放。"乾、兑属金，此二门皆不宜走水。这是因为金能生水，但金所生之水，为丽水，不可与其他之水相见。若乾门走水，丽水随流而出，则泄元气，定主败财损产，凡事不利。故乾门调水放艮，兑门调水出坤，明润天土，暗滋生木。如坤艮二宫无道，则于门下砌隧道放水。

坎门放水之法

"坎门走水水更加，财随水流怎荣华！理宜调水放巽地，无道放隧亦不差。"坎属水，门复走水，财源随水而去，家必大败。用心调水，傍东房从巽地而出，为润天土滋生水，大吉。如无水道可走，亦可在门下造一隧道。

震门、巽门放水之法

"震巽门内放水流，水不相生福自稠，如蛇弯曲环抱去，富贵双全旺千金。"震、巽皆属木，此二门水若明走，为水生木旺，大发福寿。只是水忌直流，水以曲行环抱为吉。

离门放水之法

"离门见水怎安康，水火相克受刑伤，理放东南傍巽去，润土生木福禄昌。"离属火，此门不宜走水，走水则中女受伤，口角多争，钱财有损，或受心疼眼疾之灾。宜傍东房，离东房墙四寸开一水道，使水归水道而去，是为润土以生木。

坤门、艮门放水之法

"坤艮门中雨水行，土得水润富贵荣，子孙获助千载旺，粟谷盈仓财利宏。"坤、艮二门，皆属土，水行于土上，是土得水而润泽，万物皆发，人借其力，子母俱旺，富贵永远。水宜曲曲而去，不可直流，凡事如意上吉。

4.5 竹节贯井法

易分阴阳，宅分静动；静宅不育，动宅主生；动则变，变则化，这是自然之理。所以，如果住宅有一层、二层房屋者，则称作静宅；如果住宅有三层、四层、五层房屋者，则称作动宅；如果住宅有六层、七层房屋者，则称作变宅；如果住宅有八层、九层房屋者，则称作化宅。需要注意的是，这里所说的住宅"层数"是指院落式住宅中轴线上所分布的住宅栋数，其数量等于"进数"，或比"进数"多出一个。例如一进院落，如果盖成三合院，前边空着，则算一层住宅；如果盖成四合院，则算二层住宅。

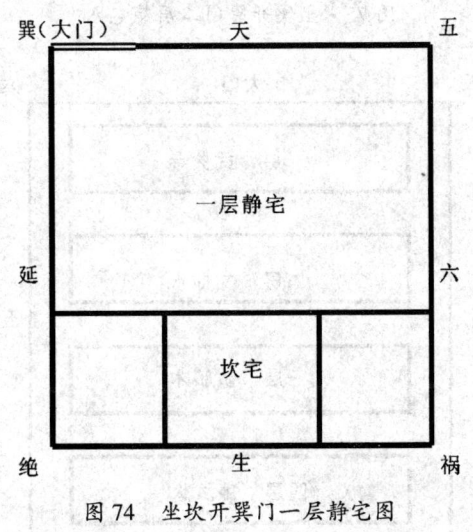

图74　坐坎开巽门一层静宅图

静宅一般用大游年法：以主星飞到大门，如值生气，即是贪狼木星司宅八方，一般不用穿宅之法。例如图74、图75。

如果住宅有三层、四层、五层房屋，就叫动宅。动宅布局应当采用竹节贯井法。例如图76坎宅正南向，用本宅大游年顺排至离上，为延年，由于是正门对向而止，头层即是武曲金，二层文曲水，三层贪狼木，四层廉贞火，最后的五层按游年论原属武曲金，但是按贯井论，则属禄存土。而五行以强旺为胜，延年金能泄土生水，所以还作吉论。此宅宜三层为木星，房应高大。

竹节贯井穿宅法的基本规律是：巨门土生武曲金，武曲金生文曲水，文曲水生贪狼木，贪狼木生廉贞火，廉贞火生禄存土，禄存土生破军金，破军金生文曲水，文曲水生贪狼木，周而复始，生生不息；至于巨门则不生破军，廉贞则不生巨门，文曲则不生辅弼，辅弼也不生其他。这就是贯井穿宅的基本要点。

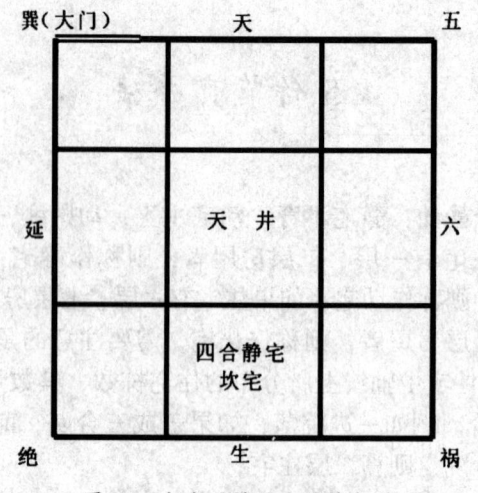

图 75　坐坎开巽门二层静宅图

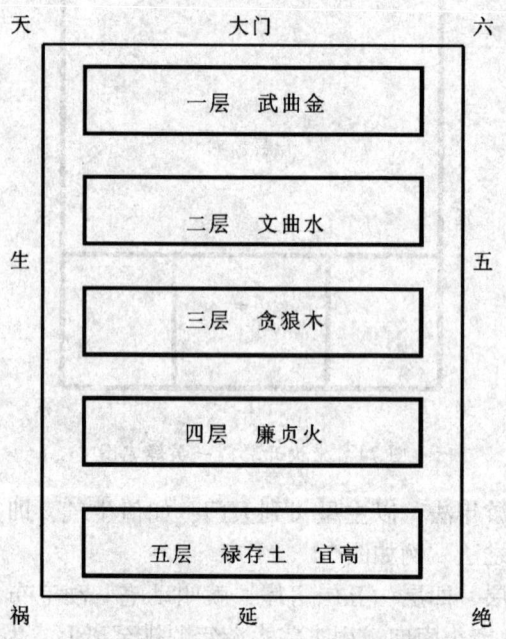

图 76　坎宅离门五层动宅贯井图

如果说大游年法的理论核心是论述住宅（不管是简单的一进住宅还是大型的多进住宅）的八个方位之间的平面关系，那么，竹节贯井穿宅法的理论核心则是置左右厢房于不顾，专门论述那些位于多进住宅中轴线上的各个房屋之间的线形关系。由于这种方法类似于用竹竿从井底捞物，一竿子插到底，所以称之为"竹节贯井法"，或"竹节贯井穿宅法"。

竹节贯井穿宅法的口诀如下：

竹节贯井穿宅歌

祖师竹节贯井法，正门对向主星行，
傍门遇向游星发，金水木火土相生。
头层翻到高房止，看得何星定悔亨，
宫星相生为吉福，星宫相克有灾愆。
吉星生宫福愈旺，凶星来克祸绵连，
但凡四吉房高大，管取凶星煞化权。

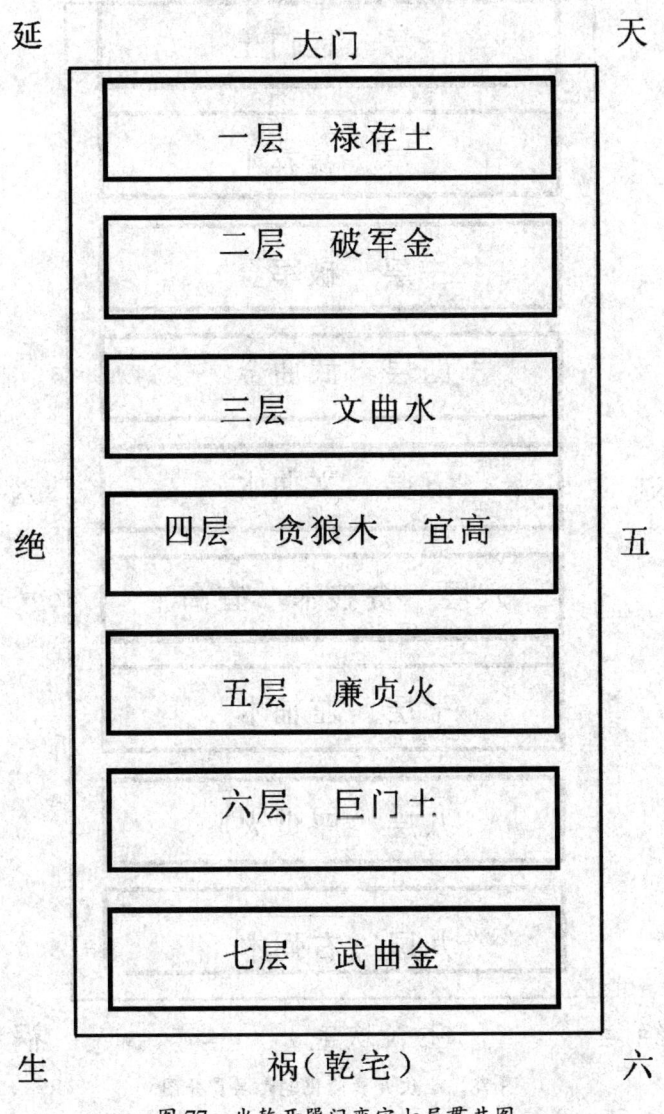

图 77 坐乾开巽门变宅七层贯井图

凡宅有六层、七层房屋者，称作变宅。如图77所示乾宅巽门，正门对向而开，用本宅大游年歌，翻至巽上是祸害星。如果用竹节贯井法，头层即为禄存土，二层破军金，三层文曲水，四层贪狼木，五层廉贞火，六层巨门土，七层原属游年禄存凶土，如论贯井，又属武曲吉金，此五行生尽则变，硕凶中亦生吉，吉里亦生凶，所以廉贞火亦生巨门土，巨门土亦生破军金，文曲水亦生左辅木，故称之为"变宅"。

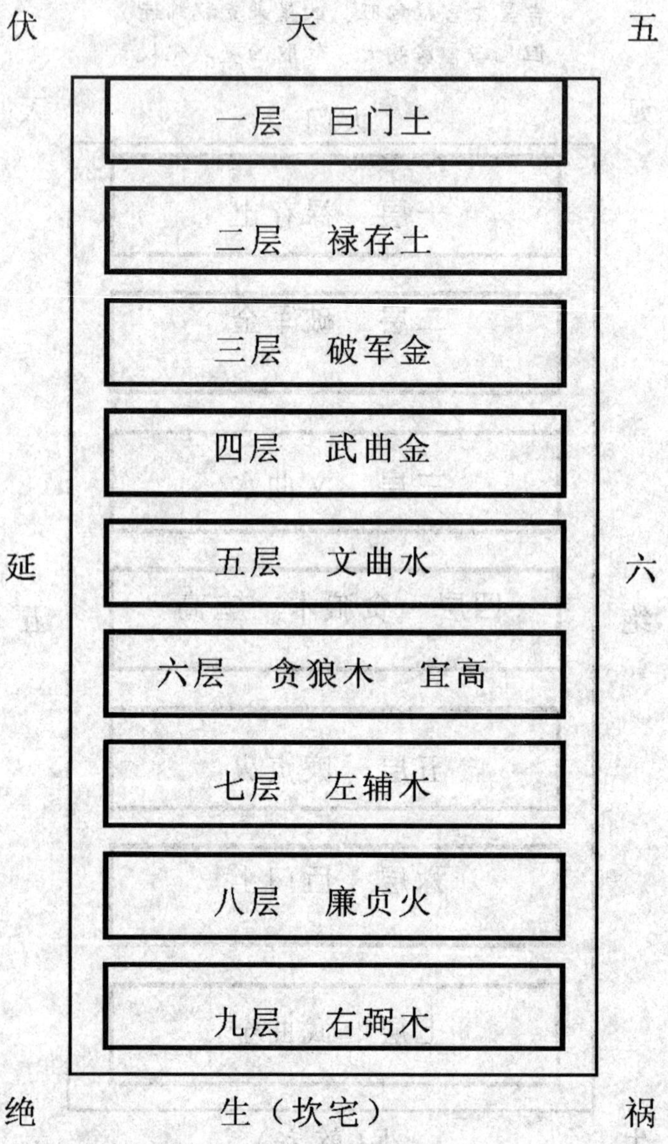

伏　　　　　　　　　　天　　　　　　　　　　　五

| 一层　巨门土 |
| 二层　禄存土 |
| 三层　破军金 |
| 四层　武曲金 |
| 五层　文曲水 |
| 六层　贪狼木　宜高 |
| 七层　左辅木 |
| 八层　廉贞火 |
| 九层　右弼木 |

延　　　　　　　　　　　　　　　　　　　　　　六

绝　　　　　　　生（坎宅）　　　　　　　祸

图78　坐坎开巽门化宅九层贯井图

　　如图77所示变宅，若六层与七层高大主事则吉，七层禄存虽是凶土，然与本宅相生，又遇武金比旺，此房高大，不但财帛丰盛，亦主老翁老母多寿，不失为吉星高照。如果是贪狼木星高大，则妨老母。

凡宅有八、九层房屋者，名曰化宅，用二土、二金、二木叠进，惟水、火单进，再加右弼，共成九曜。

如坎宅巽门九层房，宅由旁门而入，即用门上大游年歌顺飞，遇正门而止，头层便是天医巨门土，二层为禄存土，三层破军金，四层武曲金，五层文曲水，六层贪狼木，七层左辅木，八层廉贞火，九层系右弼星。因巽门游星得贪狼木到坎，故弼星随贪木而化木。凡右弼五行无属，遇木化木，遇土化土，遇金化金，因其随类而化，故名"化宅"（图78）。其叠进之先后，应当以到门游星为主。如延年先到，则先武曲而后破军；绝命先到，则先破军而后武曲。如房只有八层，不用辅木，而六层贪木即生七层廉火，其八层亦为弼星，随类而化。

总之，动宅自一层至五层，尽用五行生进；变宅自一层至七层，只用七星重进；化宅自一层至九层，而终用九星叠进，这就是竹节贯井法的基本用法。

贯井之法一般用在游年定宅之后。游年定宅所确定的八方之九星，不能因使用贯井之法而改变。否则，就是舍重就轻了。观察八层、九层贯井之图，可以看出，右弼的五行属性之所以不固定，要"随类而化"，实际上也是为了使末层的五行属性不违反游年的五行属性的一种权宜之计。

4.6 气口穿宫法

气口穿宫法是对八宅理论的一种具体运用。其核心内容是用周易的内爻、外爻理论来阐释住宅的座山与大门的相互关系：以坐宫（座山）为内爻，气口（大门）为外爻，认为内爻与外爻之间，宜相生，不宜相克；大门通坐宫，称作穿宫，如果能在四吉方往来，则主富贵协吉；如果在四凶方，则宜改到吉位；如果拘于砂水，限于地界，不能改迁，则应该起高楼尊星作为主建筑，以符合气口吉位，自然迪吉。气口穿宫法的口诀如下：

气口穿宫歌

坐宫为体内爻静，气口为用外爻动。

内克外分外灾星，外克内分内祸重。

最要便门名穿宫，此系玄关定吉凶。

四吉往来家富贵，四凶出入祸灾钟。

急闭凶门开吉户，或起尊星作主宫。

五行金木水火土，生克制化夺神功。

在有些风水典籍里，气口穿宫法也叫九星穿宅法。九星穿宅之法，也是以宅为内爻，门为外爻。一般认为，外爻克内爻，致祸严重；内爻克外爻，致祸较轻；外爻生内爻，发福迅速而大；内爻生外爻，发福迟缓而浅。九星穿宅的口诀如下：

九星穿宅歌

更审五行穿宅法，须明生克配阴阳。

内克外兮祸犹可，外克内兮祸莫当。

外生内兮发福速，内生外兮家亦昌。

星宫生克三元主，人财六畜细推详。

对照《气口穿宫歌》与《九星穿宅歌》，我们会发现，二者虽然说法不同，用词不一，但是理论核心却大同小异。所以我认为，气口穿宫法与九星穿宅法其实是一种理论方法。

凡九星到宫，须看返照，如游星贪、巨、武、辅落在主星四吉之宫，主富贵荣昌久远；落在主星禄、破、文、廉之宫，兼论生克以别休咎。大抵吉受凶克，亦难发福，凶受吉制，亦能解祸；吉星遇吉愈吉，凶星遇凶愈凶。

俗话说，一人得道，鸡犬升天。人之居宅，焉能尽吉！只要使贪、巨、武、辅四房高大为主，则禄、破、文、廉自然不能为祸。例如生气可降五鬼，延年可制六煞，天医可欺绝命，伏位可压祸害，这就是阳宅理论里通常所说的一曜当权，群凶退避。

4.7 火庵装卦法

和气口穿宫法有些类似，火庵装卦法的核心内容也是用《周易》的内爻、外爻理论来阐释住宅的座山与大门的相互关系，区别只在于：气口穿宫法是一种粗线条的方法，它所讨论的内爻与外爻关系主要限于卦象；而火庵装卦法则是一种更加细密的易学方法，它在讨论内爻与外爻关系时，除了卦象，还深入到了爻象的层面，而我们知道，爻象有阴阳之分，因此，火庵装卦法除具有五行的生克之意外，还将阴阳学说纳入到了它的理论体系里。

火庵装卦法的基本原理

八卦的爻象由下爻、中爻与上爻组成。下爻又叫初爻，中爻又叫二爻，上爻又叫三爻。八卦两两重合，就组成《易经》的六十四卦。重组后的六十四卦也叫重卦，其卦形自下而上，由六个爻象组成，分别称作初爻、二爻、三爻、四爻、五爻、六爻（上爻）。

火庵装卦法的基本特点是，以八卦初爻作为"火庵"，二爻作为"首舍"，然后根据《易经》六十四卦卦象的意义，趋吉避凶，布爻立象，依次盖房。这样，就给住宅赋予了易学的意义，从而在住宅与《易经》之间，建立起了一种对应关系。

俗话说，一物一太极，"火庵"就是一所住宅的太极，它决定了一所住宅的阴阳属性。住宅的阴阳卦象，皆由此定。凡修造不立"火庵"，是无根冷气之宅，居则凶多吉少。要建一所住宅，首先应当确定"火庵"。

"火庵"如何确定？其方法实际上很简单——"以八卦初爻作为'火庵'"。例如，乾卦的初爻为阳爻，那么，乾宅的"火庵"就为阳；坎卦的初爻为阴爻，那么，坎宅的"火庵"也为阴；坤卦的初爻为阴爻，那么坤宅的"火庵"也为阴；离卦的初爻为阳爻，那么离宅的"火庵"也为阳。其他依此类推。

"火庵"确定以后，接下来，需要确定的是"首舍"。"首舍"是指一所住宅最先应该盖起的房屋。"首舍"的爻象决定于八卦的二爻。例如，乾卦的二爻为阳爻，那么，乾宅的"首舍"就为阳；坎宅的二爻为阳爻，那么，坎宅的"首舍"也为阳；坤卦的二爻为阴爻，那么坤宅的"首舍"也为阴；离卦的初爻为阴爻，那么离宅的"首舍"也为阴。

"火庵"、"首舍"确定以后，接下来，就是在一所住宅的八个方位中再确定四个方位盖房。如此，就将所盖房屋与重卦的六个爻象一一对应起来。这种按照《易经》卦象、爻象进行建筑设计的方法说来也真是新鲜。

在火庵装卦法里，对于住宅的四正位置——东、西、南、北，习惯上分别叫"东舍"、"西舍"、"南舍"与"北舍"；而对于住宅的四维位置——东北、西南、东南、西北，习惯上则分别叫"艮舍"、"坤舍"、"巽舍"与"乾舍"。"东舍"、"西舍"、"南舍"、"北舍"、"艮舍"、"坤舍"、"巽舍"与"乾舍"的爻象主要是根据八卦的伦理属性而定：乾为老父，震为长男，坎为中男，艮为少男，所以"乾舍"、"东舍"、"北舍"、"艮舍"皆为阳爻；坤为老母，巽为长女，离为中女，兑为少女，所以"坤舍"、"巽舍"、"南舍"、"西舍"皆为阴爻。

关于火庵装卦法，《阳宅集成》收录有一首《火庵装卦歌》，对于我们更好地理解这种理气风水的理论方法，可能有些助益，现附录于此，以供玩赏。在此之后一节里，笔者列出了乾宅坤门、坤宅乾门等八种布爻装卦的实例，供读者参阅。

火庵装卦歌

乾元初建宅，坐丙首修壬，坎震离坤兑，地天泰成卦，
外爻乾艮震，九二七经营，阴阳爻数等，羽姓与商音。
五阴坤宅体，坐癸向修丁，南西乾坎震，天地否须成，
坤户下西舍，西方艮震行，外东位小象，宫姓最康宁。
震宅二阳体，坐庚向甲修，南西北舍立，巽户震宫收，
外震离坤起，东舍下南休，丙上头门建，噬嗑卦全周。
四阴生巽宅，坐癸便修丁，坎东离上盖，艮甲五爻兴，
西面装成井，乾西南舍益，艮离收东北，噬嗑卦爻宁。
太乙三阳坎，坐甲向庚先，东南西老健，涣卦坎方坚，
甲户重南舍，巽宫下震还，艮巽下西舍，雷火庆丰年。
天干三阴离，坐辛向乙知，西坎东连巽，丰从伏位推，
震离下西起，堂西坎震为，风雷成益体，生气配天医。
五阳艮宅卦，坐也即修辛，兑比艮东位，咸离六位新，
南坤下西舍，下震建乾艮，天乙本同体，生气配延龄。
兑宅二阴卦，坐庚甲上交，东南坤兑壮，山泽卦成爻，
乾艮东方布，坤兑又西巢，生气延年吉，天医伏位高。

火庵装卦八例

1. 乾宅坤门火庵装卦图——地天泰卦

```
地天泰卦：
        西舍（— —）
        坤舍（— —）
        南舍（— —）
        东舍（———）
        北舍（———）首阳
        火庵（———）
```

将乾宅布成泰卦，取乾宅坤门，是因为：乾为老父，坤为老母，乾宅坤门，
乃地天泰卦。但老父老母，鲜能生育，须在乙上开一便门，取乙妹为妾，以成
生育，此所谓"乾作坤门，男雄女烈，借配于乙，庶子财丰"。至于乾宅兑门，
因是女动男静，生气受克，不利；乾宅艮门，则是天乙到宫，金土相生，纯阳

已化，亦不甚利。

2. 坤宅乾门火庵装卦图——天地否卦

坤宅布爻立象而取否卦，成坤宅乾门，是因为：坤宅乾门，已具否形，是以名卦，主夫妇百年，更于甲上开一便门，赐母封妻。坤宅艮门生气克土，兑门纯阴不成，皆不利。

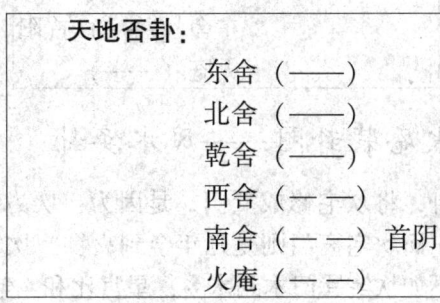

天地否卦：
东舍（——）
北舍（——）
乾舍（——）
西舍（— —）
南舍（— —）首阴
火庵（— —）

3. 艮宅兑门火庵装卦图——泽山咸卦

布爻立象而取咸卦，将艮宅布成兑门，是因为：艮为少男，兑为少女，艮兑往来，为夫妇配合之正理。反之，艮宅若取坤门，则是正山正向，艮坤皆土，所忌者木，皆以生气居之不吉。而艮宅乾门，则是纯阳相合，主少生育。

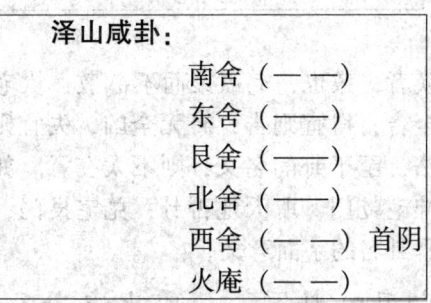

泽山咸卦：
南舍（— —）
东舍（——）
艮舍（——）
北舍（——）
西舍（— —）首阴
火庵（— —）

4. 兑宅艮门火庵装卦图——山泽损卦

布爻立象而取损卦，将兑宅布成艮门，是因为：艮为少男在上主外，兑为少女在下主内，有家室之义。若兑宅乾门，则宅与门皆系生气，星被宫克，不吉；若兑宅坤门，则二阴不成，也不吉。

山泽损卦：

　　艮舍（——）
　　西舍（— —）
　　坤舍（— —）
　　南舍（— —）
　　东舍（——）首阳
　　火庵（——）

5. 坎宅巽门火庵装卦图——风水涣卦

　　布爻立象而取涣卦，将坎宅修成巽门，是因为：坎为水，巽为风，坎下巽上，乃风行水上之义。而坎宅离门则是延年金到火乡，坎宅震门则是天医土到木乡，皆为宫克星，不如坎宅巽门木到木乡，星宫比和，宅门相生为美。

风水涣卦：

　　北舍（——）
　　乾舍（——）
　　巽舍（— —）
　　南舍（— —）
　　东舍（——）首阳
　　火庵（— —）

　　有人或许会问：涣者，散也，宅欲聚而不欲散，坎宅布爻立象怎么能取涣卦呢？殊不知，卦无全吉，得宜则吉；卦无全凶，失宜则凶。所以，阳宅堪舆讲究的是修建是否合法，至于卦的名义，则不太在意。如若不取涣卦，即无法修成坎宅巽门。再如坤宅乾门，取天地否卦；兑宅艮门，取山泽损卦，皆为修建之宅法，亦都不在乎卦名的字面意义。

6. 离宅震门火庵装卦图——雷火丰卦

雷火丰卦：

　　伏舍（— —）
　　南舍（— —）
　　东舍（——）
　　北舍（——）
　　西舍（— —）首阳
　　火庵（——）

布爻立象而取丰卦，将离宅修成震门，是因为：离宅为火，震门为雷，离宅震门，有雷上火下之义，故其象为丰。而离宅坎门则是延年金到水乡，金水相生虽吉，恐不修于帷簿。而离宅巽门则是生气木到水乡，虽云相生，而后皆凶星。惟有离宅震门最好。

7. 震宅离门火庵装卦图——火雷噬嗑卦

火雷噬嗑卦：

> 东舍（——）
> 离门（— —）
> 北舍（— —）
> 西舍（— —）
> 南舍（— —）首阴
> 火庵（——）

将震宅布成噬嗑卦，震宅为雷，离门为火，即火上雷下之义，故其象为噬嗑。震宅巽门，则是延年金到木宅，为星克宫；震宅坎门，则是天乙土到木宅，为宫克星。比较起来，震宅惟有离门最为吉。

8. 巽宅坎门火庵装卦图——水风井卦

布爻立象而取井卦，布成巽宅坎门，是因为：巽宅为风，坎门为水，即水溢风行之义，故其象为井。而巽宅离门则是天乙巨门土到宅，为宫克星，半吉。巽宅震门是延年武曲金到宅，为星克宫，亦半吉。巽宅惟有坎门是贪狼生气木星相贯，为上上吉宅。

水风井卦：

> 西舍（— —）
> 艮舍（——）
> 南舍（— —）
> 东舍（——）
> 北舍（——）首阳
> 火庵（— —）

4.8 抽爻换象法

如果我们把火庵装卦法比喻为开辟新厂的话，那么，抽爻换象法则有点类似于技术改新了。对于一些从易学角度看来不太理想的住宅布局，理气派主张用抽爻换象法进行改进。因此，严格讲，抽爻换象法并非是什么新的理论，而只是火庵装卦法的一种具体运用。

抽爻换象法也叫剥换转移法。抽爻换象，皆本于卦。八卦分列，象在其中；卦中有爻，爻在卦中。"所谓爻者，效天下之动者也"。在现实生活里，经常可以看到宅凶而修凶位，却有吉兆；相反，宅吉而修吉位，反遭凶殃。其原因大多是由于不明了抽爻换象，变化比和，以致灾福乖戾，无所适从。

例如乾宅，如果内外火路修布成坤上乾下地天泰卦，属大吉之宅。如果先造北舍东舍，又重抽换，修成巽上震下风雷益卦，虽内外爻象比和，却与乾卦不和，所以属不利之宅。再如先造北舍西舍，重修抽换成坎上兑下，是水泽节卦，不但内外爻象不相比和，亦与乾卦不和，所以属于大凶之宅（图79）。其余依此类推。

泰卦	火庵	北舍	东舍	南舍	坤舍	西舍
	——	——	——	——	——	——
益卦	火庵	南舍	坤舍	西舍	北舍	东舍
	——	——	——	——	——	——
节卦	火庵	东舍	南舍	坤舍	北舍	西舍
	——	——	——	——	——	——

图79　乾宅抽爻换象图

八宅初爻是火庵，二爻是首舍，如修布不合本宅吉路，只拆去首舍，或阴改阳，阳改阴，自然合法。外卦卦象不合要求，亦同内卦一样可以抽换。

例如：乾宅布成震卦，抽爻变兑；坎宅布成艮卦，抽爻变巽。经过抽爻换象，二者都由"五鬼"变为"生气"。

再如：艮宅布成离卦，抽爻变乾；震宅布成坤卦，抽爻变坎。经过抽爻换象，二者都由"祸害"变为"天医"。

又如：巽宅布成艮卦，抽爻变巽；离宅布成乾卦，抽爻变离。经过抽爻换象，二者都由"绝命"变为"伏位"。

还有：坤宅布成离卦，抽爻变乾；兑宅布成巽卦，抽爻变艮。经过抽爻换象，二者都由"六煞"变为"延年"。

关于抽爻换象法，《阳宅集成》收录有一首《换象歌》，可资借鉴。

换象歌

先从宅气辨阴阳，立定原空造化堂，
去路零爻并住宅，移门修补次随方，
一节一修添一画，一随他门变吉祥，
东北便作阳爻用，西南便作阴爻当，
二三门数位当立，重重内外细推详，
上下卦爻成卦体，抽爻成象自安康，
来路内外为宾主，开门立屋向何方，
厨火气口四爻来，发起一爻便安排，
入阴入阳如何配，六爻上下互相胎，
纯阳必定伤妇女，纯阴多主男子灾，
此是玄空真口诀，吉凶祸福尽都该。

宅法无一定之规，星卦有转变之途。例如主宅本凶，门路不利，更改一门则一宅俱吉；转变一向则所居皆安。如果没有抽爻换象，真不知道如何使人趋避。

八卦即八宅，每宅有三门，这是静宅的门路之法。至于动宅、变宅与化宅，亦一样可以运用抽爻换象法进行剥换：其层数多而凶，则减而为少；其层数少而凶，则增而为多。总之，一定要使卦爻星宫相配，吉凶相生。

又如贪狼吉星，本喜高大，但木入中宫，反而不吉。所以需要前后增减层数，务使避开正中方可。

4.9 补泄制化法

凡吉星到坐，与宫相克，可采取补泄之法。例如武曲到震、巽，为星克宫；贪狼到乾、兑，为宫克星。在这两种情况下，应该补水、泄金、生木，这样，木旺则不会受到金制。当然，也可以采取补木助木的方法。对于一些故基旧宅，如果门房不合，应当改修改建。如果碍于形局，限于地界，势不可改，可在四吉方盖高房，开便门，并与大门互相比和，也可以变凶为吉。

天有九星，地有九宫，相顺相宜，人财大利。若阳星而克阴宫，则主妇人不利，例如贪狼木为阳星，光临坤阴之房；若阴星而克阳宫，则主男子不祥，例如禄存土为阴星，而临坎阳之宫。

假如房与星相顺相宜，而开门却不得位，或与星房相克，则亦难称吉宅。例如破军金临震木之房，其房之门若在坤、艮之上，称为助杀，不吉；其房之门若在兑上，则与震相克，大为不祥。这时，就需要采取变通之法：开坎门，蚀破军金气，以生震木，方能人财大旺。这种变通之法，称作制化法。

　　按照传统说法，宫生宫，旺人（例如艮宅，酉、辛、庚三方皆吉）；宫生星，发财；星生宫，人财两利；宫克宫，损人（例如兑宫克甲、卯、乙三方）；宫克星或星克宫，人财两耗，阳则伤男，阴则伤女。而判断伤阴伤阳的前提是看九星的阴阳属性：贪狼、巨门、武曲、文曲，四星属阳；而禄存、破军、廉贞与辅弼，则属阴。

第五章

理气风水的择吉艺术

理气风水，说白了，无非是时空选择的一门艺术。在前两章里，笔者介绍了八宅游年理论以及理气风水的其他空间选择方法。在这一章里，我们则着重探讨理气派有关时间选择的若干理论方法。

5.1 九星流年临宫法

在论述九星流年临宫法之前，首先给大家介绍一种公元与甲子纪年的换算方法。此种方法的要点是：

1. 天干序数：

（公元年数−3）÷10＝商……余数即为天干序数
如果余数为0，则天干序数为10。

2. 地支序数：

（公元年数−3）÷12＝商……余数即为地支序数
如果余数为0，则地支序数为12。

例如2005年，其天干序数计算如下：（2005−3）÷10＝200，余数为2，2对应的天干为乙，所以2005年的天干为乙。而地支序数则计算如下：（2005−3）÷12＝166，余数为10，10对应的地支是酉，所以2005年的地支为酉。两相综合，2005年所对应的干支纪年就是乙酉年。

在以上算法里，之所以要从公元年数中减3，是因为在公元后的所有纪年里，第一个甲子年为公元4年（汉平帝元始四年），此前3年（辛酉、壬戌、癸亥），则属于上一个六十花甲，所以应当减除。

下面我们开始介绍九星流年临宫法。

九宫图早在汉代就产生了。九宫图可以用从一到九的数字来表示。也可以换成八卦表示。到了唐代，又有人将数字换成颜色，即一白，二黑，三碧，四绿，五黄，六白，七赤，八白，九紫（图80）。

四	九	二
三	五	七
八	一	六

巽	离	坤
震	中	兑
艮	坎	乾

绿	紫	黑
碧	黄	赤
白	白	白

图80 九宫图的三种表示法

由于九宫图可以用以上三种方法表示，这样，就使洛书九数与八卦之间产生了一一对应的关系，即：坎一，坤二，震三，巽四，中五，乾六，兑七，艮八，离九。以下即是同时兼有数字与八卦卦位的新的综合性的九宫图（图81）。在这幅图里，八卦的各个卦位以及中央部分（中宫）都被赋予了特定的数字，从而使八卦的各个卦位之间有了一种新的排序关系：按照数字大小顺排，首先为北方坎卦（一宫），其次为西南坤卦（二宫），其次为东方震卦（三宫），再次东南巽卦（四宫），接着为中央部分（五宫），然后依次分别是西北乾卦（六宫），西方兑卦（七宫），东北艮卦（八宫），南方离卦（九宫）；九九归一，再回到北方坎卦（一宫）。

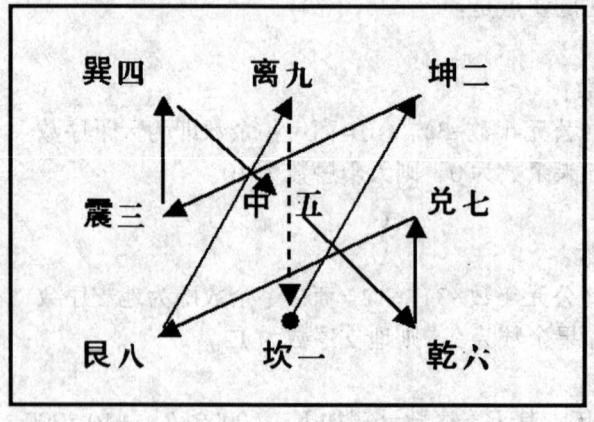

图81　综合九宫图

这种新的九宫图被理气派用来进行住宅建设的时间推算，于是就产生了九星流年临宫法。这里，所谓"九星"是指贪、巨、禄、文、廉、武、破、左辅、右弼，亦称"都天转运"，其次序不能颠倒。

九星流年临宫法分年建九星临宫法与月建九星临宫法两类，分别可以用来确定不同年份与不同月份的九星分布情况。我们首先探讨年建九星临宫法。

年建九星流年临宫法的理论要点是：

（1）首先确定"九星"的第一星——"贪狼星"的位置。方法是：将年支"子"纳入中宫，向巽逆行（注意，是逆行，而不是顺行，所以，数字是由大到小排列，其数序依次为5→4→3→2→1→9→8→7→6→5→4→3），到本年年支，即为"贪狼星"的所在（图82）。

从上图可以看出："贪狼星"子年、酉年在中宫，丑年、戌年在巽宫，寅年、亥年在震宫，卯年在坤宫，辰年在坎宫，巳年在离宫，午年在艮宫，未年在兑宫，申年在乾宫。年支不同，贪狼星的所在宫位也不同。

（2）找到了"贪狼星"的位置，接着按照九宫图，依次顺行排列"九星"——贪、巨、禄、文、廉、武、破、左辅、右弼。于是就将九星，配入了九宫之中。顺行九宫，也叫顺飞九宫，即按照洛书九宫数字由小到大顺排。这

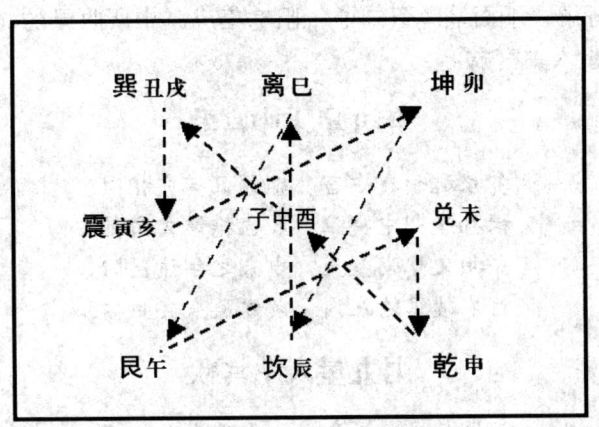

图82　十二地支贪狼所在宫位图

样，我们就可以知道某年某星君临某方。如果遇到贪、巨、武三个吉星君临某方，就可以修宅。

　　例如2003年农历为癸未年，未年贪狼星在七宫兑位，顺飞到八宫艮位为巨门，九宫离位为禄存，一宫坎位为文曲，二宫坤位为廉贞，三宫震位为武曲，四宫巽位为破军，五宫中央为左辅，六宫乾位为右弼（图83）。可以看出，2003年（未年），在九宫之中，七宫兑位、三宫震位与八宫艮位都是吉位。

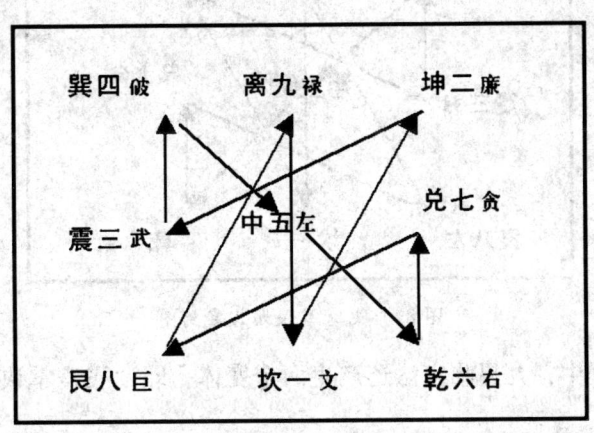

图83　九星未年临宫图

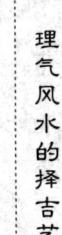

　　这是年建九星临宫法。月建九星临宫法的原理与此相同。

　　首先，将正月纳入中宫，然后逆行，并依次将各个月份排入九宫，于是可以确定：正月、十月贪狼在中宫；二月、十一月贪狼在巽；三月、十二月贪狼在震；四月贪狼在坤；五月贪狼在坎；六月贪狼在离；七月贪狼在艮；八月贪狼在兑；九月贪狼在乾。贪狼确定后，将九星顺行九宫，于是可推算出某月某星君临某方。如果遇到贪、巨、武三个吉星临宫，可以修宅。

为了便于理解，下面笔者引录了《阳宅集成》中所收录的《年九星入中宫歌》与《月九星入中宫歌》：

年九星入中宫歌

贪狼遇子在中宫，辅弼丑寅亦相同，
禄存逢卯中央位，辰巳排该文曲星，
午年又见弼星至，申未之年该巨门，
酉岁破军轮在内，戌亥原来武曲临。

月九星入中宫歌

正廉二武三绝命，四左五右六贪正，
七巨八禄九为文，十廉子武丑破军。

需要指出的是，九星临宫法，只用来推算年月，至于日辰与时辰，则不用此法。

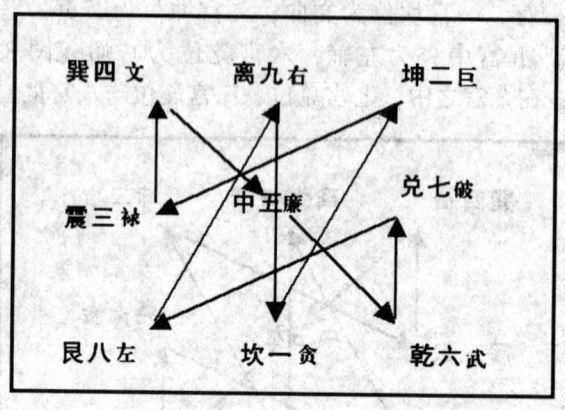

图84　飞宫掌诀九宫定局图

在流传过程中，九星临宫法还产生两个变体，即"飞宫掌诀"与"排山掌诀"。

在"飞宫掌诀"里，九宫与九星的定局方式如图84所示，其特点是：贪狼位居坎宫，而廉贞则独居中央，九星顺行九宫。

而在"排山掌诀"里，定局方式则是以贪狼入主中宫，向巽逆行，这样，廉贞便跑到坎位了。在"飞宫掌诀"里，贪狼为生气之始，原本位于一宫坎卦，是九宫的头一宫，所以称作"头"；廉贞属火，原本位于中宫，现在在"排山掌诀"里反而下降到了一宫。因此，理气家又称"排山掌诀"为"倒挂头"（图85）。

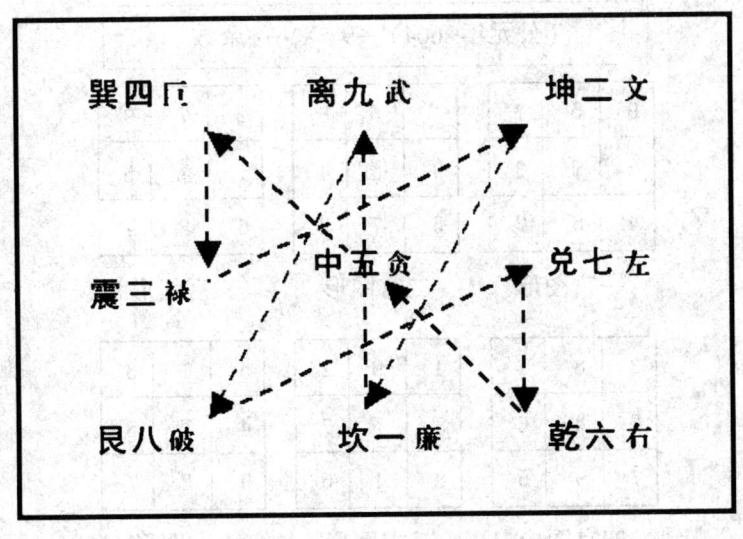

图85　排山掌诀九宫定局图

5.2 三元九宫建造法

　　和九宫流年临宫法有些相似，三元九宫建造法也是利用纪年干支与九宫图的对应关系来选择住宅建设的最佳时间，这是二者的共同点。不同点则在于：九宫流年临宫法只将十二地支与九宫图相配，因此比较简单；而三元九宫建造法则是将六十甲子与九宫图相配，因此相对复杂一些。

　　"九宫"之数为"9"，"六十甲子"之数为"60"，二者的最小公倍数为180。所以干支纪年与九宫纪年的关系为180年一个周期。又因180为60的3倍，所以就有了"上元六十甲子"、"中元六十甲子"与"下元六十甲子"的"三元"说法。

　　九宫图经过变形，可再产生八幅新图，加上原来的一幅，共九幅。然后，按照一定的规则编入各年。而每年究竟用九幅图中的哪一幅，则由其中宫数字来确定（图86）。

　　术数家们曾规定，以隋朝仁寿四年（公元604年）甲子岁为一宫，此后以九、八、七、六、五、四、三、二、一的次序，反复将九宫图配入各年。由于有此规定，我们便可用一个简单的数学公式求得任何一个公元年代应配入的九宫图形：

$$（公元年－604）÷9＝X……余数$$

9	5	7
8	1	3
4	6	2

一宫图形

1	6	8
9	2	4
5	7	3

二宫图形

2	7	9
1	3	5
6	8	4

三宫图形

3	8	1
2	4	6
7	9	5

四宫图形

4	9	2
3	5	7
8	1	6

基本图形

5	1	3
4	6	8
9	2	7

六宫图形

6	2	4
5	7	9
1	3	8

七宫图形

7	3	5
6	8	1
2	4	9

八宫图形

8	4	6
7	9	2
3	5	1

九宫图形

图86 九宫九变图

例如2005年：（2005－604）÷9＝155……余6。也就是说，由公元605年起，至公元2005年，九宫图已配入155个整周期，第156个周期的此年应配入由9到1的第六位数，即四宫图形。

上述公式的核心是找到余数，然后再从9倒数过来，便可求得任何一年的九宫图形（无余数的年份用一宫图形）。

第一个上元甲子年为什么要定在隋仁寿四年呢？按照术数家的说法，这是天意。从公元604年往下推，1864年为上元甲子，1924年为中元甲子，1984年为下元甲子。若上元甲子年为一宫，则中元甲子年为四宫，下元甲子年为七宫。

由于男女有别，因此，由三元九宫法衍生而来的男女命宫推算法其规则也分男女两种：男宫由9到1逆行排列，女宫则是由1到9顺行排列；男宫循环的起点，在女宫循环的中央，反之也是一样。用公式表示就是：

男性命宫：

$$（出生年－604）÷9＝X……余数，余数逆排$$

女性命宫：

> （出生年-604-4）÷9＝X……余数，余数顺排

例如男性，1984 年生，（1984-604）÷9＝153……余 3，按照男性余数逆排的规则，由 9 到 1 排列，第三位数为七。所以，1984 年出生的男性其命宫应为七宫，即兑宫。而女性 1984 年生，（1984-604-4）÷9＝152……余 8，按照女性余数顺排的规则，由 1 到 9 排列，第八位数为八，所以 1984 年出生的女性其命宫应为八宫，即艮宫。

除以上方法外，在港台，还流行有一种更为简便的男女命宫推算法（适用于 20 世纪出生之人），其公式如下：

男性命宫：

> （100-生年最后两位数字）÷9＝X……取余数

女性命宫：

> （生年的最后两位数字-4）÷9＝X……取余数

凡数可以除尽，没有余数的，属"九"，即"离"命；如果余数为"五"，则男为"坤"命，女为"艮"命。

例如 1984 年出生的人，男：（100-84）÷9＝1，余数 7，七为兑；女：（84-4）÷9＝8，余数 8，八为艮。可见，同样是 1984 年出生，男的卦命是"兑"，女的卦命则是"艮"，兑与艮都属于"西四命"。其他可以以此类推。

现在把 1901 年至 2020 年的男女命宫用表列出（表5）。

男女卦命对照表 （表5）

年 份	男	女	年 份	男	女
1901 辛丑	离	乾	1902 壬寅	艮	兑
1903 癸卯	兑	艮	1904 甲辰	乾	离
1905 乙巳	坤	坎	1906 丙午	巽	坤
1907 丁未	震	震	1908 戊申	坤	巽
1909 己酉	坎	艮	1910 庚戌	离	乾
1911 辛亥	艮	兑	1912 壬子	兑	艮

年　份	男	女	年　份	男	女
1913 癸丑	乾	离	1914 甲寅	坤	坎
1915 乙卯	巽	坤	1916 丙辰	震	震
1917 丁巳	坤	巽	1918 戊午	坎	艮
1919 己未	离	乾	1920 庚申	艮	兑
1921 辛酉	兑	艮	1922 壬戌	乾	离
1923 癸亥	坤	坎	1924 甲子	巽	坤
1925 乙丑	震	震	1926 丙寅	坤	巽
1927 丁卯	坎	艮	1928 戊辰	离	乾
1929 己巳	艮	兑	1930 庚午	兑	艮
1931 辛未	乾	离	1932 壬申	坤	坎
1933 癸酉	巽	坤	1934 甲戌	震	震
1935 乙亥	坤	巽	1936 丙子	坎	艮
1937 丁丑	离	乾	1938 戊寅	艮	兑
1939 己卯	兑	艮	1940 庚辰	乾	离
1941 辛巳	坤	坎	1942 壬午	巽	坤
1943 癸未	震	震	1944 甲申	坤	巽
1945 乙酉	坎	艮	1946 丙戌	离	乾
1947 丁亥	艮	兑	1948 戊子	兑	艮
1949 己丑	乾	离	1950 庚寅	坤	坎
1951 辛卯	巽	坤	1952 壬辰	震	震
1953 癸巳	坤	巽	1954 甲午	坎	艮
1955 乙未	离	乾	1956 丙申	艮	兑
1957 丁酉	兑	艮	1958 戊戌	乾	离
1959 己亥	坤	坎	1960 庚子	巽	坤
1961 辛丑	震	震	1962 壬寅	坤	巽
1963 癸卯	坎	艮	1964 甲辰	离	乾
1965 乙巳	艮	兑	1966 丙午	兑	艮
1967 丁未	乾	离	1968 戊申	坤	坎
1969 己酉	巽	坤	1970 庚戌	震	震
1971 辛亥	坤	巽	1972 壬子	坎	艮
1973 癸丑	离	乾	1974 甲寅	艮	兑
1975 乙卯	兑	艮	1976 丙辰	乾	离
1977 丁巳	坤	坎	1978 戊午	巽	坤
1979 己未	震	震	1980 庚申	坤	巽
1981 辛酉	坎	艮	1982 壬戌	离	乾
1983 癸亥	艮	兑	1984 甲子	兑	艮
1985 乙丑	乾	离	1986 丙寅	坤	坎
1987 丁卯	巽	坤	1988 戊辰	震	震
1989 己巳	坤	巽	1990 庚午	坎	艮
1991 辛未	离	乾	1992 壬申	艮	兑

年　份	男	女	年　份	男	女
1993　癸酉	兑	艮	1994　甲戌	乾	离
1995　乙亥	坤	坎	1996　丙子	巽	坤
1997　丁丑	震	震	1998　戊寅	坤	巽
1999　己卯	坎	艮	2000　庚辰	离	乾
2001　辛巳	艮	兑	2002　壬午	兑	艮
2003　癸未	乾	离	2004　甲申	坤	坎
2005　乙酉	巽	坤	2006　丙戌	震	震
2007　丁亥	坤	巽	2008　戊子	坎	艮
2009　己丑	离	乾	2010　庚寅	艮	兑
2011　辛卯	兑	艮	2012　壬辰	乾	离
2013　癸巳	坤	坎	2014　甲午	巽	坤
2015　乙未	震	震	2016　丙申	坤	巽
2017　丁酉	坎	艮	2018　戊戌	离	乾
2019　己亥	艮	兑	2020　庚子	兑	艮

欲知某人卦命如何，只要查对上表，就可得知。

三元九宫建造法的理论要点是：首先，以家长的出生年份来确定"生宫"（即余数）；"生宫"确定后，再确定"定宫"（即命宫）；然后，将"流年"（又叫"行年"）的游年变宅与其配合，这样，就可以确定本年（"流年"）建造的四个吉方与四个凶方。其规则是：

上元甲子生人，男起七宫，逆行；女起五宫，顺行。

中元甲子生人，男起一宫，逆行；女起三宫，顺行。

下元甲子生人，男起四宫，逆行；女起八宫，顺行。

如果赶上生气、天医、延年、伏位四个吉星值班，为大吉之局；如果赶上五鬼、六煞、绝命、祸害四个凶星值班，则为凶局。

例如 1966 年（丙午）出生的男人，2001 年时为 36 岁。

（1966-604）÷9＝151……余3

（2001-604）÷9＝155……余2

也就是说，公元 1966 年出生的男人，其"生宫"（即余数）为三，九宫图应配入由 9 到 1 的第三位数，即七宫。所以此人的"生宫"为三宫，"定宫"为七宫，所对应的命宫即用兑卦。而 2001 年"流年"所对应的九宫图为八宫图形。那么，我们便以八宫（艮宫）的游年，变入七宫兑上，若遇延年，即为大吉。其余依此类推。

5.3 流年建宅法

关于流年的吉凶判断，理气风水中有个学说叫"十二星辰"，分别和十二地支相对应，具体名称是：子——"神后"，丑——"大吉"，寅——"功曹"，卯——"太冲"，辰——"天罡"，巳——"太乙"，午——"胜光"，未——"小吉"，申——"传送"，酉——"从魁"，戌——"河魁"，亥——"登明"（图87）。

建立在"十二星辰"学说基础上的流年建宅法，其理论要点就是将生命（即出生年支）按照一定规则与"十二星辰"相配合，从而推出各流年的行年小运。这里，所谓行年"小运"是相对于"大运"而言，每个"大运"运程为60年，而每个"小运"运程则为20年。

巳 太乙	午 胜光	未 小吉	申 传送
辰 天罡			从魁 酉
卯 太冲			河魁 戌
功曹 寅	大吉 丑	神后 子	登明 亥

图87　流年十二星辰图

流年建宅法的规则是：阳命（即子年、寅年、辰年、午年、申年、戌年）生人，一岁由"十二星辰"的"功曹"开始，逆行数起；阴命（即丑年、卯年、巳年、未年、酉年、亥年）生人，一岁则从"传送"开始，顺行数起。一年一位，数到流年之上为止。如果见到的星辰是"胜光"、"神后"、"功曹"、"传送"，则为"大通"；如果见到的星辰是"登明"、"大吉"、"小吉"，则为"小通"；如果见到的星辰是"从魁"、"太乙"、"太冲"，则为小凶；如果见到的星辰是"天罡"、"河魁"，则为大凶。其中，"大通"、"小通"的意思相当于"大吉"、"小吉"。

例如公元1974年（农历甲寅年）生人，为阳命寅年生人，2005年时年龄为30周岁。按照"阳命生人，一岁由'功曹'逆行数起"的原则，一岁起寅，

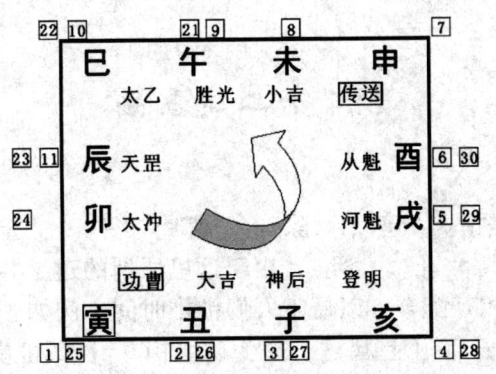

图 88　甲寅年生人流年星辰图

二岁在丑，逆行，十一岁在辰，二十一岁在午，零头一年一数，三十岁到酉，是"从魁"，所以流年为"小凶"（图 88）。

又如公元 1979 年（农历己未年）生人，为阴命未年生人，2005 年时年龄为 25 周岁。按照"阴命生人，一岁由'传送'顺行数起"的原则，一岁起申，二岁在酉，顺行，十一岁在午，二十一岁在辰，零头一年一数，二十五岁到申，是"传送"，所以流年为"大通"（图 89）。其余以此类推。

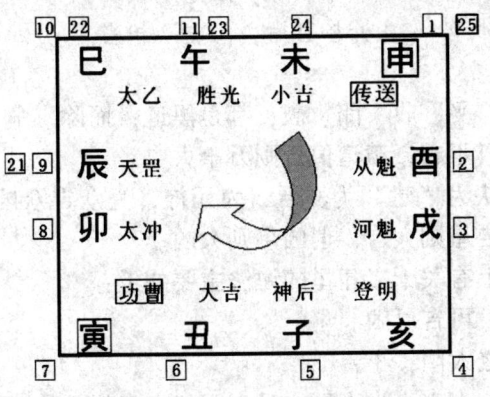

图 89　己未年生人流年星辰图

流年建宅法除了用来预测何年建宅会更为有利之外，有时还用来推测什么月份、什么节气迁入新宅会更加合适。这种企图对人们在空间移动过程中做出最佳时间安排的智慧与努力，具体浓缩在《阳宅集成》所收录的一首《节气迁移歌》里："立春传送入功曹，金木两克不相饶，火家入木为生数，金家到木便亡消。雨水又言庚入甲，庚逢甲路不相当，兑家下元逢木贼，阴人合该产中亡。惊蛰从魁入太冲，运动移烟惹祸送，第三灭没无人悟，谁知败散疾如风……"其中虽然未必包含多少科学道理，然而精神可嘉。所谓天时、地利、人和，在一些重大事项上追求与天谐和，与地谐和，中国文化中的这种系统性的思维方式，本身就值得肯定。

5.4 十二建星法

"十二建星"是指："建"、"除"、"满"、"平"、"定"、"执"、"破"、"危"、"成"、"收"、"开"、"闭"。由于这里所谓的建星共有十二个，所以正好可以和十二地支相互配合，以便于人们推排时间。例如子年，子上起建，丑为除，顺数而去。丑年丑上起建，寅为除。由于十二建星的前两星分别为"建"和"除"，所以，"十二建星法"又叫"十二建除法"。

"建除法"早在汉代就已产生，是最为古老的一种时间预测方法。它既可以用于判断年月，也可以用于判断日时。例如最为现代人熟知的所谓"黄道吉日"，就和"建除法"有关。当十二建星用于判断日辰时，就形成了"十二黄黑道日"。根据明代以后最为流行的择吉著作《玉匣记》的记载，"十二黄黑道日"的口诀是：

建满平收黑，除危定执黄，
成开皆可用，闭破不相当。

可见，建、满、平、收、闭、破，都是黑道；而除、危、定、执、平、开，都是黄道。黑道值日不吉，黄道值日则万事大吉。

过去，堪舆家认为"建"为岁君，为元神，为众吉众凶之主帅，可坐不可向，在山在方，遇吉星则大吉，遇凶星则大凶。

风水阳宅理论上有关十二建星的说法主要如下：

建——为太岁，可吉可凶。

除——为四利之太阳，小吉。

满——为天富，小吉；为土瘟，又为四利之丧门，凶；又为飞廉凶星，凶。

平——为三台，又为土曲，大吉。

定——为岁三合，吉；为魁罡显星，吉；又为地官、符畜官，凶。

执——为四利之死符，又为小耗净拦煞凶。

破——为岁破，又为大耗之凶。

危——为极富星，为谷将星，又为四利之龙德。

成——为三合，为天喜，大吉；为飞廉，又为四利之白虎，小凶。

收——为四利之福德，小吉；又为皇帝入座，小凶。

开——为青龙太阴，为生气华盖，为官国星，上吉；又为四利之吊客，小凶。

闭——为病符凶。

以上十二建星为时间选择的大纲，其中平、成、开、危最吉；定、除次吉；破大凶，其祸最久。

一所住宅建成后，何时搬进去？对此，"十二建星法"也有论述。例如有关移灶的时间选择，"十二建星法"的结论是：

> 建破移灶家长病，除危移锅母又亡。
> 收满移锅遭官事，平定移锅损客商。
> 执闭移锅损牛马，成开移锅大吉昌。
> 世人识得移锅法，到老安然少祸殃。

5.5 二十八宿临宫法

二十八宿是古人用作观测日月五星运行坐标的二十八组恒星（或称星座）的通称，由于它们环列在日月五星的四方，很像是日月五星的栖宿场所，所以故名二十八宿。

古人把二十八宿分为东、南、西、北四宫，每宫七宿。东宫七宿是：角、亢、氐、房、心、尾、箕，所对应的动物形象为苍龙。北宫七宿是：斗、牛、女、虚、危、室、壁，所对应的动物形象为玄武。西宫七宿是：奎、娄、胃、昴、毕、觜、参，所对应的动物形象为白虎。南宫七宿是：井、鬼、柳、星、张、翼、轸，所对应的动物形象为朱雀。

考古发现，战国曾侯乙墓出土的一个漆箱盖上绘有青龙、白虎与二十八宿图（图90），该发现充分证明了二十八宿学说起源于中国。

图90　战国——龙虎与二十八宿图（公元前433年）

在古书里，二十八宿皆有异名，不胜枚举，现聊述一二，以解其意。

角、亢二星，《尔雅》称之为首星，这是因为在二十八宿里，角、亢二星犹如长子一样，为列宿之首。

氐星又名天根，《国语》说："天根见而水涸。"

房星又名天驷、天闲，房星、心星、尾星三宿合起来，名为大辰。

心星一名大火，《诗经》说"三星在天"，注曰："心宿一名大火，以三星之中者最明之故。"《诗经》"七月流火"注曰："大火，西流是也。"

箕星，《诗经》称为南箕，箕星、斗星合起来称为汉津。

牛星，又叫牵牛星，《尔雅》称之为星纪，郭璞说："牵牛中者，日月五星之所终始，故谓之星纪。"又名河鼓。

女星一名婺女，"婺"指女卑，由于织女是女工之卑，故名。《石氏星经》称之为婺女。

虚星又叫玄枵，"玄"指黑色，虚星位于正北，北方五行属水，对应颜色为黑色，故名。"枵"的意义与耗相近，而耗亦有"虚"的意思。虚星又名颛顼，又名北陆，又名天鼋，都是因为五行水德位于北方之意。

室星，《诗经》称为营室，《尔雅》称作定星。郭璞《尔雅注》认为："定，正也。作宫室皆以营室为正，《诗》曰'定之方中，作于楚宫'是也。"

壁星又名东壁，由于室、壁四星相对，四方如口，所以营室、东壁合起来又叫"娵之口"。觜亦名豕韦。

奎、娄二星，《尔雅》称作降、娄，由于奎星主沟渎之事，所以又叫降星。

昴，一名大梁、一名西陆，皆以属西方之故。又名留，《史记索隐》曰："留，昴也。"

毕星，《诗经》称作天毕，《尔雅》称作浊星，郭璞《尔雅注》说："或呼为浊，以星形名也。"

参星，中央参伐，《甘氏星经》称作铁钺，主杀伐之义。

井星，又名东井。鬼星，又名舆鬼。

柳星又名咮星，郭璞《尔雅注》说："咮，朱鸟之口也。"又名鹑火，盖鹑鸟名火，朱乃火色，皆属南方之象。

古人把二十八宿和日月五星（合称"七曜"）相配合，从而赋予它们以特定的含义与属性，然后用以记日，一宿代表一日，二十八宿代表二十八日，周而复始，往复无穷。这样，用二十八宿所标定的时间，即每一天，也就具有了特定的日月五星的含义与属性。具体对应关系如表6所示。

曜　日	木	金	土	日	月	水	火
二十八宿	角	亢	氐	房	心	尾	箕
	斗	牛	女	虚	危	室	壁
	奎	娄	胃	昴	毕	觜	参
	井	鬼	柳	星	张	翼	轸
星　期	四	五	六	日	一	二	三

今天，我们依然习惯用星期来划分时间，这星期一说，就和古代的二十八宿有关，其起源很早，至少在唐代以前就有。只不过基督教传入后，人们又给它起了一个外号，叫作礼拜罢了。

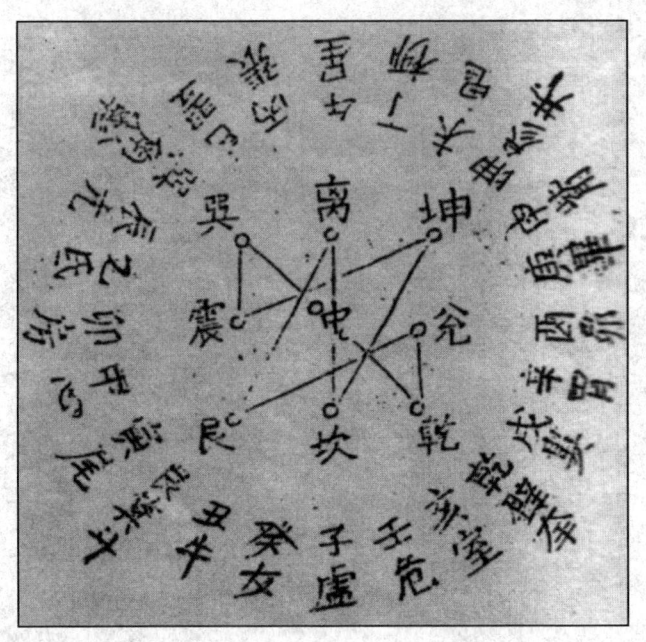

图91　宫宿图（引自《阳宅集成》）

观察罗盘可以发现，周天二十八宿，其每一宿所占度数并不统一，例如角星12度，房星5度，室星18度，度数最大的井星为30度，而觜星度数最小，只有1度。由于二十八宿所占度数各不相同，因此使用起来不太方便。

有鉴于此，堪舆家想出了一个变通之法，这就是把它与"二十四向"（即"二十四时"）相互配合起来使用。于是就产生了二十八宿临宫法这样一种时间选择的方法。

二十八宿临宫法的要点是：自巽宫起角宿，逆行二十四位，其中四维各管

理气风水

第五章　理气风水的择吉艺术

二宿，其他支干只管一宿（图91）。若修宅迁移，先以方宿直入中宫，阳顺阴逆，数至本宅，详看生克，则吉凶可知。

例如乾宅子年修造，将虚星值入中宿，顺飞到乾，是危宿，危属水，乾属金，金水相生，大吉。再如丑年修造，用牛宿入中宫，逆飞到乾，见胃宿，胃属土，乾属金，金土相生，大吉。其余以此类推。

第六章

中国风水罗盘解码

在人类科学技术史上，最让我们中国人引以为傲的是四大发明。其中，罗盘即指南针的发明，应归功于风水先生。正是他们，长期对空间方位保持观察与思考，并在实践过程中发明了罗盘。罗盘，是风水先生用来判断时空的一种专用工具，其中所蕴藏的科学知识非常丰富。

6.1 罗盘——包罗万象之盘

俗话说，"一山、二水、三方位"，有了山、水与方位这三组判断，才能对风水进行全面评价。

在罗盘上，排列着十二支和十干，还有八卦和其他，进一步还有二十八宿。罗盘的用途在于，它可以判断方位好坏。大约在公元9世纪到11世纪，带指南针的水罗盘与旱罗盘就已由中国人发明出来。

时间判断有"八字"：年、月、日、时。即将天干和地支配在一起得出年的干支、月的干支、日的干支以及时的干支，一共八个。然后根据这八字征兆，进一步判断方位的吉凶。

一般认为"坐北朝南"吉利，但是"朝南"也不是朝正南，这从罗盘上一眼就能看出来。找到合适地形后，再用罗盘测量，就能知道房屋面向哪个方位吉利，面向哪个方位不吉利。

在古人眼里，"罗经者，包罗万象，经纬天地也"。说它可以"经天"，是因为，罗盘上有二十四节气与二十八星宿，节气盘以冬至日起，太阳绕斗、牛、女、虚、危、室、壁、奎、娄、胃、昴、毕、觜、参、井、鬼、柳、星、张、轸、角、亢、氐、房、心、尾、箕二十八宿，共三百六十五日，为一周天。

说它可以"纬地"，是因为，罗盘上有八卦，有十二支。八卦既可以代表九州——坎为冀州、艮为兖州、震为青州、巽为徐州、离为扬州、坤为荆州、兑为梁州、乾为雍州、中为豫州，也可以代表八种自然地象——乾为天、兑为泽、离为火、震为雷、巽为风、坎为水、艮为山、坤为地。而在十二支里，壬代表八武、江河，子代表帝座、墨池，癸代表銮驾、雨露，丑代表柳岸、武库，艮代表凤阁、天市，寅代表金箱、鬼门，甲代表鬼却、松柏、雷龙，卯代表将军、琼林、玉兔，乙代表功曹、花卉，辰代表天罡、龙宫、金台，巽代表宝殿、文昌，巳代表地户、赤蛇、风府，丙代表炎烈、太阳、太微，午代表龙墀、端门、天马，丁代表帝辇、朱雀，未代表神羊、花园、蟾宫，坤代表宝盖、生门，申代表玉印、人门、地轴，庚代表却杀、剑戟，酉代表华盖、少微、金鸟，辛代表值符、珠玉，戌代表文库、海角、寒潭，乾代表龙楼、天门，亥代表玉叶、渊海、鱼麟。总之，凡列象于天，立象于地者，无不统属，这就是所谓的"经天纬地"、"包罗万象"。对于风水先生来说，由于罗盘的作用类似于《易经》、

《书经》、《孝经》等经典著作，所以，又称罗盘为"罗经"。

传世罗经有"三合盘"与"三元盘"（蒋盘、易盘）之分。"三合盘"的最大特点是有三层"二十四向"，即所谓正针、缝针与中针。一般用地盘正针格龙立向，用人盘中针消砂，用天盘缝针纳水。

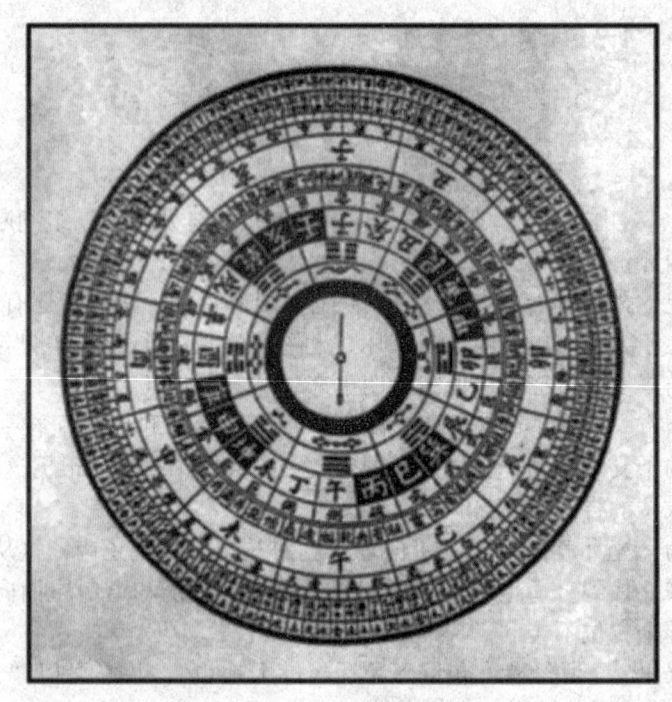

图92 十层三元罗盘（现代，香港）

清代，蒋大鸿注《归厚录》时，在序言中指出："盘法只用正针，二十四道向水皆准此立局，只忌干支交界之处，以防困扰。其余诸盘层数，皆后人妄添，众说纷纭，徒乱人意。故悉删之。"昭然指出罗经只用正针。由于蒋大鸿主张罗盘"二十四向"只用正针一层，所以，删除了缝针与中针的罗盘也叫"蒋盘"，又名"三元盘"（图92）。下面，分别对这两类罗盘的结构特点进行介绍与说明。

6.2 三合罗盘结构详解

关于罗盘层数，过去有两种起算方法：一种是以罗盘中心的"天池"为第一层开始算起，例如清人叶泰的《罗经拨雾集》就是如此；另一种则是把"天池"排除在外，以"天池"之外一层为第一层开始算起，例如清人胡国桢的

《罗经解定》就是如此。两种起算方法本身并无实质区别。这里，笔者采用的是第二种起算方法。

中心：天池

——圆若太极，下针中分，以判阴阳（图93）。一般来说，东为阳，西为阴，南为阳，北为阴；或者说左为阳，右为阴，前为阳，后为阴。通过天池中的指南针的走向，人们可以判断东西南北与左右前后，进而可以判断空间的阴阳关系。

第1层：先天八卦

——八卦分先天八卦与后天八卦。在罗盘上，由于二十四山里已纳入了后天八卦的四维卦，其卦位在盘面上明朗可知，无须专门标出，所以，大多数罗盘的第一层都刻画的是先天八卦。当然有些罗盘也将先天与后天一同列入（图93）。

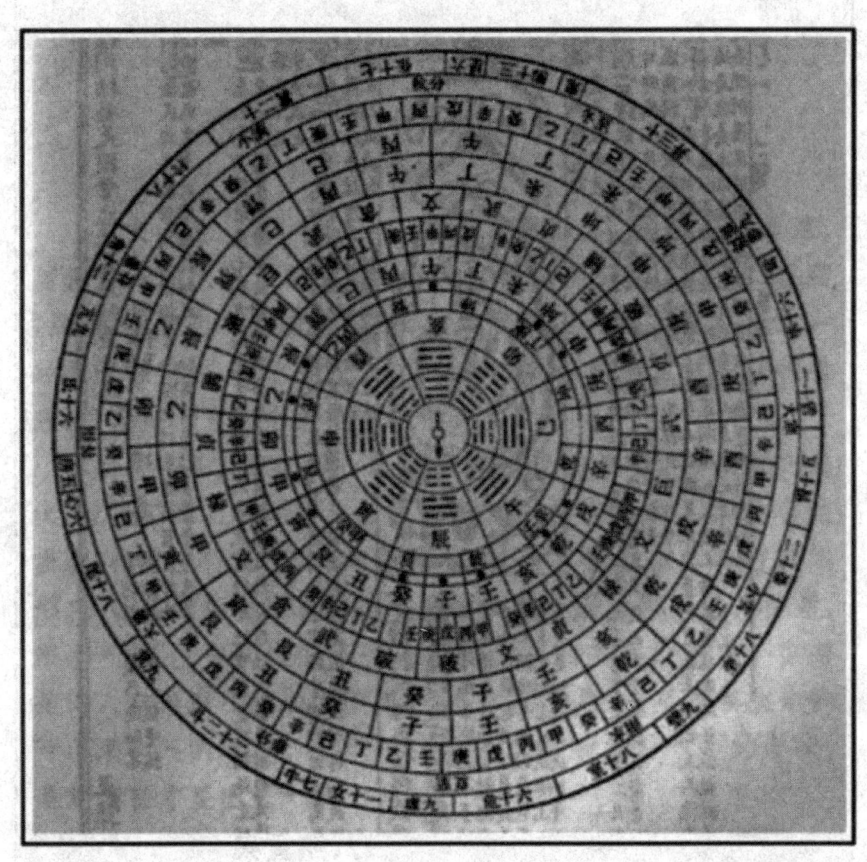

图93 十三层三合罗盘示意图

在罗盘上，先天八卦的用途有三：一是根据《易经·说卦传》的说法——"天地定位，山泽通气，雷风相薄，水火不相射，"表明先天八卦是世界的本源。二是表示四正四维八个方位。三是与地支配合来推断来龙与座山的吉凶。

在有些罗盘盘面，后天八卦一层，有时会出现用小字书写的地支符号来，这就是通常所说的"八煞黄泉"（图94），也就是《罗经拨雾集》里所谓的"八曜煞"，据说"见之主犯刑戮"。还有一些罗盘，会把"八煞黄泉"单独列为一层，例如图93中的第三层就是如此。

"黄泉"为阴间世界的别称，"八煞黄泉"听起来挺吓人，其实，说白了，无非是指后天八卦所对应的鬼支，例如乾卦以午火为鬼爻，那么，午就是乾卦的"八煞"或者说"曜煞"。"八煞黄泉"的口诀是："坎龙坤兔震山猴，巽鸡乾马兑蛇头，艮虎离猪为八煞，墓宅逢之立便休。"按照口诀，八卦与八煞的对应关系是：坎——辰，艮——寅，震——申，巽——酉，离——亥，坤——卯，兑——巳，乾——午。

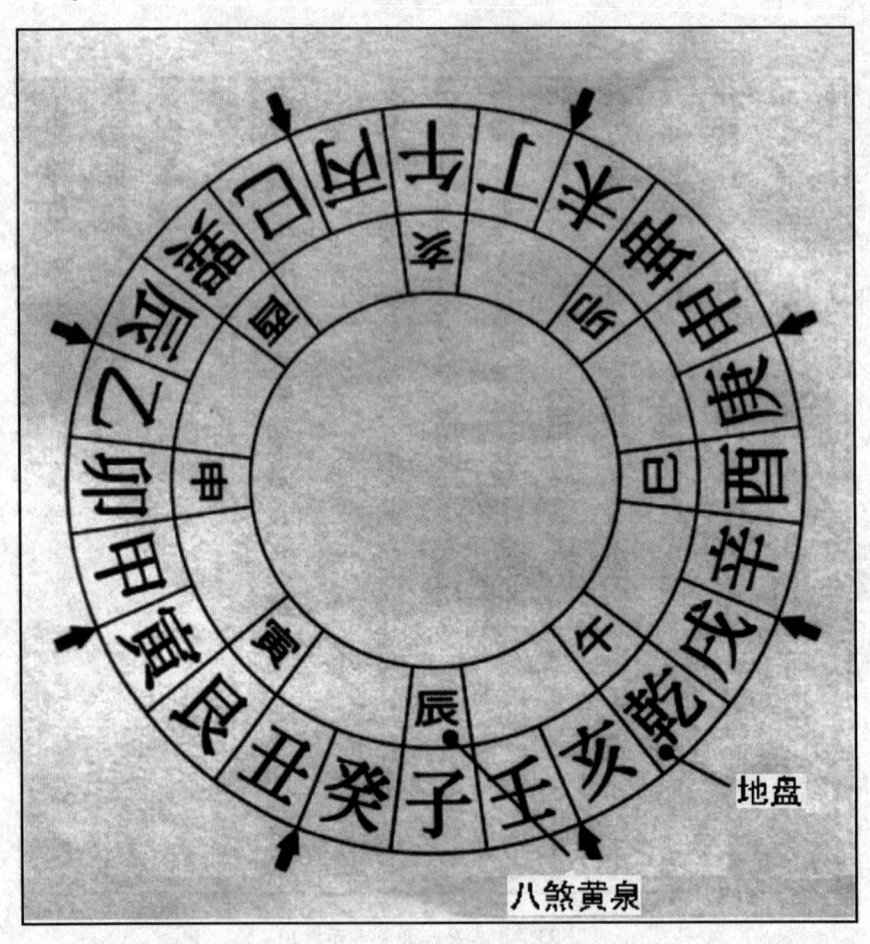

图94　八煞黄泉盘

"八煞黄泉"反映了后天八卦与地支之间的五行相克关系。例如：坎为水，辰为土，水土相克；震为木，申为土，木土相克；离为火，亥为水，水火相克；兑为金，巳为火，火金也相克。

第2层：洛书

——戴九履一，左三右七，二四为肩，六八为足，阳居四正，阴居四隅（图95）。由于洛书以数字形式出现，并且可以将人们的出生时间与八卦九宫相互对应起来，使时间与空间可以相互转换，从而打通了时间与空间的区隔。所以，在时间选择方面，洛书具有特别重要的价值。

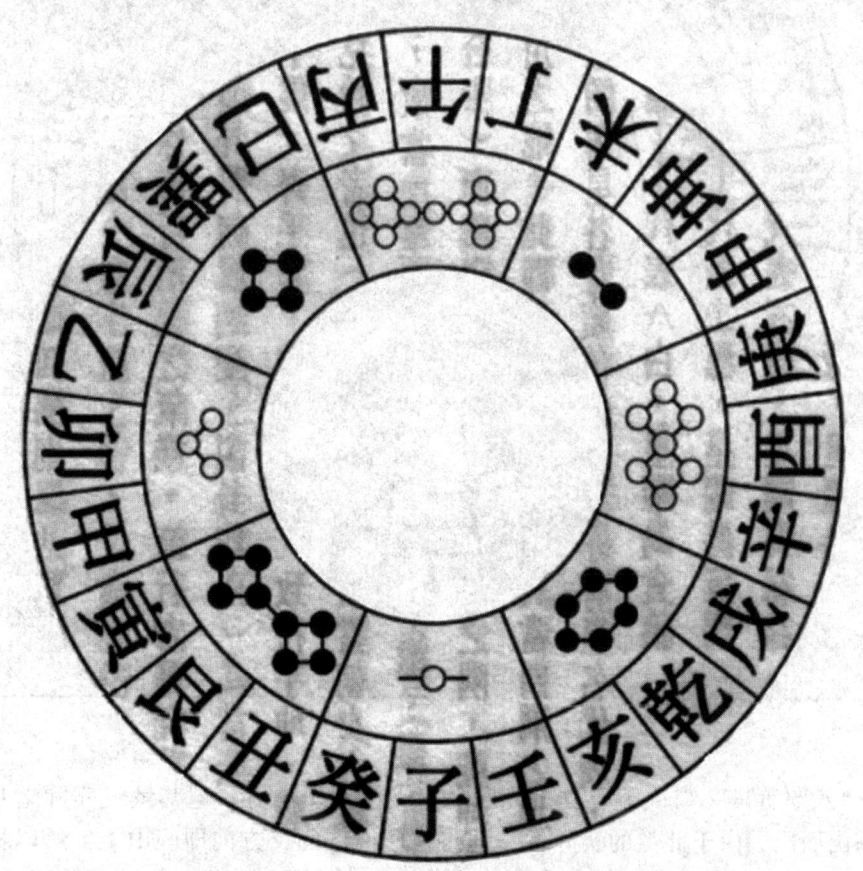

图95　洛书九星图

第3层：反伏黄泉

——又名"八路黄泉"或"八路四路黄泉"，是指八天干（甲、乙、丙、丁、庚、辛、壬、癸）的墓杀位置（图96）。其要点是：八干向，忌四维水来；

四维向，忌八干水来；去则吉，来则凶，犯之主损财伤丁。例如甲山、癸山，墓于未方，则坤为"黄泉"。其口诀是："庚丁坤上是黄泉，乙丙须防巽水先，甲癸向中忧见艮，辛壬水路怕当乾"。

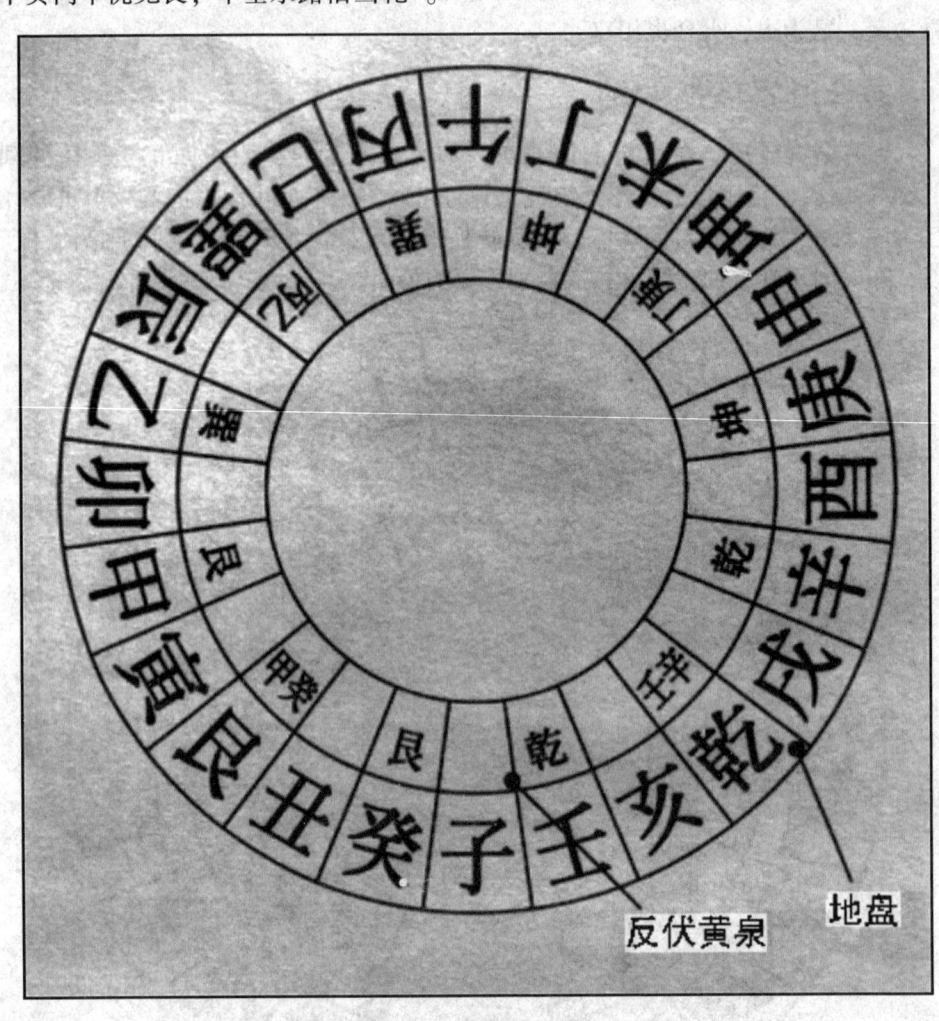

图96 反伏黄泉盘

"八路黄泉"口诀中所说"黄泉"名义上位于向方，但其煞气实际上却是从座山而出。由于此煞的实际发作地点位于向方的反方向即座山上，所以称作"反伏黄泉"。又由于"反伏黄泉"讨论的是八天干与四维卦之间的相互关系，所以又叫"八路四路黄泉"。遇到"反伏黄泉"，阳宅宜筑墙遮开；阴宅则应改向。

第4层：坐山九星

——"坐山九星"又叫"坐家九星"。它是由"地母纳甲卦"推排而成

（图 97）。它上扶帝座，下值八门，制临八方，配在八卦。之所以用"地母卦"，是因为座山——"二十四山"，属于地的范畴，而在八卦里，坤卦代表地。所以，"地母卦"即以"天定卦"的坤卦为首，"中起中收"，从坤卦的对宫——艮卦开始起贪狼，按照"生天祸六，五延绝伏"（即贪、巨、禄、文、廉、武、破、辅）的卦序进行翻卦，由此确定八卦的九星属性依次为：艮为贪狼，巽为巨门，乾为禄存，离为文曲，震为廉贞，兑为武曲，坎为破军，坤为辅星。

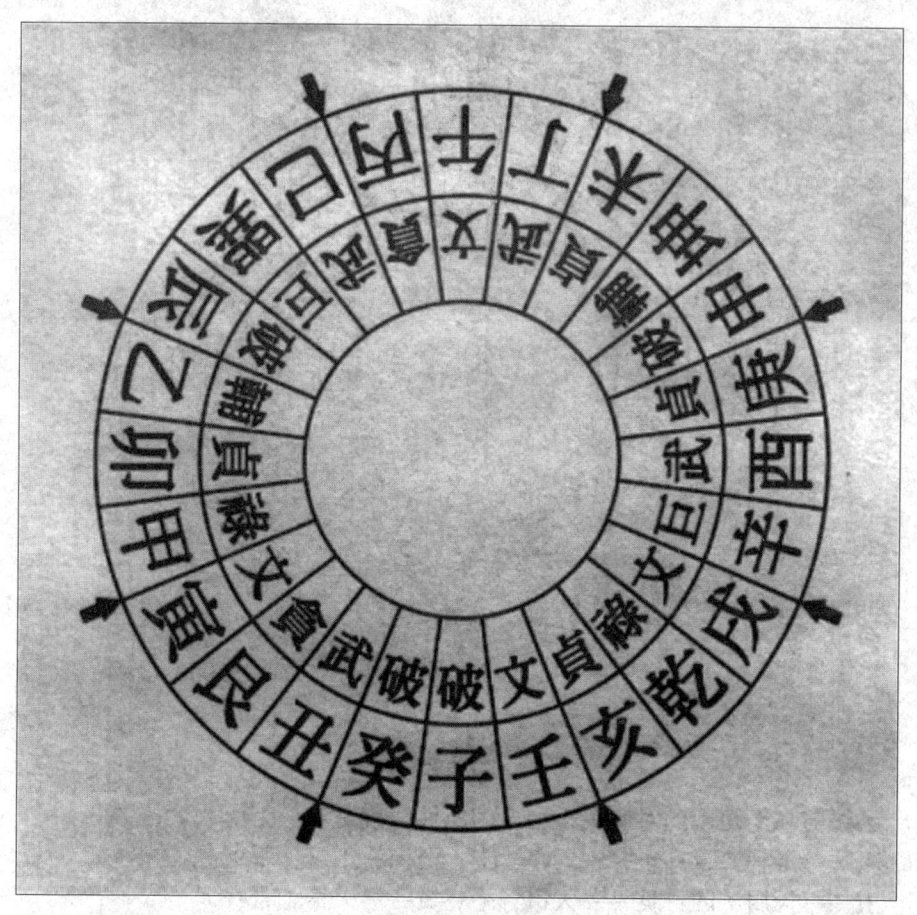

图 97　坐山九星盘

然后再利用前面第三章的"地母卦掌诀图"上的纳甲法，推排出"二十四山"其他干支的九星属性。由"地母卦掌诀图"可以看出，八卦纳甲的规则是：四维卦各纳一个天干，即乾纳甲，坤纳乙，艮纳丙，巽纳辛；四正卦各纳一个天干与两个地支，即震纳庚、亥、未，离纳壬、寅、戌，兑纳丁、巳、丑，坎纳癸、申、辰。

由此得到二十四个坐山九星，即坤为辅星，乙为弼星（辅弼相同），乾、甲为禄存星，艮、丙为贪狼星，巽、辛为巨门星；震（即卯）、庚、亥、未为廉贞星，离（即午）、壬、寅、戌为文曲星，兑（即酉）、丁、巳、丑为武曲星，坎（即子）、癸、申、辰为破军星。

第5层：天星

——古代堪舆学家从天象中的某些星官选出了二十四个星官，与二十四山相配合，于是就有了二十四天星盘（图98）。

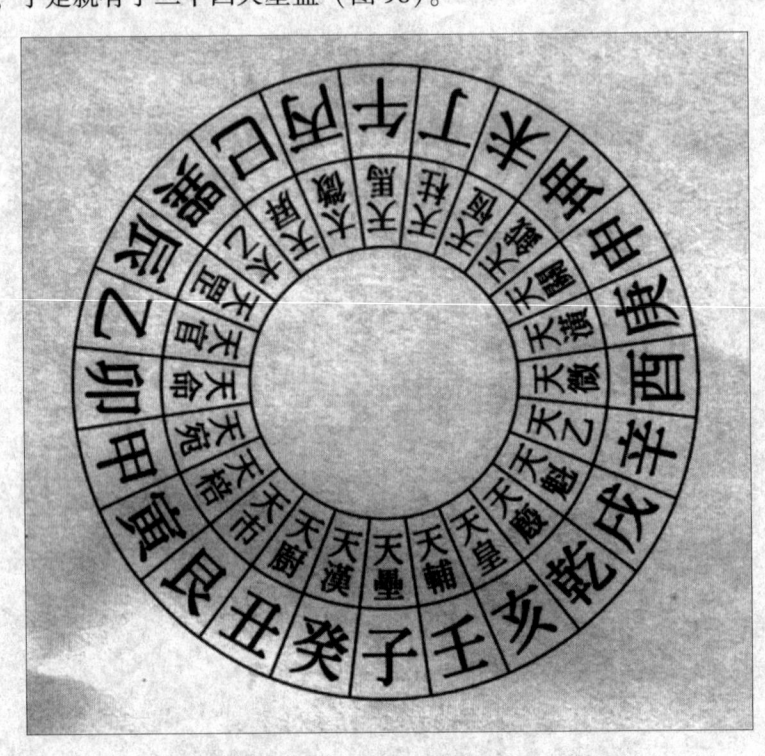

图98　二十四天星盘

天星与二十四山的对应关系与吉凶属性分别是：

壬——天辅，吉；子——天垒，吉；癸——天汉，平；

丑——天厨，凶；艮——天市，平；寅——天梧，吉；

甲——天苑，凶；卯——天衡，平；乙——天官，平；

辰——天罡，凶；巽——太乙，吉；巳——天屏，吉；

丙——太微，吉；午——天马，平；丁——南极，吉；

未——天常，凶；坤——天铖，平；申——天关，平；

庚——天潢，凶；酉——少微，吉；辛——天乙，吉；

戌——天魁，凶；乾——天厩，吉；亥——天皇，吉。

天星有吉凶之象，于是二十四山也就有了吉凶之义。《易经》说："在天成象，在地成形。"《青囊》说："天光下临，地德上载。"天星下映二十四位，星有美恶，则地有吉凶。一般认为，天星以四垣临照为最贵之地。例如紫微星垣

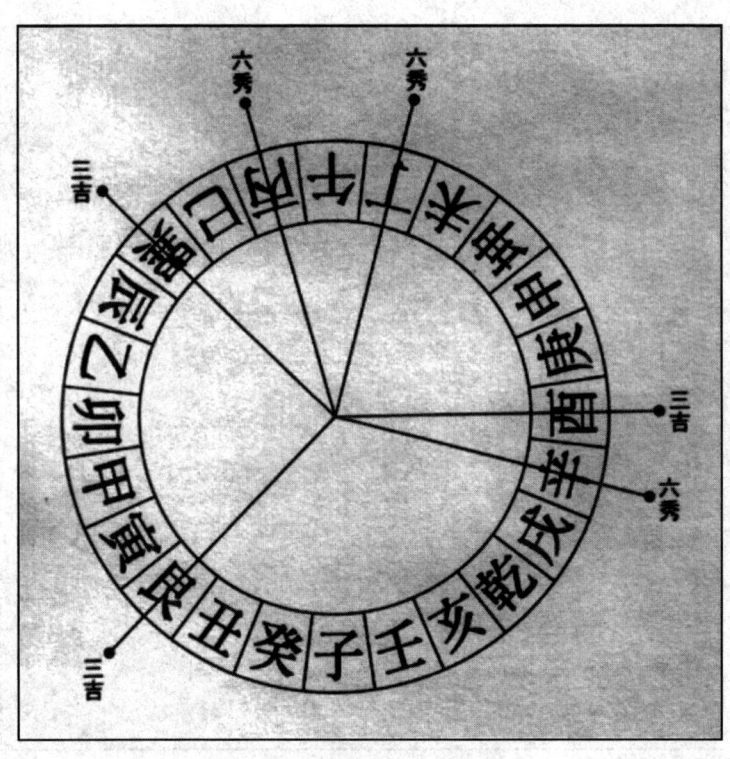

图 99　三吉六秀图

下临亥山（天皇），四辅下临壬山（天辅）；天市星垣下临艮山；少微星垣下临酉山（天微）、旁照庚山（天潢）；太微星垣下临丙山（太微）、巳山（天屏），旁照巽山（太乙）。这些皆为最贵之星。其次如长寿之星——南极星下临丁山，文曲之星——天乙星下临辛山，战争之星——司命星下临卯山，也都是大吉之象。天星贵，则地吉。正是根据以上这些说法，古人从"二十四山"里总结出了所谓的"三吉六秀"来（图 99）。其中"三吉"是指巽山、艮山、酉山；"六秀"是在"三吉"（巽山、艮山、酉山）的基础上，再加上丙山、丁山与辛山。换言之，"三吉"包括于"六秀"之中。

第 6 层：正针二十四山

——即内盘二十四山，又称地盘二十四山，或地纪二十四位（图 100）。其用途：格龙、定向、乘气、入穴及阴阳选择。正针上应天时二十四节气，下行地中二十四山方。盘中指数如指在某节气，则生气临在其对应的一方。

在正针一层，二十四山有些用红字表示，有些用黑字表示，这是什么原因呢？

原来，此圈中引入了所谓的净阴净阳概念，即以洛书之数推卦气阴阳——按照先天八卦与洛书的对应关系，乾数为九、坤数为一、离数为三、坎数为七，

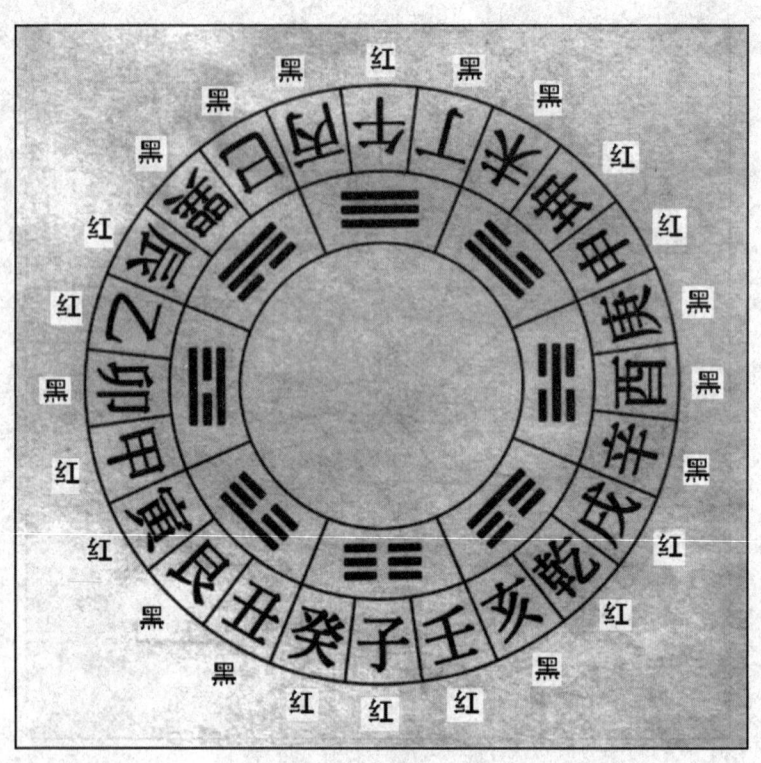

图 100　红黑阴阳图

乾、坤、离、坎皆为奇数，奇数为阳，所以该四卦为阳卦，四卦所对应的四个座山（乾、坤、午、子）因而为阳；四卦所纳的干支（乾纳甲，坤纳乙，离纳壬、寅、戌，坎纳癸、申、辰）夫贵妻荣，亦跟着成为阳山。盘面阳卦都用红字表示，其余为黑，所以又称"红黑阴阳"。

第 7 层：二十四气

——即二十四节气（图 93 第 12 层），是古代中国灿烂历法文化的结晶。早在西汉时期，我国就已经用二十四节气来注历了。

为了记忆方便，古人从二十四节气的每个节气各取一字，编成口诀如下：

> 春雨惊春清谷天，夏满芒夏暑相连，
> 秋处露秋寒霜降，冬雪雪冬小大寒。

二十四节气的制定，综合了天文学、气象学与物候学的知识。从节气的含义可知，二十四节气可以分为四类：（1）表示寒来暑往变化的有：立春、春分、立夏、夏至、立秋、秋分、立冬、冬至八个节气；（2）象征气温变化的有：小暑、大暑、处暑、小寒、大寒五个节气；（3）反映雨雪降水的有：雨水、谷雨、白露、寒露、霜降、小雪、大雪七个节气；（4）反映物候农事的有：惊蛰、清明、小满、芒种四个节气。

有人以为二十四节气属于阴历，其实不对。它完全是根据阳历划定的。关于这一点，只要注意一下每年的"立春"都在阳历2月4日，"清明"都在阳历4月4日或4月5日，"立秋"都在阳历8月7日或8月8日，就可以明白。

在罗盘盘面，二十四节气一般沿顺时针方向排列，它们与地盘正针二十四山里面的十二地支（分别代表一年的十二个月），存在着相互对应的关系。如一月建寅，对应节气为立春、雨水；二月建卯，对应节气为惊蛰、春分；三月建辰，对应节气为清明、谷雨。其他依此类推。同时，二十四节气也与天盘缝针的二十四山，存在着一一对应关系。如艮为立春，寅为雨水，甲为惊蛰，卯为春风，巳为清明，辰为谷雨，等等。由于二十四节气与天盘缝针可以一一对应起来，所以，在有些罗盘上，并不单独列出二十四节气一层，而是把它与天盘缝针合起来装入一层。

二十四节气与二十四山的对应关系，是堪舆家进行时空转换与时空选择的一个必要工具。

二十四节气盘，主要用来取太阳到山用。这里，"太阳"指日球，"到山"是指太阳运行到二十四山的某山方位。二十四山每山的太阳到山时间依次为：艮——立春，寅——雨水，甲——惊蛰，卯——春分，乙——清明，辰——谷雨，如此等等。而如所周知，朝向位于座山的反方向上，二者相差180度。因此，如果说，太阳立春到艮山，那么，十二个节气后，它就转移到了艮山的对向——坤向上。所以，对于艮山而言，太阳立春到山，立秋则到向。同样，寅山则是雨水到山，处暑到向。依次类推。

在太阳到山、太阳到向之外，堪舆家还提出了个"太阳三合照"的概念。这里，所谓"三合照"，是指与二十四山每山构成正三角关系的另外两山。例如子山的"三合照"在辰方、申方，艮山的"三合照"在丙方、辛方。"三合照"及座山之间的夹角都是120度。换言之，"三合照"是指八个节气（120天）与十六个节气（240天）之后太阳的所在方位，因此也称"太阳到方"。

堪舆家认为，太阳为星宿之主，照临四方，善宿遇之增辉，恶宿遇之敛伏。因此，择选吉日时，应选择太阳到向、太阳到方与太阳到山的时间进行。

在太阳到山、到向与到方三者之中，由于太阳到向为阳光正照，阳气充足，所以为上吉；太阳到方则为阳光偏照，与座山形成三方拱卫之势，所以为中吉；而太阳到山则为阳光后照，后照光气不足，所以为次吉。

二十四节气，归根结底是一种时间文化。它在罗盘盘面的分布结构当然应该是顺时而行。至于"三元盘"把二十四节气逆排，只不过是一种活用罢了。如果说，顺排为"体"，逆排为"用"，那么，"体"、"用"相比，我们当然还应该以"体"为主。

第 8 层：穿山七十二龙

——即在地盘正针二十四山之下，每山再各设三位，一共合七十二位，称为"穿山"、"穿山虎"或"穿山七十二龙"，又称"地纪七十二龙"（图101）。盘面用六十甲子加八干四维表示。

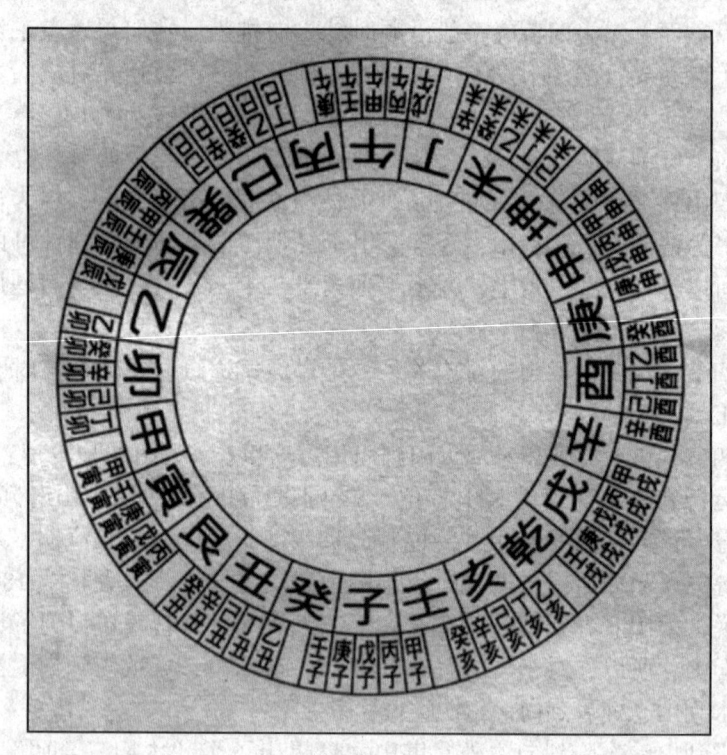

图 101　穿山七十二龙盘

"穿山七十二龙"的用途主要是坐穴。凡坐穴当避其"大空亡"、"小空亡"、"小差错"等煞。"大空亡"位于八干四维处，在盘面用空格表示，如指针压在这十二格，主凶。"小空亡"位于七十二龙的中缝，"小差错"位于二十四山的中缝，也主凶。例如：壬山只可坐癸亥、甲子两方，子山只可坐丙子、庚子两方，癸亥、甲子之间的空格及丙子、庚子之间的空格，皆为"大空亡"，不可压坐。

第 9 层：正针一百二十分金

——即在地盘正针二十四山之下，每山各设五位，一共合一百二十位，称为"正针一百二十分金"（图102）。其排列规律是将六十甲子按照地支属性不同，分别排入正针二十四山中所对应的十二个地支里，例如甲子、丙子、戊子、庚子、壬子，要一起排入二十四山的"子"山名下；乙丑、丁丑、己丑、辛

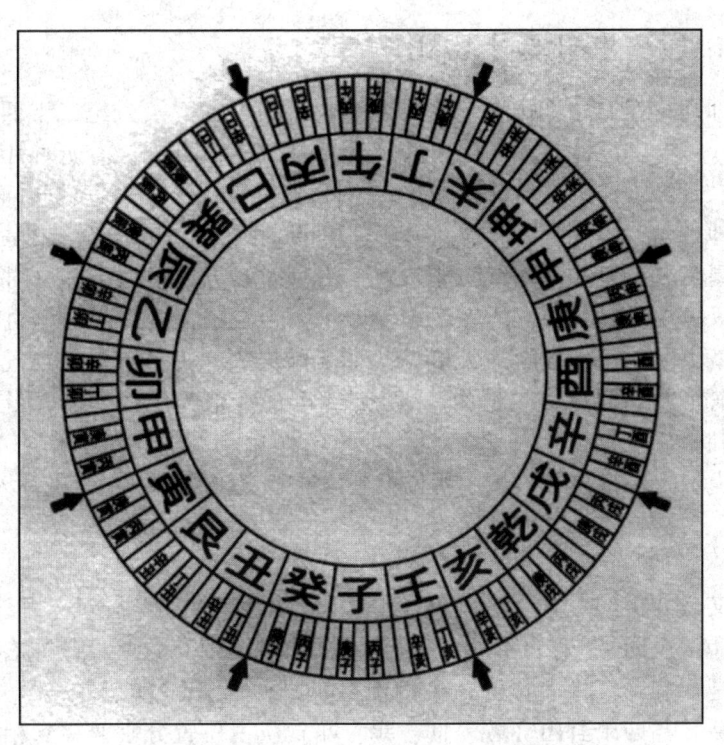

图 102　正针一百二十分金

丑、癸丑，要一起排入二十四山的"丑"山名下；甲寅、丙寅、戊寅、庚寅、壬寅，要一起排入二十四山的"寅"山名下；如此类推。这样，就把六十甲子分别纳入到了十二地支名下。

　　然后，将这一过程重复进行一次，再把六十甲子分别纳入到二十四山中十二地支的顺行方向的相邻之山（如子山邻癸，丑山邻艮，寅山邻甲，等等）名下。这样，就最终组成了罗盘盘面的"正针一百二十分金"。

　　需要指出的是，在清代有些罗盘上，"正针一百二十分金"与"正针二十四山"并非完全相对，而是沿顺时针方向，向前旋转一个分金（大约三度）的度数。这是什么原因呢？

　　原来，古人早已发现，罗盘子午线（即地磁子午线）与日影子午线（即地理子午线）并不完全重合。比起罗盘子午线来，日影子午线的午线略向丁方偏离半位。因此，将"正针一百二十分金"向前旋转一个分金，正好可以校正地磁子午线存在偏角的问题。不过，这种按照地理子午线来设定"正针分金"的罗盘，现在市面已很难见到。

　　"正针分金盘"的用法是，在一百二十个分金里，凡天干为丙、丁、庚、辛者，属于"旺相"；凡天干为戊、己者，属于"龙甲"；凡天干为壬、癸、甲、乙者，属于"孤虚"。其中，"旺相"分金吉利可取，"龙甲"与"孤虚"皆不可取。可以说，"正针一百二十分金"，是对正针二十四山的一种细化。

第10层：中针二十四山

——即"中盘二十四山"，又称"人盘二十四山"、"人纪二十四位"（图93第9层）。与"正针二十四山"相比，"中针二十四山"沿逆时针方向旋转半位即7.5度，这样，中针的子午线就对着正针的壬子、丙午之间。中针人盘参合天、地二盘，以配合天、地、人三才里的"人才"其用途主要是格龙消砂和辨别天星贵贱。例如，正针亥龙入首，沿顺时针方向，前半部分对着的是中针亥山，天、地二盘如果都压在亥山，属于大吉之象；而后半部分对着的是中针壬山，就天星而言，亥山（天皇）犹如元配夫人，为紫微星垣正气所在，而壬山（天辅）则只是紫微星垣的"偏房"，因此，中针压在壬山，当然不如压在亥山吉利。

罗盘上的十二宫分野、二十四位天星与透地奇门等层，皆由中针人盘统属。

第11层：透地六十龙

——又名"天纪"或"六十分金"，其功能主要是顺应天气，以辨别龙脉贵贱（图103及图93第11层）。下盘地点一般选在住宅之后八尺左右。其盘面结构特点是：首先，将"正针二十四山"的八个干山（甲、乙、丙、丁、庚、辛、壬、癸）与四个卦山（乾、艮、巽、坤）所占位置分别兼并到相邻的十二个地支名下；然后，再把"六十花甲"依次排列到扩张后的十二地支之下，每支各排五位，分别用甲、丙、戊、庚、壬、乙、丁、己、辛、癸顺排。

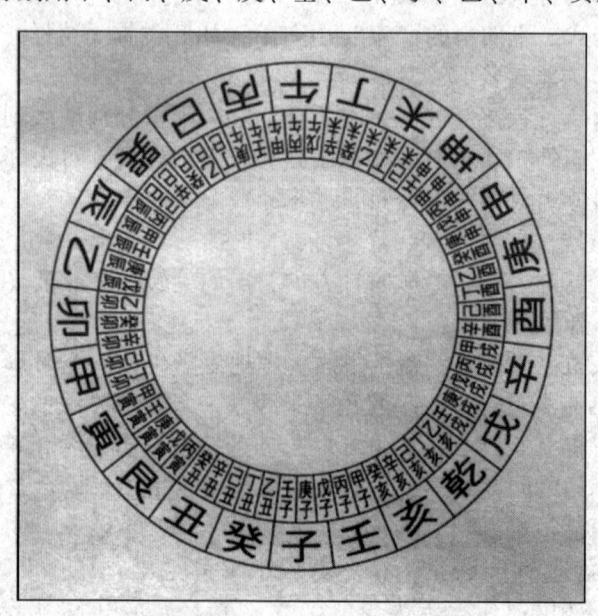

图103 透地六十龙盘

在清代，因地域不同，"六十分金"的刻画起点也稍有差别。南京盘是用正针的十二地支分别兼并其前边一"山"的领地，如子领壬地，丑领癸地，寅领艮地等，这样，其"分金"的起点就是正针二十四山的壬初。江西盘是用缝针十二地支分别兼并其前边一"山"，这样，其"分金"起点就是缝针二十四山的壬初，即正针二十四山的壬中。徽州盘则是用正针十二地支分别兼并其后边一"山"的领地，如子领癸地，丑领艮地，寅领甲地等，这样，其"分金"起点就是正针二十四山的子初。徽州盘"分金"起点法，据说是由赣派祖师杨筠松传授。

"六十分金"的用法是：首先，把邵尧夫的先天六十四卦圆图，去掉乾、坤、坎、离四个正卦，将剩余的六十卦配入"六十分金"，配卦规则是，甲子配"比"，丙子配"剥"，戊子配"复"，"复"卦正当"子山"正中；然后，根据卦象是否"冲和"，判断"六十分金"到底是吉是凶。

《老子》说："一阴一阳谓之道"，这里，所谓"冲和"，就是指六十卦中那些上下两卦阴阳相配的卦象，至于那些上下两卦阴阳不相配的卦象，则称作"不冲和"。凡坐穴之卦，如果其外卦是震、艮、巽、兑，就叫"冲和"；如果其外卦是乾、坤、坎、离，就叫"不冲和"。卦象"冲和"，"分金"即为"旺相"，主吉；卦象"不冲和"，"分金"即为"空亡"，主凶。

例如：正针壬山来龙，"六十分金"如果压在甲子之上，甲子配"比"，"比"卦外卦是坎，为"不冲和"，"不冲和"分金即为"空亡"；如果压在丙子之上，丙子配"剥"，"剥"卦外卦是艮，为"冲和"，"冲和"分金即为"旺相"。关于"六十分金"，廖金精说："得金不得卦，漫自空闲话；得卦不得金，枉自去劳心。"意思是，只有分金与卦象两相符合，方为完全之策。

第12层：透地奇门

——"透地奇门"，又称"遁甲"，其法以十天干的乙、丙、丁为三奇，以戊、己、庚、辛、壬、癸为六仪；三奇、六仪，分置九宫，以甲统领；然后根据加临吉凶，以为趋避，故称"遁甲"，又叫"奇门遁甲"，堪舆界也称"透地奇门"。

在"奇门遁甲"里，八门是指：开门、休门、生门、伤门、杜门、景门、死门、惊门（图104）。八门口诀是："乾开坎休艮是生，震伤巽杜景离门，坤死兑惊分八卦，即从本卦上推论"。八门的求法是：以本龙所得卦位挨换。例如，龙脉若压丙寅，对应卦位为"小过"，"小过"卦象为震上艮下，震既是生门，挨换则知开加兑，休加乾，生加坎。

杜	景	死
伤		惊
生	休	开

图104 八门九宫图

六己	六甲 六癸	六辛
六庚	六戊	六丙
六乙	六壬	六丁

图105 离卦三奇图

在"奇门遁甲"里,"三奇"的求法是:如果座山位于洛书一宫、三宫、七宫、九宫四个阳宫,则从本宫起甲子,六甲与六癸合占一宫,逆行九宫,所得乙、丙、丁三干所在,即为"三奇"。例如:离卦从九宫起甲子,逆行九宫,则"乙奇"位于八宫,"丙奇"位于七宫,"丁奇"位于六宫(图105)。

反之,如果座山位于洛书二宫、四宫、六宫、八宫四个阴宫,则从本宫起甲子,六甲与六癸合占一宫,顺行九宫,所得乙、丙、丁三干所在,即为"三奇"。

第13层:缝针二十四山

——即"外盘二十四山",又称"天盘二十四山"、"天纪二十四位"(图93第10层)。此盘之子午,在正针子癸、午丁中缝,故曰缝针。其用途专为立向,以占砂水之吉凶。

第14层:缝针一百二十分金

——即在天盘二十四山之下,每山各设五位,共合一百二十位,称为"缝针一百二十分金",专为趋吉避凶,配合缝针之细法。其排列规律与正针一百二十分金一样。每山五位,其中一、三、五位不可取,只有二、四两位可压。例如子山,甲子、戊子、壬子不可取,丙子、庚子可取。再如丑山,乙丑、己丑、癸丑不可取,丁丑、辛丑可取。其余类推。

有些罗盘在"缝针一百二十分金"外圈还设置有"赤道三百六十度"一层，即将"缝针一百二十分金"每金再细分为三份，这样共得三百六十度，主要用来辅助"缝针"分金时挨左挨右之用。"穿山"、"透地"与"正针一百二十分金"也可以借用。例如"穿山七十二龙"的甲子龙，其所占赤道度数，就相当于二十八宿里的危星 11 度至危星 9 度。

第 15 层：盈缩六十龙

——在现实中，由于星座的实际分布并不像罗盘上的二十四天星那样整齐划一，所以，为了更加逼近实际天象分布，近代堪舆家又发明了"盈缩六十龙"（图 106）。由于这层罗盘是根据二十八宿所占星度的实际宽狭，将"透地六十龙"或盈或缩，故称"天纪盈缩六十龙"，简称"盈缩六十龙"。其用途是格龙乘气。

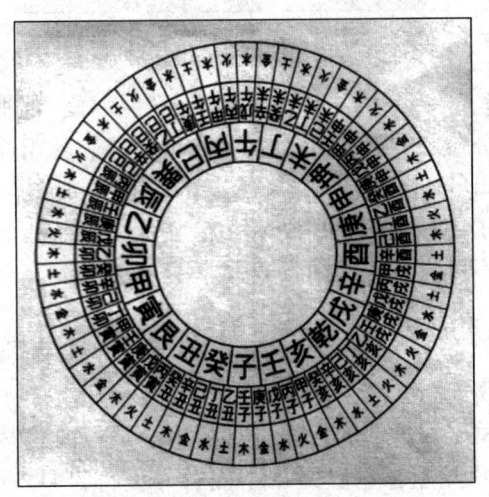

图 106　盈缩六十龙

"盈缩六十龙"的排列次序与"透地六十龙"一样，但是，每龙的分位却并非均等划一，而是有宽有窄。例如，最宽的辛卯龙与辛未龙各占 10 度空间，而最窄的己卯龙则只占 3 度空间。其用法，与"透地六十龙"相同，与"穿山七十二龙"互为表里。如果说"穿山"是下应地气以坐龙穴，那么，"透地"与"盈缩"则是上应天气以辨龙脉。在使用过程中，"盈缩六十龙"并无多少实际价值，有些罗盘也不列这一层。

第 16 层：宿度五行

——"宿度五行"，又叫"浑天星度五行"、"浑天分度五行"。宿度即浑天星度，是指二十八宿的周天度数，共有 365.25 度，对应一年的 365 天。给浑天星度配上五行，就是"宿度五行"了（图 107 第 3 层）。

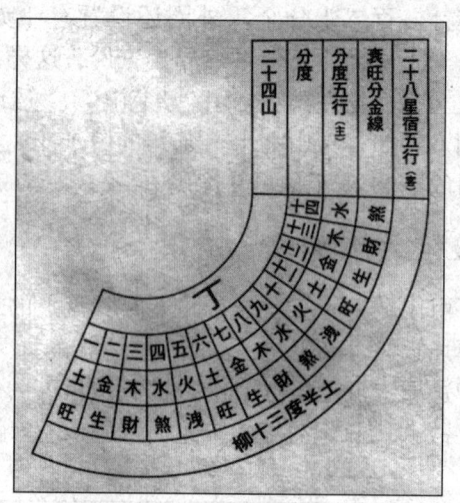

图 107　周天宿度与宿度五行

　　由于"宿度五行"的分位与"盈缩六十龙"一样，都根据的是二十八宿的度数，因此其五行分位与"盈缩六十龙"完全一致。其用途也主要是配合"盈缩"来使用。

　　"宿度五行"的用法是来水度数不可克坐下度数，坐下度数不可克来龙度数，而来水度数也不可克来龙的纳音五行。

第 17 层：天度吉凶

　　——此圈是将周天 365 度，按照金、木、水、火、土的次序循环配上五行，然后根据分度五行与所在星宿五行的生克关系确定吉凶关系（图 107 第 4 层）。在市面流通的多数罗盘上，一般是用不同符号，将吉日、平日、关煞、空亡、差错分别标点在周天度数中，以便于人们分金坐度之用，所以也叫"吉凶点明"。

第 18 层：周天宿度

　　——此圈排列出了周天二十八宿及其每宿各自所占的分度（图 107 第 5 层）。二十八宿所占度数并不全是整数，有些还带零头。如果零头为四分之一度，盘面则标以"少"字；如果零头为二分之一度，盘面则标以"半"字；如果零头为四分之三度，盘面则标以"太"字。例如"井"宿为"三十少"，"箕"宿为"九半"，"斗"宿为"二十二太"。所以这一层也叫"太少度数"。有些罗盘还在这一层为二十八宿每宿标出了五行属性。

6.3 三元罗盘结构简述

在《归厚录》中，蒋大鸿引《玄龙经》"盘铭"说："天地定位，阴阳迭更。仰观俯察，河洛呈文。先后八卦，体用咸明。抽爻换象，顺逆推寻。五德为纬，四七为经。宫移度改，分秒殊情。磋彼庸术，罔识权衡。删邪表正，协古宜今。分无定卦，测日推星。天极月库，来往皆春。"可以说，三元盘即蒋盘的核心思想，都体现在这首"盘铭"里，"盘铭"是三元盘的灵魂。

由于三元盘的大多数层面与三合盘相同，因此我们不再一一重复解说。下面，只简单介绍一下三元盘的基本结构，即各层的主要名称与用途：

中心：天池

——用作天地定位。

第1层：先天八卦

——乾上坤下，左离右坎，兑居东南，艮居西北，巽在西南，震在东北（图108第1层）。

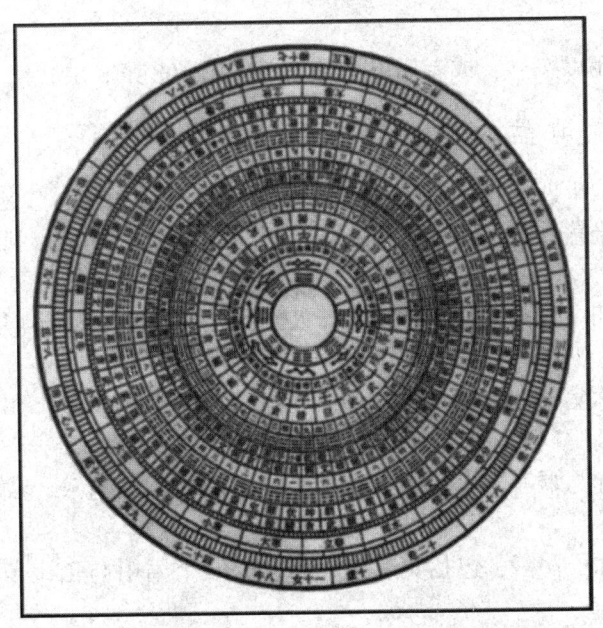

图108 十八层三元罗盘（清代，蒋盘）

第2层：洛书

——戴九履一，左三右七，二四为肩，六八为足，五十归中。坎一、坤二、震三、巽四、中五、乾六、兑七、艮八、离九（图108第2层）。

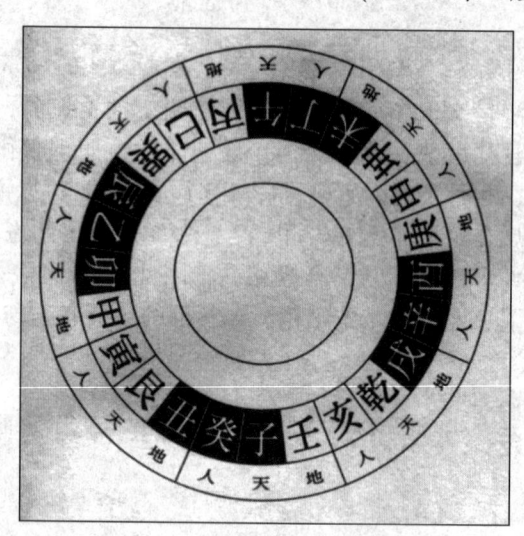

图109　二十四山阴阳与三元归属图

第3层：天星

——或者用以拨砂，或者用以排龙立穴（图108第3层）。

第4层：地盘正针

——正针二十四山，一卦管三山。有道是"先天罗经十二支，后天再用干与维，八干四维辅支位，子母公孙同此推。"指的正是正针二十四山（图108第4层）。

正针二十四山分天元宫、地元宫与人元宫三宫（图108第4层，图109第2层、第3层）：

天元宫又称父母宫，包括乾、坤、艮、巽四个阳山与子、午、卯、酉四个阴山。

地元宫又称媳婿宫，包括甲、庚、壬、丙四个阳山与辰、戌、丑、未四个阴山。

人元宫又称子女宫，包括寅、申、巳、亥四个阳山与乙、辛、丁、癸四个阴山。

由于蒋盘删除了中针、缝针的内容，只设地盘正针二十四山，并将二十四山分为天元宫、地元宫与人元宫三宫，进行着重论述，所以，蒋盘又叫三元盘。

第5层：起星诀

——即坤壬乙诀，用于替卦（图108第5层）。

第6层：后天方图玄空五行

——洛书九数，如果去掉中宫之五，从一宫开始逆数，则相连四数分别为：一、六、七、二；剩余四数如果顺数，则分别是八、三、四、九。去掉中宫之五的洛书八数，可以代表后天八卦。后天方图玄空五行就是根据洛书排列而成。其构成规律是用子午线将罗盘分为两半，以二十四山的午山为起点，左半盘逆排洛书一、六、七、二、八、三、四、九八个数，右半盘顺排洛书一、六、七、二、八、三、四、九八个数（图108第6层，图109第2层）。

第7层：后天方图内三爻

——后天方图内三爻，乾、兑、离、震，阳；巽、坎、艮、坤；阴（图108第7层）。

第8层：后天方图六十四卦

——其卦序依照邵雍的后天方图六十四卦排列（图108第8层，图110第3层）。

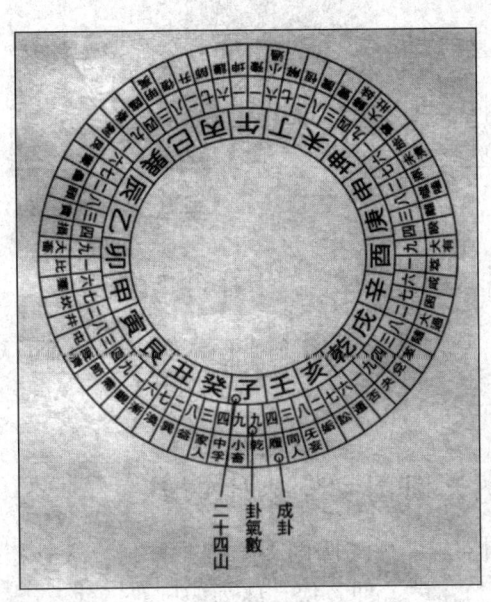

图110　后天方图化圆图六十四卦

第9层：后天方图九星

——有人称之为：“北斗七星去打却”（图108第9层）。

第10层：先天圆图玄空五行

——先天圆图玄空五行，其构成规律是用子午线将罗盘分为两半，以二十四山的子山为起点，左半盘顺排洛书一、六、七、二、八、三、四、九八数，右半盘逆排洛书一、六、七、二、八、三、四、九八数。先天圆图玄空五行，需要与后天方图玄空五行合起来使用（图108第10层，图111第2层）。

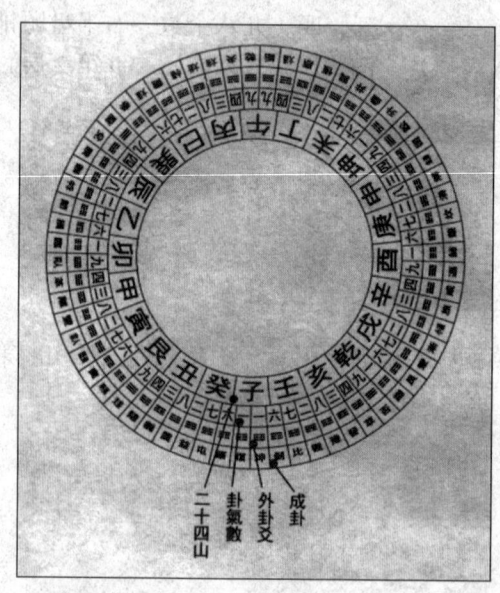

图111　先天圆图

第11层：先天圆图玄空大卦外三爻

——先天圆图玄空大卦外三爻（图108第11层，图111第3层）。其中，乾、兑、离、震为阳卦，巽、坎、艮、坤为阴卦；“阳从左边团团转，阴从右路转相通”。

第12层：先天圆图玄空六十四卦

——其卦序依照邵雍的先天圆图六十四卦排列，八卦相荡而成（图108第12层，图111第4层）。乾、坤、坎、离为四阳卦，巽、震、艮、兑为四阴卦。阳阳、阴阴为雄，阳阴、阴阳为雌。主要用于抽爻换象，也可以用于龙峰向水的配合。

第13层：玄空大卦挨星诀

——要点是：贪狼、弼星为南北父母卦，巨门、禄存、文曲为江东逆息卦，武曲、破军、辅星为江西顺子卦（图108第13层）。

第14层：三百八十四爻

——六十四卦，每卦六爻，配以爻辰后，可以分为父母、兄弟、官鬼、妻妾、子孙等爻，然后以此判断吉凶（图108第14层）。

第15层：二十四节气盘

——逆排二十四节气，主要用来推排太阳到山的时间，又称太阳到山盘（图108第15层，图112第2层）。

在三元盘里，该层罗盘的结构特点是：从二十四山的"子"半开始，逆排二十四节气，这样，二十四山每山的太阳到山时间依次为：壬——立春，亥——雨水，乾——惊蛰，戌——春分，辛——清明，酉——谷雨，庚——立夏，申——小满，坤——芒种，未——夏至，丁——小暑，午——大暑，丙——立秋，巳——处暑，巽——白露，辰——秋分，乙——寒露，卯——霜降，甲——立冬，寅——小雪，艮——大雪，丑——冬至，癸——小寒，子——大寒。

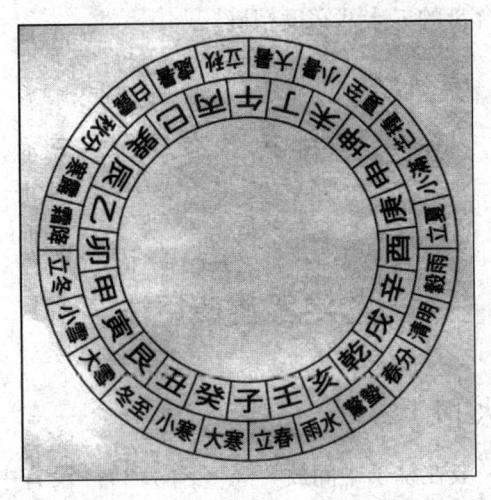

图112　太阳到山盘

知道了太阳到山的时间，自然也就容易推出太阳到向与太阳到方的时间方位了，例如壬山，太阳立春到山，立秋到向，芒种到坤，寒露到乙，坤方、乙方就是太阳到方的位置，即"三合照"位置。又如亥山，太阳雨水到山，处暑到向，夏至到未，霜降到卯，未方、卯方就是太阳到方的所在。其他依次类推。择选吉日时，应选择太阳到向、到方与到山的时间。

第 16 层：七十二候

——每一节气三候，每候五天，一周三百六十日，以成年岁。元运由此而出（图 108 第 16 层）。

第 17 层：周天三百六十度

——配二十八宿度（图 108 第 17 层）。

第 18 层：二十八宿

——地轴与地轨成 23 度半夹角，即黄赤大距。地球旋转时与太阳、月球之引力相距，而使地轴旋绕垂直于黄道面之轴，作圆锥运动，是为"岁差"。二十八宿度亦随"岁差"而动。因此，古今二十八宿度的所占分度并不完全统一，而是存在微小差别。近现代的罗盘大多使用宋开僖历所定的二十八宿。三元盘调整并简化了二十八宿所占分度，度数直取整数，取消了"少"、"半"、"太"等零头说法，调整后的二十八宿分度与三合盘出入较大，例如在近代徽州产的三合盘上，角宿为 12 度太；而在三元盘上，角宿则为 11 度。又如氐宿，三合盘为 16 度少，三元盘则为 18 度。再如箕宿，三合盘为 9 度半，三元盘则为 9 度（图 108 第 18 层）。比起三合盘来，三元盘的二十八宿度相对要简单一些，缺点是不如三合盘的二十八宿度精确。

6.4 阳宅罗盘使用方法

静宅罗盘使用法

1. 测量外大门

测量外大门，一般在院子中间放罗经（图 113）。没有中间，在正厅下滴水处放罗经。

2. 测量排水沟

放水（测量排水沟出口），如果是门内的排水，在天井中心放罗经，重点在天井。如果是门外的排水，在门限上放罗经，重点在大门（图 113）。

3. 测量床位

凡看床，院落住宅在卧室的正梁下放盘，以床坐山星入中宫，飞布八方，论八卦阴阳，以配夫妻；相生为吉，相克为凶。

床坐乾、坎、艮、震，为阳，则床是"夫"；房门宜开巽、离、坤、兑，为阴，则门为"妻"。若门克床，主伤夫；床克门，主伤妻。

床坐巽、离、坤、兑为阴，则床是"妻"；房门开乾、坎、艮、震为阳，则门为"夫"。若门克床，主伤妻；床克门，主伤夫。

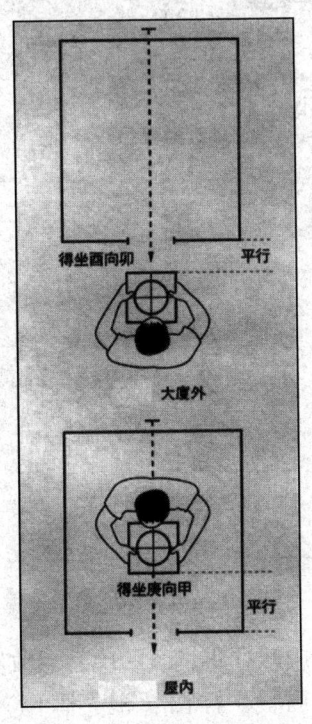

图 113　房屋内外罗盘看法

以上为《阳宅秘奥》的方法。而《宅法举隅》的方法则是：把罗经放在床沿边的中央位置，看房门在何字（此法是用二十四山、正五行），要与卧枕（床头）相生或比和。右枕去生门，虽为"泄气"，亦主得子。

如何判断阳宅主体？团体机构，以行政大楼为主。寺庙，以正殿为主。住宅，以最高大的房子为主。

现代都市空间狭窄，建筑形式、材质、格局，皆与古代不同。现代住宅、公寓的结构配置，大致包括：客厅、起居室、主卧房、客房、子女房、浴室、餐厅、厨房、楼梯、电梯、侧门（安全门）、后门、前门（大门）、阳台、书房（琴房）、音响室。公司楼宇的结构配置则包括：董事长室、总经理室、员工办公室、秘书室、会议室、会客室、产品陈列室、营销部、餐厅部、简报室、通道等。由于古今建筑结构不同，功能有别，所以罗盘的下法也应有所不同。

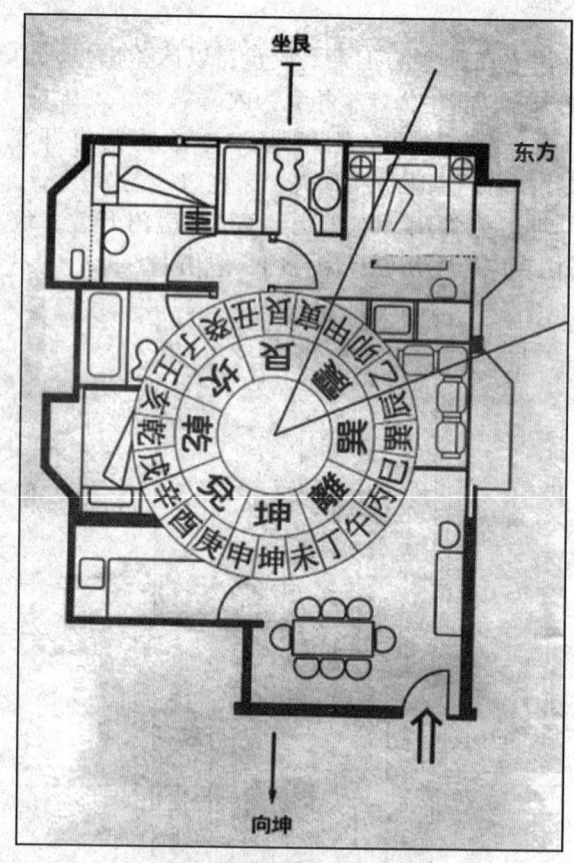

图114 现代建筑方位确定方法

一般而言，现代建筑，应从整座建筑的中心点放罗经（图114）。

山——指卧房、床铺、厨灶、神位（祖先牌位）、炉灶、书房、电视、写字台。总之，凡高大厚实及静态的物品皆可以归属到"山"的范畴。

水——浴厕、通道、窗户、自来水、鱼缸、水塔、饮水机、电梯、楼梯、排水管、冷气、门路。总之，凡空凹低陷及动态的物品皆可以归属到"水"的范畴。

由于一物一"太极"，所以若是楼房，要分层看，每一层都要在中心点放罗经。每一间的中心点也可放罗经，察看摆设、门路与该间的吉凶。床铺则在床的中央察看房门、橱柜摆设与床的生克。

需要注意的是：由于现代建筑内部钢筋、钢架使用较多，对罗经的磁针影响很大，所以用罗经测定坐向时，必须在楼下外面、远离钢铁之处进行。坐向确定以后，才能把罗经拿至房内中心点，以"真正的坐向"（没受到钢铁影响的方位角）来确定各个方位的配置。

形状整齐的房子，可以用对角线相交的方法求得中心点。若是形状不规则的建筑物，可用数学方法来求出中心点。

动宅、变宅罗盘用法

关于阳宅动宅、变宅的下罗经法，古今之说甚多，其法不一，赵九峰著《阳宅三要》，有"各具一太极，定主、定门、定灶法"之说，为切中之论。录之于下：

夫双山二十四字，不能越乎八卦之外，何也？盖一卦管三宫，如戌乾亥三字皆属乾卦，壬子癸三字皆属坎卦。故看主不论一院、两院、五院及十院、八院，亦不论正房偏房，亦不论是前院后院、左院右院，总以最高大者为主。房高大，以屋脊论，非专以正房论高大也。即在高大房之正院中下一罗经，看高大房之房门，在八卦双山某宫某字上，即为某主。至于大门，是言出街之大门，非论门之大小也。欲主吉凶者，非看此门不能。若夫看灶，则又有别矣，是以灶之房门定，而非以灶门定灶也。但厨房多有小院，漏（露）天者即下罗经，若厨房前后有两门，即下两罗盘，以定吉凶。八八六十四门，八八六十四主，八八六十四灶，用此三盘看法，再无不准之阳宅。此各具一太极看法，各院布各院之八卦，各院取各院之吉凶，又合拢来看门、主、灶相生相克；相生断吉，相克断凶，家家全应，此皆予历验试准之法，真看阳宅之神术妙诀也。

如所周知，一层院落为"静宅"，二至五层为"动宅"，六至七层为"变宅"，七层以上为"化宅"。

"静宅"在天井正中下罗经，八宅法用来分别东四命、西四命之方（宫）、大门、灶方。

"动宅"先在大门内、二门外的院子中心点下罗经，测定大门方位到底是在东四宅方，还是在西四宅方；再到最高大的房屋（以屋脊为准）院子中央下罗盘，用线牵到该屋的房门正中，以定东、西四宅方位。又于厨房院中下罗经，看灶房门在何宫，以定东四灶、西四灶。最后将门、主、灶三者综合，分别生克，以定吉凶。

"变宅"和"化宅"，其罗经用法与"动宅"相同。

奇针八法

判断方位是罗经的基本用途。除此之外，在使用过程中，古代有些堪舆家还依据罗盘盘面指针的某些特殊表现，直接推断地下有无埋藏物以及有何埋藏物，这就是古代风水上所说的"针法"。例如清人张觉正所著的《阳宅爱众篇》就收录有"奇针八法"：

一曰塘，塘者惧也，泛而不定，不归中线，地下必有怪石深潭，用之则祸。一云流针不定，其地巽巳丙方，九尺下有古板古器，出酒色女子，师巫孤寡贫穷之人。

一曰兑，兑者穿也，针横水面，不归子午，其地必有怪石，用之生虫胀，灾祸立至。一云摞针不转，其地艮寅方九尺下，有铁兽形豕卯皮大凶，后出哑女绝嗣。

一曰欺，欺者诈也，针见石而闪去，转而不稳，此是潭溪井池之地，主多哭声。一云摇针乱飞，其地是宫观神祠，主哑口死亡，女娼男盗。

一曰抛，抛者系投也，落针而半沉半浮，上不浮面，下不沉底，或一头沉一头浮，地下有坟冢伏尸，主多哭声。一云尸针沉水，其地北方六七尺下，有伏尸三个，主官司口舌，警怪吊死之事。

一曰沉，沉者没也，三次皆沉下，有坑尸古器，主家不和，邻不睦。一云灌针落地，主阴人产痫头痛心疼眼疾。又云重针落下之处，下有铜铁钱石青器古物神形之怪。

一曰逆，逆者不顺也，不把针头随石，却将针眼随石，下有忤逆伏尸古器，其败甚速。一云回针不正，是五姓人住石庄之地，主丁财两败。又云针飞不定，浮摇而乱，主出不才之人。

一曰侧，侧者，不正也，偏东偏西，不归中线，此地必是神堂古刹，不可用也。

一曰正，正者正也，针尖随石，不偏不倚，收归中线，大吉，可出官贵之人。

以上针法到底有无根据？是否准确无误？其应验率到底有多少？对于这些问题，希望我们今后能够给以回答。

第七章

理气风水与建筑尺度

风水理论是有关时空选择与时空处理的一种专门艺术，它对中国传统建筑的影响几乎无处不在，甚至于像房盖多高、窗开多大、门宽几尺这些具体而微的空间设计问题，也都是在风水理论指导下完成的。在这一章里，我们将探讨理气风水与传统建筑尺度的相互关系。

7.1 吉星压白

在古代建筑设计中，工匠们用来控制空间设计尺寸的主要是"尺白九星"与"寸白九星"。

尺白九星与寸白九星

"尺白九星"是指"贪狼"、"巨门"、"禄存"、"文曲"、"廉贞"、"武曲"、"破军"、"左辅"、"右弼"，即通常所说的"九星"。"尺白九星"配以五行，可以用来确定吉凶。其规则是：贪、巨、武、辅、弼，五星俱吉，其余俱凶。其星名对照、五行属性如表7所示，"尺白九星"与八卦组合，一卦对应一个星位，辅弼二星合而为一。

"寸白九星"是指一白、二黑、三碧、四绿、五黄、六白、七赤、八白、九紫，也就是通常所说的"紫白九星"。营造要诀把这"紫白九星"称为"寸白九星"或"寸白九色"（表8），认为三白一紫（一白、六白、八白、九紫）为吉星，其余不吉。"寸白九星"的顺序、五行属性与表意详见表8。"寸白九星"与八卦组合，同样一卦对应一个星位，辅弼合一，尺寸定矣。

"尺白九星"分天父卦与地母卦两类，"寸白九星"也分天父卦与地母卦两类。尺白、寸白主卦与纳甲紧密相连，用于房屋营建之天父卦、地母卦所指某卦"一尺"、"一寸"对应的星座、宫色，从该星座、宫色推算，依九星、九色排列推衍出二、三……尺寸各自对应的星座、宫色；由需要控制的房屋的尺或寸的尾数所对应的星座、宫色的吉凶而知尺寸吉凶，以求出相应的吉利数，这个过程叫做"起卦"。

尺白九星 （表7）

尺白九星	贪狼	巨门	禄存	文曲	廉贞	武曲	破军	左辅	右弼
北斗星名	天枢	天璇	天玑	天权	玉衡	开阳	瑶光	辅星	弼星
五行属性	木	土	土	水	火	金	金	木	
表　意	生气	天医	祸害	六煞	五鬼	延年	绝命	伏位	伏位
吉　凶	大吉	大吉	凶	凶	凶	大吉	凶	次吉	次吉

寸白九星 （表 8）

紫白九色	一白	二黑	三碧	四绿	五黄	六白	七赤	八白	九紫
五行属性	水	土	木	木	土	金	金	土	火
表 意	休门	死门	伤门	杜门		开门	惊门	生门	景门
吉 凶	大吉	凶	凶	凶	凶	大吉	凶	大吉	次吉

天父卦"尺白九星"的起卦口诀是："乾弼离破，兑贪震巨，巽廉艮武，坎文坤禄。"

天父卦"寸白九星"的起卦口诀是："乾四绿，震七赤，巽五黄，坎二黑，离八白，坤三碧，兑九紫，艮六白。"

地母卦"尺白九星"的起卦口诀是："艮贪巽巨，乾禄离文，震廉兑武，坎破坤弼。"

地母卦"寸白九星"的起卦口诀是："乾一白，离二黑，震三碧，兑四绿，坎五黄，坤六白，巽七赤，艮八白。"

从起卦口诀可知，八卦同尺白九星和寸白九色组合的特点是：尺白无左辅；天父卦寸白无一白，地母卦寸白无九紫。

八卦算例

根据起卦口诀，可顺次推衍编排成表 9~表 16——"八卦算例"。房屋尺寸只需按其朝向所归属的坐山纳甲所属，直接于"八卦算例"表中查对，便可知其吉凶尺寸。在实际应用中，凡丈尾数为零者，视为一尺；同理，凡尺尾数为零者，视为一寸。

朝向确定之后，根据该朝向所对应之坐山并核对纳甲所属，可于八卦算例表中查对天父卦、地母卦的尺寸吉数。房屋垂直方向之前、后屋檐及脊桁面高各控制点（叫做天盘），由天父卦确定；沿面宽、进深方向的宽窄、深浅诸尺寸（叫做地盘），则由地母卦确定。

当然，在以下的八卦算例中，不管是天父卦也好，还是地母卦也好，尺白九星的吉星都是武曲、辅星、弼星、贪狼、巨门这五颗星，而文曲、廉贞、破军、禄存则都是凶星；寸白九星的吉星都是一白、六白、八白、九紫这四颗星，而二黑、三碧、四绿、五黄、七赤则都是凶星。在表 9~表 16 里，尺白九星与寸白九星的吉星皆用黑体字表示，而凶星则用宋体字表示。

理气风水

第七章 理气风水与建筑尺度

坎卦算例 (表9)

排列顺序		一	二	三	四	五	六	七	八	九
天父卦	尺白	文曲	廉贞	武曲	破军	左辅	右弼	贪狼	巨门	禄存
	寸白	二黑	三碧	四绿	五黄	六白	七赤	八白	九紫	一白
地母卦	尺白	破军	左辅	右弼	贪狼	巨门	禄存	文曲	廉贞	武曲
	寸白	五黄	六白	七赤	八白	九紫	一白	二黑	三碧	四绿

艮卦算例 (表10)

排列顺序		一	二	三	四	五	六	七	八	九
天父卦	尺白	武曲	破军	左辅	右弼	贪狼	巨门	禄存	文曲	廉贞
	寸白	六白	七赤	八白	九紫	一白	二黑	三碧	四绿	五黄
地母卦	尺白	贪狼	巨门	禄存	文曲	廉贞	武曲	破军	左辅	右弼
	寸白	八白	九紫	一白	二黑	三碧	四绿	五黄	六白	七赤

震卦算例 (表11)

排列顺序		一	二	三	四	五	六	七	八	九
天父卦	尺白	巨门	禄存	文曲	廉贞	武曲	破军	左辅	右弼	贪狼
	寸白	七赤	八白	九紫	一白	二黑	三碧	四绿	五黄	六白
地母卦	尺白	廉贞	武曲	破军	左辅	右弼	贪狼	巨门	禄存	文曲
	寸白	三碧	四绿	五黄	六白	七赤	八白	九紫	一白	二黑

震卦算例 （表12）

排列顺序		一	二	三	四	五	六	七	八	九
天父卦	尺白	廉贞	武曲	破军	左辅	右弼	贪狼	巨门	禄存	文曲
	寸白	五黄	六白	七赤	八白	九紫	一白	二黑	三碧	四绿
地母卦	尺白	巨门	禄存	文曲	廉贞	武曲	破军	左辅	右弼	贪狼
	寸白	七赤	八白	九紫	一白	二黑	三碧	四绿	五黄	六白

离卦算例 （表13）

排列顺序		一	二	三	四	五	六	七	八	九
天父卦	尺白	破军	左辅	右弼	贪狼	巨门	禄存	文曲	廉贞	武曲
	寸白	八白	九紫	一白	二黑	三碧	四绿	五黄	六白	七赤
地母卦	尺白	文曲	廉贞	武曲	破军	左辅	右弼	贪狼	巨门	禄存
	寸白	二黑	三碧	四绿	五黄	六白	七赤	八白	九紫	一白

坤卦算例 （表14）

排列顺序		一	二	三	四	五	六	七	八	九
天父卦	尺白	禄存	文曲	廉贞	武曲	破军	左辅	右弼	贪狼	巨门
	寸白	三碧	四绿	五黄	六白	七赤	八白	九紫	一白	二黑
地母卦	尺白	右弼	贪狼	巨门	禄存	文曲	廉贞	武曲	破军	左辅
	寸白	六白	七赤	八白	九紫	一白	二黑	三碧	四绿	五黄

兑卦算例 　　　　　　　　　　　　　　　　　（表 15）

排列顺序		一	二	三	四	五	六	七	八	九
天父卦	尺白	贪狼	巨门	禄存	文曲	廉贞	武曲	破军	左辅	右弼
	寸白	九紫	一白	二黑	三碧	四绿	五黄	六白	七赤	八白
地母卦	尺白	武曲	破军	左辅	右弼	贪狼	巨门	禄存	文曲	廉贞
	寸白	四绿	五黄	六白	七赤	八白	九紫	一白	二黑	三碧

乾卦算例 　　　　　　　　　　　　　　　　　（表 16）

排列顺序		一	二	三	四	五	六	七	八	九
天父卦	尺白	右弼	贪狼	巨门	禄存	文曲	廉贞	武曲	破军	左辅
	寸白	四绿	五黄	六白	七赤	八白	九紫	一白	二黑	三碧
地母卦	尺白	禄存	文曲	廉贞	武曲	破军	左辅	右弼	贪狼	巨门
	寸白	一白	二黑	三碧	四绿	五黄	六白	七赤	八白	九紫

吉星如何压白？

　　起卦的目的在于求得对应朝向的房屋尺寸的尾两位数（尺、寸）落在吉利星座上，称为"吉星压白"。建筑周围环境择其清幽、秀美；其控制尺寸通过起卦之限定，使之与朝向相适应，从而达到趋吉避凶，纳吉迎祥的目的。

　　然而，构成房屋的尺寸一般有丈、尺、寸（有时还小至分），吉星压白有压尺白和寸白两种办法。因房屋本身各部分尺寸有适应一定结构构造要求的尺寸幅度，某些情况下，往往很难既满足构造要求，又能使尺尾数压上吉星。遇到这种情况时，就可以在不影响构造做法的前提下，增加或减少几寸，以满足两者需求。这就叫做"尺白有尺尺白量，尺白无尺寸白量"。由此可知，"吉星压白"既有尺白、寸白之分，其中以压寸白为主，压尺白为辅。

　　起卦、吉星压白仅限定了房屋之面阔、进深、檐高、出檐诸尺寸，而门、窗之长、宽尺寸则由鲁班尺来掐定。院落之露天部分如天井、阳埕等则由宫步数来加以控制。

7.2 神秘莫测的鲁班尺

中国古代建筑的面阔、进深、柱高三者，为决定建筑之主要尺寸，在确定这些尺寸时，常以"压白"求其吉利。而在房中开门造窗，亦用"鲁班尺"选定吉利尺寸。

以往，"鲁班尺"的应用在历代木工匠师中，常常是师徒私授，秘不外传。使人们很少了解"鲁班尺"的度量依据、定制来源、运用方法以及有关内容。由此使"鲁班尺"神乎其神，玄而又玄。

鲁班尺的样式与文字

有关"鲁班尺"的内容大体包括四个方面：一、量度；二、形制；三、文字；四、用法。实际用途仅是两项：一、度量；二、择日。

据《鲁班经》载："鲁班尺乃有曲尺，一尺四寸四分；其尺间有八寸，一寸准曲尺一寸八分；内有财、病、离、义、官、劫、害、吉也。凡人造门用依尺法也"。该文在"曲尺之图"注文说："曲尺者，有十寸，一寸乃十分，凡遇起造经营，开门高低长短，度量皆在此上，须当凑对鲁班尺八寸，吉凶相度，则吉多凶少为佳，匠者但用仿此大吉（图115）"。

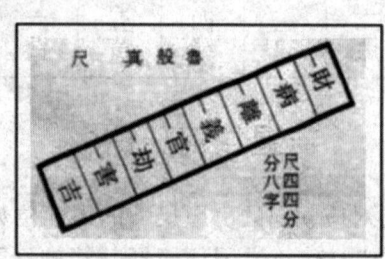

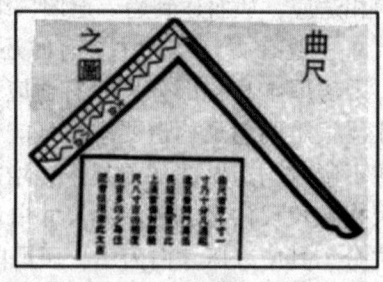

图115　《鲁班经》中的鲁班尺与曲尺

这两段记述，提到了两个尺：一、鲁班真尺；二、曲尺。鲁班真尺在流传使用中名称较多，有"鲁班尺"、"八字尺"、"门尺"、"门光尺"、"门官尺"等。这是一种刻有八等分，并注有文字的尺，通常称为"鲁班尺"。"鲁班尺"一般有正、反两面及两个侧面。正、反面除刻有八等分外，其他均为文字、诗句。是度量、凑对门、窗、床、器物吉凶的专用尺。故宫博物院收藏有"鲁班尺"实物。该尺长46.08cm，宽5.5cm，厚1.3cm。侧面也刻有文字，系开立、修造门窗，选择吉日所用。

曲尺为一种L形的木工度量用尺。一般短边是刻度十寸，每寸十分。长边尺、寸、分刻度与短边相同，但总长度各地不一，最长者不超过短边二倍。这种尺的尺、寸、分刻度与市面使用的市尺略有出入，是一种木工专用的度量工具，称为"营造尺"。鲁班真尺（即"门光尺"）的一寸等于曲尺一寸八分。据此我们可以肯定：鲁班真尺、鲁班尺、八字尺、门尺、门光尺是一种尺，为选定器物吉凶压字的专用尺；而曲尺为营造尺，有时也称做角尺或拐尺，主要用于度量、下料、计算、营造之用。

另外有的曲尺的横向短尺上，除刻画有营造尺的尺、寸、分的刻度外，尚有自一寸开始至九寸，每一寸刻度内顺序标写紫白星名：一白、二黑、三碧、四绿、五黄、六白、七赤、八白、九紫。这是用"营造尺"的寸度数字，来选取吉数之用。其中三个白字寸（即：一寸、六寸、八寸）为大吉数，紫寸（即：九寸）为次吉数。寸以下之分数与此相同。由此可见，我国古代匠师在制造器物、门窗，定其尺寸的吉凶时，需要将"鲁班尺"与"营造尺"并用。

由于历史及地区不同，各时期、各地区的"营造尺"量度很不一致，据吴承洛著《中国度量衡史》所载：每一"营造尺"合公制尺，最短的为27.50cm，最长的是北京和西安，为32cm。如以32cm为基本核算依据，"鲁班尺"折合1.44营造尺，合公制尺为46.08cm。这与故宫博物院所藏"鲁班尺"实物长度完全吻合。由此可见，此量度标准为宫式建筑用尺，其余小于这个量度单位的应系民间用尺。故宫"鲁班尺"反面刻有八个格，每个格又分五小格，其每一分等于营造尺3.6分，合公制尺1.52cm。

据明刻本《周书秘奥营造宅经·鲁班尺法》记载："其尺也，以官尺一尺二寸为准，均分八寸，其文曰财、曰病、曰离、曰义、曰官、曰劫、曰害、曰吉，乃北斗中七星与辅星主之。"该书录有《鲁班尺诗》一首："八位星辰世罕闻，古今排定合乾坤。阴阳未必全山水，祸福由来半在门。"并附"造尺样范"如图116：

贪狼	破军	武曲	巨门	文曲	廉贞	禄存	辅星
财	病	离	义	官	劫	害	吉

图116《周书秘奥营造宅经·鲁班尺法》

财	病	离	义	官	劫	害	吉

图 117 为《明鲁班营造正式》一书中的"鲁班尺"的样式。此外，该书还收录了八首"鲁班尺诗"，是用来解释尺面文字的。估计这些判断吉凶的"鲁班尺诗"当初也被匠人刻在"鲁班尺"的正面或背面。"鲁班尺诗"如下：

财字诗——"财字临门仔细详，外门招得外财郎。若在中门常自有，积财须用大门当。中房若合安于上，银帛千箱与万箱。木匠若能明此理，家中福禄自荣昌。"

病字诗——"病字临门招疫疾，外门神鬼入中庭。若在中门逢此字，灾须轻可免危声。更被外门相照对，一年两度送尸灵。于中若要无凶祸，厕上无疑是好亲。"

离字诗——"离字临门事不祥，仔细排来在甚方。若在外门并中户，子南父北自分张。房门必主生离别，夫妇恩情两处忙。朝日主家常作闹，惶惶无地祸谁当。"

义字诗——"义字临门孝顺生，一安中户最为有。若在诸门招三姑，廊门淫妇变家声。于中合此虽为吉，也有兴灾害及人。若是十分无灾害，只有厨门实可亲。"

官字诗——"官字临门自要详，莫教安在大门场。须防公事亲州府，富贵中庭房自昌。若要房门生贵子，其家必定出官郎。富贵人家有相压，庶人之屋实难量。"

劫字诗——"劫字临门不足夸，家中日日事如麻。更有害门相照看，凶来垒垒祸无差。儿孙行劫身遭苦，作事因循害劫家。四恶四凶星不吉，偷人物件害其他。"

害字诗——"害字安门用细寻，外人多被外人临。若在内门多兴祸，家财必被贼来侵。儿孙行门干害字，作事须因破其庭。良匠若能明此理，管教宅主永兴隆。"

吉字诗——"吉字临门最是良，中门内外一齐强。子孙夫妇皆荣贵，年年月月旺蚕桑。如有财门相照者，家道兴隆最吉昌。使有凶神在旁位，也无灾害亦风光。"

从上引"鲁班尺"的样式及所附八首"鲁班尺诗"的表述中，可以看到：一寸（财字）、四寸（义字）、五寸（官字）、八寸（吉字），这四寸为"吉寸"。

另据明刻本《周书秘奥营造宅经·开门尺法》记载："古言：宁去人家造百坟，莫去人家造一门。门最厉害，一家祸福率由之。凡尺分节：一财、二病、三离、四义、五官、六劫、七害、八吉。'财'与'吉'为上，'官'、'义'次之，余无取。'财'、'吉'，公、私、内、外通用。'官'可用之官方，中户出文章贵子；庶人用之起官事，凶。'义'可用之中房，出人孝顺；若在外门，主两姓同居；若人家内外大小门户以'财'、'吉'、'义'三者兼用之，主世代昌隆；特'义'不可用之外门耳"。可见，"义字"一般用在祠观学舍义聚之所，"官字"多用于衙署、公堂。一般民居多压"吉字"与"财字"，尽可能避开"义字"与"官字"，四个"吉寸"不可随意互换使用。

图118为《阳宅十书》一书中的"门光尺"（即"鲁班尺"）的样式。该尺为双面尺，两面均刻有文字。

正面上部：

第一贪狼进横财 营求生意自然来	第二巨门多孝服 放荡游戏走他乡	第三禄存人多狼 离别他乡又不祥	第四文曲星 世代近君王
财木星	病土星	离土星	义水星
他人寄物何曾取 分明又得外人财	疾病一身退田宅 淫乱招刑男女殃	夫妻分别不相遇 致令男女失家乡	其家多富贵 辈辈有名扬

正面下部：

第五武曲星 其家有文荣	第六廉贞星 官事退园林	第七破军星 其家出横人	第八辅弼星 家富有金银
官金星	劫火星	害火星	吉金星
五音田财进 世代有才名	劫财身孤寡 横祸不住逢	退财多破败 瘟病不离门	五音田财进 世代最昌荣

背面上部：

权忠出俊聪 贵信官雅明	散退不灾长 财人孝害病	横宫瘟退孤 死灾病财寡	诗主清财天 书学贵禄禄
贵人星	天灾星	天祸星	天财星
吉仁进安智 庆义人稳慧	失孝瘟争脓 财服灾竞血	生疾贫盗麻 离厄苦贼衣	爵孝美迎官 禄悌昧财禄

背面下部：

子富进十文孙贵宝善章	悖路离洒淫逆亡散食欲	风招瘟囚官疾瘟灾狱灾	才诗横孝贵人书才子人
官禄星	孤独星	天贼星	宰相星
横术招进天财世财田财	致殴招死走争打祟人失	自十争暗花缢恶斗昧色	生礼子庄出善乐孙产官

图118《阳宅十书》双面"门光尺"

后天八卦，按洛书（九宫）宫位、顺布排列，唯中宫五宫无卦。在传统建筑设计中，古代堪舆家与木工匠师将一至九宫各用九星、九色相配，其中白色占三个宫位，以此考虑吉凶尺度，这就是前边所说的"寸白九星"。"寸白九星"虽取紫白作为尺度，但是并不和紫白九星所对应的五行属性相联系。详见表17。

洛书九宫与天文九星（堪舆七政）是鲁班尺排序的理论依据，只不过视左辅、右弼为一宫一寸，以星序，定寸位，只取一至八之数。此九星若以五行属性而言，八星二土、二木、二金、一水、一火，均以木（门窗的原材料）之相生相偕关系决定取舍，与卦位、飞白相参，则水更为木，二、六、七宫相同，三宫木更为土，四宫木更为水，五宫土更为火。鲁班尺的五行关系即以此为据。详见表18。

八卦、飞白、宫位序列及五行属性表 （表17）

宫　　位	一	二	三	四	五	六	七	八	九
后天八卦	坎	坤	震	巽		乾	兑	艮	离
九紫飞白	白	黑	碧	绿	黄	白	赤	白	紫
五行属性	水	土	木	木	土	金	金	土	火

九宫、九星、七政宫位序列及五行属性表 （表18）

宫　　位	一	二	三	四	五	六	七	八	九
天文九星	贪狼	巨门	禄存	文曲	廉贞	武曲	破军	左辅	右弼
堪舆七政	生气	天乙	祸害	六煞	五鬼	延年	绝命	左辅	右弼
五　　行	木	土	土	水	火	金	金	木	

"鲁班尺"的度量方法

关于鲁班尺的使用方法，明刻本《周书秘奥营造宅经·鲁班尺法》记载说："用尺之法：从'财'字量起，虽一丈十丈皆不论。但于丈尺之内量取吉寸。用之，遇吉星则吉；遇凶星则凶。亘古及今，公私造作，大小方直，皆本乎是，作门尤宜仔细。"

另据《阳宅十书》第六《论开门修造》的记载：

海内相传门尺数种，屡经验试，惟此尺为真。长短协度，凶吉无差。盖昔公输子班，造极木作之圣，研穷造化之微，故创是尺。后人名为鲁班尺，非止量门可用，一切床房器物，俱当用此。一寸一分，灼有关系者，其尺前面八寸，以财、病、离、义、官、劫、害、吉为序。后面八寸，以贵人、天灾、天祸、天财、官禄、孤独、天贼、宰相为序。其实二面互为表里，吉凶相同。前面统言之，后面缕悉分数，又析言之耳。用法但顺字朝上正算，一切门窗通气之处，纵量横量，皆合吉星为妙。又细分之，则权禄、吉庆、官禄、天禄之类，可用于大门厅舍。子孙、横财、俊雅、安稳之类，可用于内院住房，智慧、聪明之类，可用于书屋。清贵、美味可用于厨灶。参裁验用，祸福自明。

"鲁班尺"设的刻度只有字句、叛词，其高度量法是：竖用尺，自下而上丈量。所以一尺一寸，二尺一寸，三尺一寸……乃至十尺以上各尺中的一寸，均压在"吉木星"上。四寸压在"官金星"、五寸压在"义水星"、八寸压在"财木星"上。

鲁班尺采用自下而上的丈量方法，其理论根源于"易经"爻、卦的产生形成之理。易经认为世间万物，地为母，故其生与长均自下而上，植物最明显，动物亦然，低者下也，高者上也。故"八卦之三爻"或"重卦之六爻"，最下面的为一爻又称作"初爻"，其爻之数序均自下而上。确定门、窗、器物尺度亦应顺其生长之序丈量，压在吉字上。确定宽度同样如此。在门窗装修中，单扇门，双扇门，四、六、八扇门或窗，相同部位其高一般是一致的，总宽随扇数而异，故每扇门窗的高宽压吉尺寸时，其门、窗口的总长是首先考虑的尺寸。依此方法可计算每扇门、窗之宽。这一点不容疏忽。

"紫白顺飞"之说，在《明鲁班营造正式》"鲁班真尺"一节中已有记载：

假如单扇门小者开二尺一寸，压一白，般尺在"义"上。单扇门开二尺八寸，在八白，般尺合"吉"上。双扇门者，用四尺三寸一分合三碧一白，则本门在"吉"上。如财门者，用四尺三寸八分合"财"门吉。大双扇门，用广五尺六寸六分，合六白，又在"吉"上。

由此可以看出，用鲁班尺须压吉字，取一、四、五、八寸之内，合于"营造尺"上的上限和下限尺寸。具体用法：尺不计，寸和分之数，要合六、八、一及九（即：三白一紫）为最吉。如取到"营造尺"之"分"的单位，则寸位不合则无妨。营造尺在压色上，以寸以下为准。有寸压寸，有分压分，各尺之数均不论。例如，上面所举之单扇门，二尺一寸，压"鲁班尺"一尺四寸。其所说"压一白"指压营造尺二尺一寸中的一寸。般尺在门尺之一尺四寸之四寸的"义"字上。其余所举四个尺寸，见表19。

以上举例，所用营造尺又是自上而下度量，才合于所压之"鲁班尺"吉凶字，这与《清工部工程做法则例》的举例正好相反。岂非大谬？其实不然，我们仔细斟酌一下，原来"鲁班尺"之八格，一上、八下在尺的首尾两头，都是吉字；而中间两格，取中划为四、五，也为吉字。因此，"鲁班尺"上下颠倒使用，并不影响吉凶判断。

鲁班真尺压白分析表　　　（表19）

造门名称	营造尺	紫白压色		折合门尺		
		寸色	分色	尺	寸	字
单扇小门	二尺一寸	一白		一	四	义
单扇门	二尺八寸	八白		一	八	吉
双扇门	四尺三寸一分	三碧	一白	二	八	吉
财门	四尺三寸八分	三碧	八白	三	一	财
大双扇门	五尺六寸六分	六白	六白	三	八	吉

综上所述，"鲁班尺"所以采用"八进位制"还是源于中国传统哲学——易经的数理观念。小小的一把尺，容纳了"阴阳"、"五行"、"八卦"、"洛书"、"九宫"、"七政"、"九星"、"紫白顺飞"等学说理论，可谓博大精奥。

"鲁班尺"的择吉功能

"鲁班尺"除营造度量功能外，还有一种用项，就是择吉。有的"鲁班尺"的两侧，各刻写了有关修造、立门的吉季、月、日的文字及符号。究其依据，亦不外"阴阳"、"八卦"、"干支"、"九星"及"五行生克"等因素。

关于开门、修造门的季节，《阳宅十书》提出："春不作东门，夏不作南门，秋不作西门，冬不作北门"。

关于开门、修造门的宜忌，《阳宅十书》提出："开门修造门，宜天德、月德满，成、开日合门光星，吉。修造安门，不宜犯天牢、黑道、天火、独火、九宫死气……凡安门专主福元，旺合吉星，无不大发。须避直冲尖射、砂水斜割、悲崖险道、恶石山坳、崩破歪峰，枯木神庙之类，谓之乘杀入门。宜迎水迎山方吉。"

除以上原则外，《阳宅十书》还指出"凡造门修门，安大小门户，开门基，并宜用门光星。"

"门光星"是刻在"门光尺"（即鲁班尺）侧面的一组刻画符号，它由白圈、黑圈和人字组成，其形制如图119所示。

图119　门光星

门光星吉日定局的方法是：大月从下数上（从后往前数），小月从上数下（从前往后数）；白圈者吉，人字损人，黑圈损财。

与"门光星"的符号系统相配合，《阳宅十书》还收录有一个"门光星起例诀"，它是一首由30个汉字组成的诗词，其中每个汉字对应着农历一个月的每一天：

添添消，昨夜雨淋漓，雨过长沙满洞庭，倒在江湖流不尽，得澄清处，是亦澄清。

"门光星起例诀"的具体用法是："有水点是门光吉星，余是凶星。大月宜全用，小月除了'消'字。"也就是说，如果是农历大月，则使用整首口诀。口诀中凡是带三滴水的汉字（即：添、消、淋、漓、沙、满、洞、江、湖、流、澄、清12个字，其中添、澄、清三字各重复一次）都是"门光吉星"，所对应的15天都是吉日；剩下的15个字都是"门光凶星"，所对应的15天都是凶日。如果是农历小月，则从口诀中剔除第三个字（"消"），使用由剩下的29个汉字组成的减字口诀。

值得一提的是，"门光星起例诀"还有其他版本。几年前，我在北京琉璃厂买到一把"鲁班尺"，侧面也刻有一首"门光星起道诀"，全文如下：

门光星起道诀：江湖深万丈，东海浪悠悠，水涨波涛急，撑船泊泄游，得鱼便沽酒，一醉卧江流。——起小月从"湖"字起，一日一位，有三点水者吉，无三点水者凶。

鲁班尺在房屋营建中的作用，一方面是匠师必须遵循的"金科玉律"；另一方面又是匠师独行操作的看家本领，用以作为某种抗争手段，以期取得一定的社会地位。

7.3 子房尺与玄女尺

除鲁班尺和曲尺外，堪舆家确定门窗所宜尺寸的方法还有另外两种：

（1）子房尺。原理与鲁班尺一致，亦是采用分隔的方法，但以九寸分为九步，分别冠以金星、火星、罗星、木星、紫气、文星、计都、月孛、水星的名目。其中金星、木星、紫气、水星吉，火星、罗星、文星、计都、月孛凶。

（2）玄女尺。以九寸分为八步，贵人吉，天灾凶，天财吉，官禄吉，孤独凶，辅弼吉等，这样的尺寸使门、窗尺寸的数不离九，九寸为一尺、九尺为一丈。

只不过，以上两种尺法都不如鲁班尺与曲尺应用广泛。

7.4 宫步之数

如果说在门窗制作中匠师普遍使用鲁班尺，那么，在涉及院落的露天部分如天井、阳埕等，古代匠师则使用宫步数来加以控制。

步是天井、阳埕等露天空间进深的控制尺度，一步等于四尺半。步喜单不喜双，谓之"一步青龙多吉庆，二步朱雀起官灾，三步端正招吉事，四步灾祸动瘟癀，五步贪狼金贵吉，六步灾祸动相当，七步金堂多福禄，八步瘟痨是伤残，九步兴旺主富贵，十步冷落损财丁，十一步大旺田蚕发，十二步又是两重丧……"

不难看出，宫步与鲁班尺一样，都是匠师必须遵循的要诀，也是一种"看家本领"，虽然其迷信部分不容抹杀，但强调天井、阳埕之深度为"奇数步"，实则也是一种"模树"，一种专门用于限定组群建筑院落露天空间进深尺度之模数。

用步之法，"步宜初交，不宜用尽步"。即是说截至四尺半算一步，超过四尺半之零头几尺几寸则算为两步，谓之初交，如某宅天井进深为一丈八尺六寸，折合步数为四步又六寸，虽然跨入五步范围仅"六寸"，也称为五步（初交五步），即五步埕之取值范围在一丈八尺至二丈二尺五寸之间，余类推。

特定环境中尚有"虚步用法"，谓之"使虚步"。

而对于台基较高的房屋来说，登台基之踏级数也喜用奇数步，也称为"步喜单不喜双"。

"九星压白"、"鲁班尺"与"宫步数"作为民间建筑发展史的一个组成部分，是古人在从事房屋营建活动中认识自然、利用自然和改造自然的经验总结，它遵循天人合一的原则，将人、房屋、环境三者融于一体，从而达到使人与周围环境相和谐的境界。对其形成的理论基础进行归纳探索，对于我们现代人继承和发扬中国古代的优秀建筑文化，有着积极的现实意义。

第八章

理气风水与古都北京

作为元、明、清三个大一统的中央王朝700年的国都，北京当时是"首善之区"，被誉为"神区"。今天，在这天设地造、人文荟萃的神圣都市面前，人们仁者见仁智者见智，从各自不同的角度来认识它、解释它。"风水"，就是一个引人注目的话题。

8.1 古都北京的大势与外局

明清以前，中国文化可划分为三大区域，这就是东部的农业文化、西部的草原文化与东北的森林文化。如果说长城是农业文化与草原文化、森林文化的南北分界线，那么，400毫米等雨线则是农业文化与草原文化、森林文化的东西分界线。而北京正是农业文化、草原文化与森林文化的交汇点（图120）。

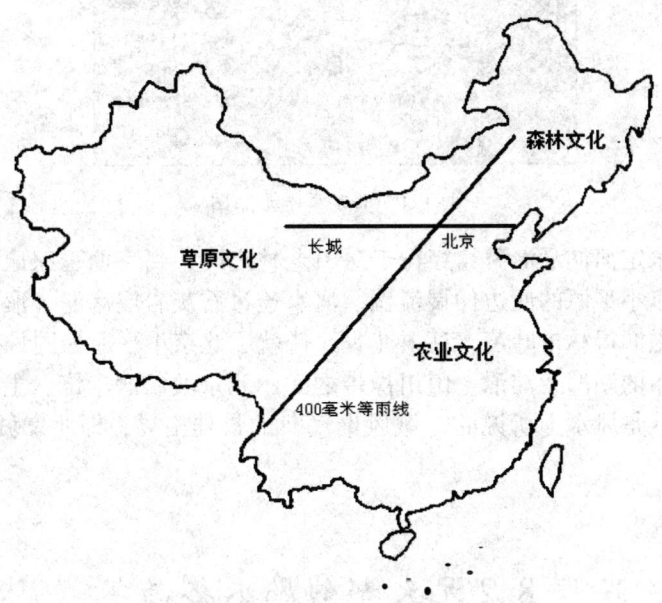

图120　北京——中国三种文化的交汇点

古代史志描述北京的地理形势，往往用"东临辽、碣，西依太行，北连朔漠，背扼军都，南控中原"来形容它的山河巩固、地势冲要。"辽"指东北的辽河，"碣"指碣石，"太行"即太行山，"朔漠"指北部的蒙古草原；"军都"就是北京北部燕山山脉中的军都山，为北京城的天然屏障；"中原"指黄淮海平原。这就是北京城在全中国版图上的大势。

在一个天气晴好的时节，如果你乘坐飞机，飞临京畿上空，你会发现这座城市真是钟灵毓秀。城西，巍巍太行蜿蜒逶迤；城北，浩浩燕山簇拥拱卫。两股山脉交会聚结，便形成了风水上所谓的"龙脉"。而森林广被山峦，山色苍茫，云气郁积。就在这青山之中，奔腾着一条由来自黄土高原的桑干河与来自蒙古高原的洋河汇合而成的永定河。

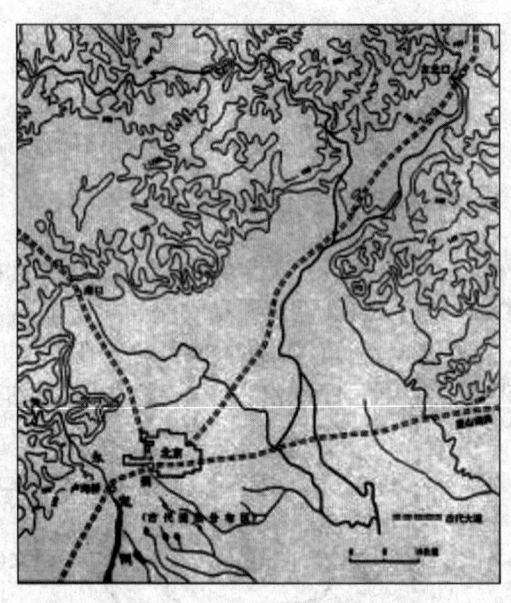

图 121　北京风水形胜图

夏天，永定河汹涌澎湃，穿行于深山老林之间，到京西三家店，陡然冲出山谷，在北京小平原的西边伸展流淌。河水透过石灰岩层渗滤，形成了西山诸泉，把那里滋润得林丰叶茂，鸟语花香；造就了北京小平原如同蛛网的河水溪流，星罗棋布的湖海、淀泊。山川襟带之间，北京城温润丰饶，土肥人美，遂成天府。这就是风水上所说的"藏风聚气"的最佳格局，即北京城的"外局"（图 121）。

8.2 元大都的风水格局

元世祖忽必烈建造大都城，命刘秉忠和他的弟子郭守敬、赵秉温等负责城市和宫殿的规划设计，为解决大都城水源和防范永定河水患，舍弃了金中都城，改用高梁河水系，将城址移至中都城东北郊外。元代史书《析津志》记载道：

（大都）内外城制与宫室、公府，并系圣（指元世祖忽必烈）裁，与刘秉忠率按地理经纬（即风水理论），以王气为主，……先取地理之形势，生王脉络，以成大业。

· 202 ·

记述赵秉温生平事迹的《赵文昭公行状》也记载道：

（公）与太保刘公（即刘秉忠）同相宅。公因图上山川形势、城郭经纬，
与夫祖、社、朝、市之位，经营制作之方。帝命有司稽图赴功。

这说的是元大都城营建时，由刘秉忠、赵秉温等人进行了风水选择与风水
规划。刘秉忠所取的"地理形势"，从山的角度说，是太行山与燕山山脉的环
绕聚结；而从水的角度说，则是如何将西山的泉水引入京城和皇宫。

在地面上，风水规划的思路是建设两条水系。一条是将玉泉山的泉水用人
工开凿的河道引进京城，经今太平桥大街南行、东转，再经今西四南大街的甘
水桥、太液池南岸（今中、南海之间），流到大内正门崇天门前的国桥"周
桥"，然后东流并入今南、北河沿即当时的通惠河。这条河流称为"金水河"。
金水河的水十分神圣，不准洗濯，不准饮马，不准民间引用（图122）。

图 122 风水设计：弯抱太和门的内金水河

另一条水系海子（包括今什刹海、积水潭及附近地域）则是自京北浮泉引
水，经瓮山泊（今昆明湖）下注高梁河入城，经今南、北河沿，出文明门水
关，一直通向通州张家湾，连通大运河，使漕运更加方便，所以称为"通惠
河"。通惠河在交通运输方面虽然比金水河重要，但却没有"生王脉"的重任，
所以不如金水河神圣。

而在地面下，大都宫殿地下水系的引用更是匠心独具。

位于紫禁城东南部传心殿院内的大庖井，在宫中数十口水井中，年代最为
久远。和其他水井不同的是，在北京地下水水位严重下降的今天，这口井仍泉
水充足，不升不降。明清两朝宫中祭祀"龙泉井神"就在这里。乾隆皇帝是位
有心人，他检测了京师诸泉，证明大庖井水质之纯，仅次于玉泉山泉水，在京
城位居第二。可以推论，这口井可能与玉泉山水一脉相通。它们都是永定河的

地下岩层渗滤，一部分在玉泉山涌出，一部分伏流进入京城。刘秉忠既将玉泉水引入皇城，又探清了这股伏流的来龙去脉，从而把宫殿建于其上。元代这里处于大内南门东侧御膳亭内，供皇帝饮食使用。明代改建紫禁城，大庖井被包在宫内，此后成为祭祀井神的所在。

王脉生成，大业底定，刘秉忠们才着手确定城市规划。据《析津志》记载："世皇（指忽必烈）经都之初，问于刘太保秉忠，定大内方向。秉忠以丽正门外第三桥南一树为方以对，上（指忽必烈）制：可。"

丽正门外第三桥南一树至丽正门正中的直线，就是大都城的中央子午线，是皇帝的御道和宫殿所在位置，它们都在龙脉上。在这条中央子午线上，刘秉忠、郭守敬、赵秉温等天文、地理、水利专家设计安置了大内正殿大明殿，大明殿内安设了郭守敬设计制造的当时最先进的计时器——七宝灯漏。在大内正北，建造了钟、鼓楼，报告着标准的"大都时间"。

明清两朝继承这一科学设计，中央子午线的前朝太和殿、后寝乾清宫两座宫殿，都安置了日晷。机械钟表传入中国后，又在"联系天地"的交泰殿里放置了大自鸣钟，并陈设古老的铜壶滴漏。清代规定，钦天监官员严核交泰殿大自鸣钟时间，交泰殿报时，神武门鸣钟鼓，钟鼓楼也接着鸣钟鼓，向全城报告标准的"北京时间"。

8.3 明代北京的风水格局

明成祖朱棣做燕王时，以元故宫为王府，对大都宫殿十分喜爱。后来，他通过内战夺取皇位，决定迁都北京。永乐元年，升北平为北京。永乐五年，徐皇后去世，朱棣决定在北京建陵，以备将来与自己合葬。朱棣指派了礼部尚书赵弘、堪舆家廖均卿等通晓风水的人士到北京勘察两年，后来又亲自到现场实地察看，终于确定将北京北郊昌平州的黄土山作为皇陵，并封此山为"天寿山"。天寿山是明朝认定的王脉所在。

天寿山是明代北京城的"祖山"。从祖山引至京城的王脉当然不能，也不应该与元朝的相同。如何确定？最后，按照风水师的建议，明代的中央子午线比元代的中央子午线东移了约 150 米。这样，就将元代的中央子午线推到了西方，使其处于主杀的"白虎"位置，以象征其灭亡。

按照风水理论，主山——基址——案山——朝山，是宫殿、陵寝中轴线的基本格局。元代皇宫分散在太液池东西两岸，太液池中的琼华岛，是大都皇城的主山。琼华岛在金朝曾经大规模经营，传说当时蒙古境内有一座小山，山石玲珑秀峭，金代有望气家发现山上王气郁积，就奏请皇帝将此山运到中都城，以铲除蒙古的王气，这就形成了琼华岛。但这一招儿未能阻止蒙古发展壮大，

图 123　景山航拍图——像不像真武大帝？

反而把蒙古引到了中都。元朝建立后，忽必烈把这座山命名为"万岁山"。

明成祖朱棣营建紫禁城时，特在紫禁城北门外堆筑镇山，作为后靠山，这就是今天的景山。景山是一座东西伸展、两端略向南拢抱的五峰笔架山，清代乾隆时在五峰山上各建楼亭一座，使这座靠山更加宏伟壮丽（图123）。

8.4 清代北京的风水格局

展开清代测绘的"北京城区地图"明显地看到"旧都轮廓"为一品字形。城有内、外之分。其图形是乾天包坤地的象征。

清代北京城外城设有七门。正南有三门，分别是：左安门、永定门、右安门。东边一门为广渠门，西边一门为广安门。左右下角为东便门和西便门。七个城门，数为奇数，奇数属阳。

清代内城则设置了九个城门。南边三门，分别是：崇文门（在东），正阳门（居中），宣武门（在西）。东边二门，分别是：朝阳门（在南）、东直门（在北）。西边二门，分别是：阜成门（在南）、西直门（在北）。北边二门，分别是：安定门（在东），德胜门（在西）。内城南设三门，数为奇数，奇数为阳。内城北设二门，数为偶数，偶数为阴。内城城门设置合乎上南为阳，下北为阴的阴阳之道。

在洛书九宫矩阵里，南方之数为九，中央为五，北方为一，三数之和为十五。而都城南自永定门，经正阳门、皇宫、鼓楼、钟楼、安定门到德胜门，这一条笔直的中轴线，其长度正好为十五里，其长度完全合乎洛书之数。另外，紫禁城宫殿处于皇城中央位置，显然也象征着皇权统驭四面八方的权威。

8.5 紫禁城设计中的风水理念

紫禁城的阴阳意象

作为北京城的核心，明清紫禁城成功地运用了理气风水的阴阳理论，在前朝与后寝、东六宫与西六宫以及各组建筑中造成了对比错落、明暗结合、强弱得当的效果。阴阳调和得十分和谐（图124）。

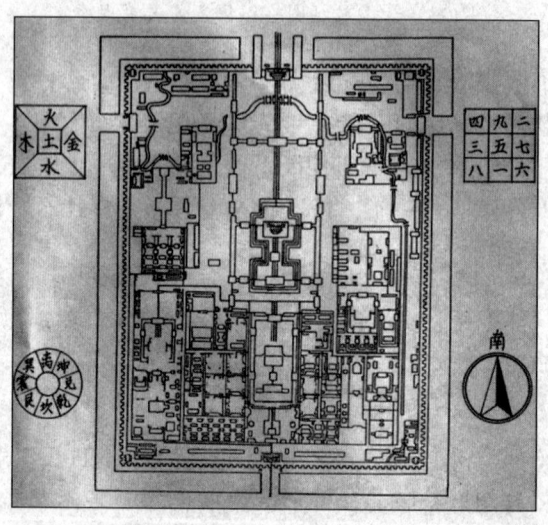

图124　紫禁城建筑数理内涵示意图

在紫禁城里，前朝为阳，后寝为阴。由于风水上要求阳大于阴，所以紫禁城的殿堂比起对应的后寝部分来，普遍要高大一些。如：太和殿大于乾清宫，保和殿大于坤宁宫，中和殿大于交泰殿。

前朝各殿为国家举行重大典礼的场所，建筑风格重在突出皇权的神圣威严与至高无上。巍峨壮观的气势，表现出阳刚之美。

后寝则为皇室日常起居生活的场所，这里空间组合紧凑，建筑相应低小，与实际使用的要求相一致，使人感到舒适、安宁。比较前三殿，此处偏重于表现阴柔之美。

中路两侧东西各六宫，则体现出两两相对，对称和谐、完整统一的审美思想。

由于事物的复杂性，阴阳又可以划分为几种类型，如阳中之阳、阳中之阴与阴中之阳、阴中之阴。

太和殿为阳中之阳的典范。无论是高度、开间、进深、装修、饰件还是结构，一切规格均达极限，至大至刚，集天地间浩然正气于一身。而且，"太和"本身也含有阴阳之气融会冲和的意思。在这座中国第一宫里，"金銮宝座"高矗在北京城纵横中轴线的交会点上，这就是风水上所说的"天心十道"，从而把皇权高于一切的主题表现得淋漓尽致。

乾清宫则为阴中之阳，其规制与太和殿相仿，高于后寝各宫殿，为后廷之冠，名为"乾清"，为皇帝寝宫。

保和殿为阳中之阴，在明代只作皇帝御朝时更衣之所，因此规格远不及太和殿。

坤宁宫为阴中之阴，明代作皇后寝宫，规格不及乾清宫。在清代，坤宁宫又主要作为祭祀萨满教的场所。祭祀对象为鬼神，属阴，正与此宫为阴中之阴的地位相符。如此一来，主次分明，乾坤位定，阴阳和谐无间。为了充分体现这种和谐关系，乾清宫与坤宁宫之间的殿名定为"交泰"，即乾坤交感、天下太平。

阴阳在数字上，单数为阳，双数为阴，因而故宫前朝各殿面阔、进深均为阳数开间，而后廷东西六宫，进深多为阴数开间。紫禁城建筑体现出的中国传统的对称美，与风水阴阳学说不能说没有极大关系。

紫禁城的三垣意象

三垣即紫微垣、太微垣、天市垣。三垣的各区域都有东、西藩星宿，围成墙垣的形式，故称作"垣"。

天空中央三垣为中央政府所处地域，三垣中太微为上垣，紫微为中垣，天市为下垣。紫微垣为中天的中心，是天帝居住的地方，共有十五颗星。与天文相表里，人间皇帝为天帝之子，天子居住的皇宫便是紫微宫。

汉代刘向在《七略》中记载了天子的明堂取象于紫微垣的事实。汉代的未央宫则别称紫微宫。《后汉书·霍婿传》以"紫宫"称呼皇宫，唐代李贤注云："天有紫微宫，是上帝之所居也，王者立宫，象而为之。"可见三垣因为在天空中央，一开始即与京城联系起来；紫微垣因为在三垣中央，故一开始即与皇宫联系起来。

"紫"代表着紫微垣，与"禁城"、"禁中"的"禁"字连用，成为"紫禁"，最晚自唐代起盛行。如初唐骆宾王诗中有"紫禁终难叫，朱门不易排"。晚唐白居易诗中有"朝从紫禁归，暮出青门去"。唐代长安城的大明宫有含光殿、宣政殿、紫宸殿，三殿与三垣之数相合。结合其前有朱雀门、后有玄武门看，最晚在这时，皇宫基本从整体上模仿紫微垣了。

北京紫禁城总体规划无疑也取象于紫微垣。清代乾隆皇帝钦定的春联，太和门左门为："日丽丹山，云绕旌旗辉凤羽；祥开紫禁，人从闾阖观龙光。"右门为："鸡观翔云，九译同文朝玉陛；凤楼幻彩，八方从律度瑶闻。"可以看出，清代是把紫禁城太和门作为紫微垣的闾阖门看待的。太和殿的春联为"龙德正中天，四海率领熙符广运；凤城回北斗，万邦和谐颂平章。""龙德正中天"指的是紫微垣中"天皇大帝"星座，清代把太和殿作为与天皇大帝星座对应的建置。"凤城"在此指紫垣，"回北斗"指以北斗卫护，紫微垣左侧有北斗星座卫护；与"万邦"相连，北斗即为万邦，即普天之下的臣民、臣国。

紫微是"天子之常居"，因而紫禁城后寝部分严格按照紫微设计。内廷部分中央为后三宫，以应三垣之数，连同东西六宫，共为十五宫殿，正合紫微垣十五星之数。

三垣中的太微垣是政府所在地，是天帝布政的地方。因此，紫禁城前朝部分又借鉴了太微垣。太微垣各星座以殿堂和公卿、将相命名，成于唐代，唐代正殿也设三台。太微垣中有明堂三星，明堂为天子正殿，与紫禁城中三大殿之数相符。太微垣中更有逐级上升的三组星座，名为"三台"，形象酷似三大殿下的三台。太微垣前方左执法、右执法两个星座之间又称端门，右执法东又叫左掖门，则均属模仿宫殿规制，使宫殿与星垣形成一而二、二而一的亲密关系。

三垣的另一垣为天市垣，《晋书》谓其"主权衡，主聚众"，是天帝聚众贸易之所。《周礼》以来宫殿规制为"面朝背市"，将市设在皇宫北面。北京紫禁城的"后市"设在神武门外，明代时每月逢四开市，听商贸易，谓之"内市"，以别于皇城外各市。内市商品一般比较贵重，如宣德铜器、成化瓷器、景泰蓝等。

紫禁城以三垣、特别是紫微垣为其命名和取象标准，传达了皇帝身为"天子"，为天下根本主宰的合法性和崇高地位。

紫禁城的四灵意象

在五行学说发展的同时，中国古代天文学取得了辉煌的成就。其中之一就是"四灵"和"三垣"的划分。

四灵的划分来自对二十八宿的认识。成书于战国时的《吕氏春秋》对二十八宿有明确记载。成书于西汉时的《淮南子·天文训》对四灵有明确论述。古人把天空四周的二十八宿分作四组，与五行、五色结合，再配以龙、鸟、虎、龟四种动物形象，遂成"四灵"。"四灵"即：青龙、白虎、朱雀、玄武。

唐代长安皇城南门称"朱雀门"，门外的大街叫"朱雀大街"，北门叫"玄武门"，历史上著名的"玄武门之变"即发生在这里。北京紫禁城的设计也采用了四灵的意象。南门午门，又称五凤楼，凤为鸟类，实即朱雀。北门原名玄武门，至康熙时为避玄烨讳，改名神武门。玄武、神武，意义相同。五凤、玄武南北位定，则四方位正。皇帝于此犹嫌不足，又在御花园里立"四神祠"，奉祀青龙、白虎、朱雀、玄武四方神灵。

运用四灵，表达出的政治寓意是：紫禁城是四方中心，皇帝则是四表八服的君主。

紫禁城的五行意象

在紫禁城及其相关地方，五行思想表现得十分突出。

从总体布局上来说，紫禁城像历代宫殿一样，分前朝、后寝两大部分。前即南方，从火，主大，故作施政场所。

从具体经营位置看，紫禁城内凡是属于文化、文治方面的宫殿设施，多在东侧，从木，从春；属于兵刑、武备方面的宫殿、设施，多在西侧，从金，从秋。

最典型的如文华殿、武英殿，文东、武西，拱卫着中央三大殿。中央太和殿举行大朝时，文武百官也按文东、武西，序立于御道两侧。文华殿还是皇帝御经筵讲学的地方，殿后文渊阁是贮存《四库全书》和《古今图书集成》的所在。太和殿广场东西体仁阁、弘义阁在明代称文楼、武楼。御花园内万春亭、千秋亭，一东一西，分列中轴线两侧。

内阁为文职衙门，在午门内东侧；而军机处初为武职衙门，故在乾清门外西侧。中路乾清宫院内，东庑中间为端凝殿，储藏皇帝所用朝珠和冠服；西庑中央为懋勤殿，每年秋审处死囚犯，皇帝在这里"勾到"，执行最高处罚权力。

宫中祭祀孔子的地方有多处，主要的如传心殿，设在文华殿东，每当后帝御经筵时，要事先祭孔。乾清宫院内的祀孔处设在南庑东侧，皇子读书的上房也在乾清宫南庑东侧。与此同样道理，京城孔庙和全国最高学府国子监，也都设在东城；天下举人进京参加国家最高一级的科举考试会试，由京城前方东侧的崇文门入城，而军队出师征战，则由京城前方西侧的宣武门出城。

青少年属于人生中生长的时期，因而皇子居住的南三所在东华门附近；而太后太妃们属于人生中收成的阶段，故外西路一带全作为太后、太妃们的宫地。

"左祖右社"是《周礼》以来确定的宫殿规制。左即东方，其于五行则为木，主生化，人类无不自祖宗而繁育，宗庙设于东方，正揭示了祖宗诞育子孙的德行。而社稷为国家、社会之神，国家、社会涵载君臣、人民，属收，正应"金"德，所以"右社稷"，立社稷坛于西方。午门外六科公署，也本着文东、武西的原则分列左右。

从总体色彩看，紫禁城宫殿及垣墙以红、黄色为主调。红属火，火主光大；黄属土，土居中央。红、黄并用，表示着帝居至尊至大，为天下中心。

从色彩分配看，紫禁城在黄瓦、红墙的基调下，根据各处建筑用途不同，按五行、五色又有适当调整。皇子生活居住的南三所不但地处皇宫东侧，而且连瓦顶也是绿色，与历代所称"青宫"一致，从木，从春，以表示青少年成长和蓬勃向上。文华殿在明代初为太子宫，用绿瓦，后来改为皇帝便殿，才换成黄瓦。文渊阁不用黄瓦，而用黑瓦，不用红墙，而且青砖（灰色）墙壁。因为黑色代表水，水克火，这样可以使易燃的书籍免于火灾。而红色则代表火，书库怎么能用红色呢？在皇宫中轴线北端御花园的"天一门"，既取"天一生水"之意，其墙体全用灰（黑）色，也代表水，这与其所处的北方方位正相合。神武门内两侧东、西大房也采用了黑色琉璃瓦，使这一区出现"冬"的意境。其目的无非是为了使整个紫禁城免受火侵。午门位居南端，对应着火的方位，所以建筑彩画一变其他各处以青绿为主的冷色调，而改以红色为主，充满了热烈的气氛。

故宫太和殿明代开间为九间，因多次着火，清代复建时，开间改为11间。之所以如此，是因为在洛书里，9对应的是八卦中的离卦，而离卦五行属火；1对应的是八卦中的坎卦，坎卦五行属水，水可克火。加之大明国号为火，大清国号为水，所以，清代复建时，就将太和殿的开间改成了11间（图125）。

另外，太和殿屋脊两头的鸱吻象征龙，龙为水神，所以，鸱吻也表示以水克火。

总之，五行思想以及由此派生的五色、四时等的运用。对紫禁城总体规划和布局以及具体设计产生了很大影响。

图125　太和殿

8.6 理气风水与五坛规划设计

就原北京总体布置而言，还应探索一下有关五坛的建制、设计问题。众所周知，天、地、日、月、社稷为五坛。在都城布置上，天坛在南方（上），建于外城之内；地坛在北方（下），建于内城之外。日坛在东方（左），月坛在西方（右），均建于内城之外。社稷坛居中，建于内城之中。按《礼记》左祖、右社之制设于皇城前方，右（西侧）。

理气风水与天坛设计

天坛，建在外城内，中轴线之左。"天"为乾，为阳，为奇，为龙。天坛的代表建筑为"圜丘"与"祈年殿"（图126）。

图 126 天坛祈年殿

"圜丘"，乃祭天之坛。依据"天圆地方"学说，凡阳属天，天形圆，故天坛用圆形以象天。坛分三层（奇数）。最上之第一层中心铺以圆心石一块，由此往外划成九个圆环。第一圆环由九块拱形石组成一圈。第二环为二九一十八块拱形石，组成一圈。以此为准，第三环，三九二十七块。第四环，四九三十六块。直至第九环，九九共八十一块拱形石，组成最外一圈。这样，九环就组成了一个大圆台面。第二层与第三层，继续以九为基数，每个环各增一个九，直至最外之二十七环。圜丘上共用了拱形石3402块，合378组以9为基数之圆形大坛。以合《易》中九乃老阳之数的理论。

"祈年殿"，坐北向南（向天、向阳）。殿顶为三层蓝色琉璃檐之圆形攒尖建筑。三层亦为奇数（阳数）。殿内中央有四根大金柱，象征四方、四季（四灵）。外有两排各十二根柱子，象征十二个月和十二个时辰。合起来又是一年二十四个节气的意思。三层上部周围有二十八根立柱，代表二十八宿。并有三十六根枋桷为三十六"天罡星"。凡此都是与"天"和"年"有关的数字和象征。殿内枋心彩画为"二龙戏珠"，"龙"也是乾，是天，是阳。

理气风水与地坛设计

"地坛"，建在内城北墙外左方。"易"曰：地为坤，为阴，为偶，为凤。"地坛"的代表建筑为"方泽坛"与"皇祇室"。

"方泽坛"，为两层正方形之石筑拜台。《周易浅述》载"凡阴属地，地形方，方者径一而周四"。方形围四，又两层，皆为阴，为偶，为地之象征。第一层坛中心用三十六块方形石海墁。每边六块，组成正方形坛心。爻象——（阴）称为六。坛心外一圈，又以八之数石铺砌。第二层也是以八行之数，围第一层筑成。所砌方形石之总数为1572块（以六为基数的共36块。以八为基数的共1536块，成为六的256倍，因此也是阴爻——（六）的象征），是偶数，地阴之数。

"皇祇室"为祭地之殿，坐南向北（向阴、向地）。朝向与天坛"祈年殿"（包括所有庙寺殿宇）完全相反，是极为特殊朝向的殿宇，是为天地有别。该殿彩画只画凤，也是坤、地的特殊标志。

理气风水与社稷坛设计

"社稷坛"为方形。设四墙（矮墙）为彩色琉璃砌筑。东方青色为甲乙木。南方红色为丙丁火。西方白色为庚辛金。北方黑色为壬癸水。也是四灵、五行的象征。

8.7 颐和园铜牛的风水意义

在十二生肖里，牛对应着十二地支的丑，丑属艮卦，艮卦又叫山卦，山卦五行属土，而土可以克水。所以，牛就有了镇水的意象。例如，颐和园知春亭边的铜牛，就是一尊镇水造像（图127）。铜牛下边石雕花纹为波浪及旋涡纹，台基边沿也为曲线型，石雕整体意象为土克水，同时其位置又在昆明湖边，具体位于十七孔桥的入口处，而十七孔桥又是进出龙王庙的必经之地。

其实，十七孔桥本身也有讲究，在洛书里，七为兑卦，五行为金，金能生

图 127　颐和园里的镇水铜牛

水，而龙王庙本身即为水神庙，所以，十七孔桥的桥孔数，与昆明湖及龙王庙都是相生的。

此外，十七孔桥的桥头，还有一座知春亭。我们知道，春天对应的是东方，五行为木。春天是一年的开始，是万物复苏的季节，俗话说，一年之计在于春，而水生万物。再者，中国每年的皇历首页都有一幅春牛图。所以，在昆明湖的水口地方，建起一座知春亭，取意为水可生木，以此象征"水木清华"，真是再贴切不过了。

综上所述，铜牛、知春亭、十七孔桥与龙王庙，整个构成了一组有着内在联系与丰富含义的纪念性建筑群。

8.8 理气风水与建筑命名

中国个体建筑，独具一种"命名"的传统习惯。即对一宫一室，一楼一阁，一门一桥，都根据其方位、功能、寓意、愿望，给以"命名"。而这些命名，大多与周易和风水有关，同时包含着深入浅出的哲理祝愿和诗情典故。

例如北京外城的永定门、左安门、右安门位于京城之南，主要取意"安"与"定"。内城之中门名曰"正阳门"，则取意于中轴为阳，为南，为主之意。东边的"崇文门"（崇敬文治），西边的"宣武门"（宣扬武功），来源于文东、武西之礼制。

紫禁城之门，东有东华门，西为西华门。其门内之殿，东曰文华，西曰武英。前宫三大殿曰"太和"、"中和"、"保和"（三者为阳，为和，为奇之和）。后宫三大殿曰乾清宫、坤宁宫、交泰殿。乾为天、为南、为阳、为男帝，所以乾清宫在前，为皇帝寝宫。坤为地、为北、为阴、为女后，所以坤宁宫在后，为皇后寝宫。而交泰殿则居中，寓意乾坤相交，阴阳相合而康泰（泰为易之吉卦之名）。

从前面的大清门（又叫前门），到天安门，到端门，到午门，再到后面的太和殿、到保和殿、到乾清宫、到坤宁宫，故宫中轴线上的主要建筑的命名整体上构成了一副吉祥对联："大清天端午，太和保乾坤"。其命名之巧，真是费尽心机。

再者，故宫中的国家级图书馆，命名为"文渊阁"。其建筑是故宫中唯一用绿色琉璃屋顶的。取意于木之色。命意"文"之"渊源"，渊从水字旁，取五行以水克火之意，祝愿书籍免于焚烧。其建筑制式，效法宁波范氏"天一阁"，"天一以生水，地六以成之"，直接取名于《易经》，明显地命以克火之意。

第九章

理气风水与民居布局

传统中国民居建筑组群，大至王府官宅、坛庙寺院，小至一般百姓宅舍的规划布局，大都贯穿着理气风水的各种学说。

9.1 民居布局的风水因素

等级制度

封建社会有极严格的等级制度。所以除宫府、衙署、坛庙之外，一般民居不得采用在院落中轴线上建造大门的规制。据考察，现存四合院式的坐北朝南民居，均以主院落、主正房为上。其朝向，在八卦方位上均于"巽"位上开大门。一个完整的传统中国民居院落，其最后院墙之门，也不设在中轴线上，此亦一通例。

主次建筑

一组院落在方位上以八卦之位为主次，每一个单独的院落又以一栋之房为主次（正、耳及明、次、梢、尽）。一宅一第，几进院落之中，亦必有一个较大组合之院，绝无两进或两进以上规制完全等同的院落。故中轴线上之正房个体建筑必然高大于其他院落之正房。这就是规制上的君（乾）、臣（坤）之别。

房屋间数

不论正房、厢房、配房都采奇数，即一、三、五、七、九等，如，最高等级之"太和殿"，其间阔为十一间，进深五间，是很典型的。只有极个别的"净房"（厕所）之类的房屋，才用偶数，至多不过两间。以一条脊（栋）为例，面阔四间以上的偶数房屋，尚不多见。再者，一个整体院落之房屋间数，亦避免用偶数，因为所建者为"阳宅"。

9.2 建筑结构的风水问题

一幢传统式的房屋建筑，从立面上来分析，主要由台明、墙身（门窗）、屋顶三个部分构成。此即卦象中的天才（屋顶）、人才（墙身门窗）、地才（台明）三个爻象和爻位。天为纯阳，故屋顶亦为纯阳之象。所以除攒类之双环、方胜亭之外，建筑物的屋顶均为奇数。墙身、门窗属于"人才"，所以有奇有偶，有阴有阳。属于"地才"的台明大多为奇数。再以屋顶之梁架而论，除回廊及卷棚（均为非正式宫室）外，一般为三、五、七、九架，亦为阳数。密檐塔之层级亦如是。大式建筑上所施之斗、拱，最简单者"一斗三升"，根据出檐大、小，则架以三、五、七、九踩，亦不例外。

9.3 呈坎古村的风水意象

唐宋以后，全国的风水文化中心逐步由中原的豫、陕、冀、鲁转移到江南的江、浙、闽、赣。元代以后，风水文化中心进一步由江西赣州转移到了皖南徽州。在众多的皖南古村落里，如今，最具有风水学价值的，可能要数呈坎古村了。呈坎古村可谓是风水学的活教材，其风水意象综合了形势派与理气派的精华，既有山川形胜的要素，又有村落朝向布局的组合（图128）。

呈坎全景（背景为葛山、鲸王山，近景为灵金山岭下。左端
是龙盘山呈坎中学，右端是长春山南麓朱熹祖上住地朱村）1998年摄

图 128　呈坎全景

呈坎，位于黄山东南麓，古名龙溪，原为歙县属地，现由黄山市徽州区管辖。唐末，江西南昌府罗天真、罗天秩堂兄弟俩，举家迁入歙县，"择地得西北四十里，地名龙溪，改名呈坎"，并"筑室而居焉"　（元张旭《罗氏族谱序》）。呈坎，作为罗氏家族的聚居之地，至今已有一千多年的历史，呈坎罗氏，枝繁叶茂，人才辈出，成为歙县"八大家"之一。呈坎现有居民700余户，人口近2800人有余，其中75%仍为罗姓。呈坎古村至今仍保持着村落形态的完整性，尤其是它的风水意象，在皖南古村落中非常典型。其所保存的罗东舒祠（国家级文保单位）和长春社屋（宋代建筑，省级文保单位），在皖南古村落中非常少见。

村落名称中的风水理念

"呈坎"与"龙溪"，两相比较，应该是"龙溪"更为响亮。为什么要改为

"呈坎"呢？这完全是风水理念在起作用。"呈坎"始祖罗天真兄弟俩原居江西，其时江西风水学说甚为流行。他们迁入歙县后，没有贸然定居一地，而是慎重选择，择定歙县西北四十里的"龙溪"后，改名"呈坎"。据元代张旭《罗氏族谱序》说："盖地仰露曰呈，洼下曰坎。"实际上，这仅仅是只叙其表，未涉其里。在《说文解字》里，"呈"的本意是"平也"，后引申为"显"、"表"即发达之意。"坎"在先天八卦里位居西方，所对应的自然现象为水，水主财。所以，"呈坎"二字既包含了旺人之意，也包含旺财之思。

还有一点，是我的推测，这就是："呈"字为"口"下之"王"，"王"偕旺音，"呈"字字形与"皇"字接近；而"坎"在后天八卦里位居北方，为君者则是南面而治，因此，"呈坎"一名，也许还隐藏着罗氏祖先希望子孙大有天下的宏大理想。

君不见，清朝末年，醇亲王园寝有两棵白果树，树下埋着醇亲王，"白"下之"王"，不就是"皇"字吗？醇亲王府出了个光绪皇帝。当光绪与慈禧关系紧张时，慈禧专门派人去园寝砍树，以破坏风水。然而最终还是没有挡住醇亲王府又出了个皇帝，这就是溥仪。谁敢说，当年"呈坎"的罗姓始祖，就不会有此远大抱负？

最佳风水模式的村落典范

呈坎村落整体形态是坐西朝东，完全体现了背山面水、负阴抱阳的理念。村西紧靠葛山、鲤王山，村北有龙山、长春山，村南有龙盘山、下结山，村东紧靠自北向南的潨川河，河之东是数千亩的田园。呈坎村背山依水，山环水抱，地势平坦，但有一定的坡度。这种优美的自然环境，正是通过"负阴抱阳"的风水理念选择出来的（图129）。

山下可见规模宏大的东舒祠，河东为溪东街，街南端建筑即为练溪馆） 解放前摄

图129 北望呈坎村景

按照传统风水理论，无论城市、村落还是住宅选址，最理想的风水模式是：基址后面要有主峰来龙山，亦称靠背山，且来龙山后要有龙脉，即与大山形势相连通；基址左右有略次于来龙山的山冈或土丘，俗称为扶手，即左辅、右弼

山，也称青龙、白虎砂山；基址前有月牙形池塘或弯曲的水流；水流的对面，有一座对景山，也称案山。

我们将"呈坎"古村选址与最佳风水模式进行对照，不难发现，两者之间竟然是如此高度一致。请看，村落背后紧靠的来龙山为葛山和鲤王山，高大的葛山与西北方向的黄山山脉连成一气，黄山即是呈坎村的龙脉；村落左边有龙山、长春山为青龙、为辅；村落右边有龙盘山、下结山为白虎、为弼；村落前潨川河依村而过；潨川河前是开阔的平畈，遥遥相对的对景山是灵金山。"呈坎"古村正好位于藏风聚气的最佳位置。

风水理论认为"吉地不可无水"。"呈坎"的水形水势非常优秀。潨川河是主干流，此外，还有数条小溪从各方汇入潨川河。据《说文解字》解释，"潨"的意思是"小水入大水"，也就是众水汇合之意。潨川河水系与呈坎村的关系，风水学上称为"九龙戏珠"，《水龙经》中称作"舞凤"型格局，这种吉水格局的要点是："群流飞舞入垣缄，凤舞鸾翔羽翮轻，更得穴中真气结，不为仙客也公卿"。如果把呈坎的山势比作一条蜿蜒起伏的龙脉（实际上，早已形象地称为龙盘山了），那么潨川河水系就好比是一只飘逸起舞的彩凤。龙翔凤舞，当然也就预示着龙凤呈祥了。

以风水理论修正村落形态

风水选址可以确定一些较好的生态环境，但是这些环境由于地理形势上的微小差异未必都能达到十全十美的境地。于是，在村落建设与发展过程中，运用风水理论作指导，对村落形态进行适当修正，以达到完美的精神追求和环境营造，在皖南古村落中不乏其例，呈坎村就是其中的一个典型。

据《呈坎前罗氏族谱》所载，呈坎罗氏始祖原定居于葛山脚下。当时呈坎的地形为一溪水沿山脚而流。后来，罗氏家族发展，兄弟二支繁衍成为前后二罗，夹溪而居。以溪为界，分出二罗的领域。但由于溪水沿山脚走，大大限制了村落的建设规模，并且河流水势对村落呈直接冲射形状。加之当时前罗祠堂朝向不利，据风水师的意见，必须引水相克。于是，罗氏家族不惜耗费巨资，在潨川河上修筑了七道石坝，并使河水改道，绕祠堂前面而过。这样，不但扩大了村落建设用地，而且还将直射水形，改造成为冠带水。这样，就完全符合了风水理论。

水口，是皖南古村落的一个非常重要而又非常特别的组成部分。往往成为该村落的形胜之地。呈坎村的水口，分上水口与下水口两部分（图130）。村北为上水口，也称为天门，山林茂密，并建有龙山庙。村南为下水口，也称为地户，是藏风聚气的关键部位，所以，历史上曾建有上花园、下花园、上观、下观。上观有都天庙、隆兴桥、钓鱼台、观音庙、百步云梯和隆兴观等建筑；下观则有廊桥、乐济桥、女贞观、关帝庙、文会馆、文昌阁、藏经楼、大圣堂、

图 130 《罗氏族谱》收录的村南水口图

旷如亭、石牌坊等建筑（图 131）。上、下观之间是大坝（南河堤）和小坝（北河堤），这两道大坝、小坝，使潨川河在下结山自北向南转而西行，至龙盘山后又复往南，使水口处水流弯曲，这样更符合"藏风聚气"的要求。同时，也使潨川河水形象地体现出了太极图中的"S"形意念。

（左上方为下结山苍天大树，右边箭头所指为牌坊，新中国成立前摄）

图 131 呈坎下关

为什么要采取这么多的人工建筑来补足水口？

这是因为南边水口部位的龙盘山和下结山形成的水口形势不够严密紧凑，

如果不补，就达不到藏风聚气的效果。

地灵人杰，枝繁叶茂

徽州古村落的布局除遵从风水原则外，还有一个因素在起作用，这就是"礼制"。从中原陆续迁入皖南山区的中原士族，尽管他们逃避战乱，躲入了深山老林，但是，他们原来所遵守的"礼制"却一直与之相随。所以，在构建村落时，仍然奉行"礼制"所规定的"左祖右社，前朝后市"的结构模式。这种结构模式在皖南古村落中，如今只有在呈坎村，还可以看到。

呈坎村北，也就是村的左边，气势恢弘的罗东舒祠傲然挺立，威武雄壮；村南，也就是村的右边，长春大社英姿勃发，风采依旧。罗东舒祠被国内专家、学者赞为"江南第一祠"，是当之无愧的国宝，这充分说明罗氏家族当时对祖先的崇敬程度（图132）。

长春社是一幢始建于宋代的祭祀土地神和组织农事生产的特殊公共建筑，是皖南古村落中极为珍贵的完整实例（图133）。

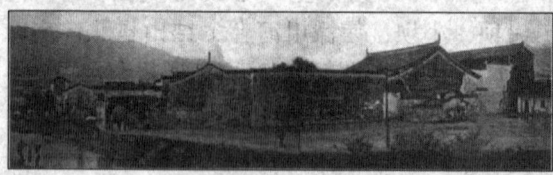

图 132　罗东舒祠外景

图 133　祭祀土地神的宋代建筑长春大社

在呈坎村里，共有3街99巷，里坊结构布局十分规整。前罗文昌祠与后罗文献祠东西相峙，前后呼应；村南长春大社与村北罗东舒祠南北相对，首尾相望。充分体现了徽州"礼仪之邦"的文化特征。

现代科学研究也证明，良好的人居环境对于人的智力开发有着积极的作用，脑效率可提高15%～35%。在风水理论指导下营建起来的呈坎古村，确实是一片钟灵毓秀之地。近千年来，罗氏家族英才辈出，既有高官，也有隐士；既有富商，也有高僧；既有诗人，也有画家；更有史学家、医学家、教育家、军事家，等等。其中著名者有南宋时期的方志学家罗愿和清代扬州八怪之一的罗聘。正如理学大师朱熹题联所赞美的那样："呈坎双贤里，江南第一村。"从风水角度来看，呈坎的确当得起"江南第一村"的美名。

9.4 芙蓉古村的风水意象

"芙蓉村"位于浙江省永嘉县岩头镇。这里地处楠溪江流域，气候宜人、风景秀丽、交通方便，经济发达。该村始建于公元1020年前后的唐代，至今已有近千年历史。

三龙捧珠，四水归塘

芙蓉村的选址是依据山川形势、自然地质、地形、地景、四季的变化和水环境等风水要素所定。相传唐末，有陈氏夫妇二人为避兵乱，由温州来到山明水秀的芙蓉峰下，但见这里"前有腰带水，后有纱帽岩，三龙捧珠，四水归塘"（当地流传诗句），一派好山好水，选中了这块四周青山环抱的荷花形平地。他们遵循凭山为村宅屏障，临水为灌溉资源的"风水"原则，择地而建，意想在此定居，子孙必定发迹。它反映了古村始祖精神的追求。

据"风水之说"，村内均选有屏蔽之地建宅，宅居的庭院和门窗讲究向背，以避风煞。芙蓉村为避南向风口，依山面阳，形成东西朝向建宅院的特征。门忌直路相冲，以避邪风求安居，故村内院门均顺路走向而开，自然形成许多充满生活气息的幽静街巷，并以多姿多态的门亭丰富了街巷景观，强化了乡土居住环境的情趣。

"七星八斗"的规划布局

芙蓉村以"七星八斗"立意构思，结合自然地形规划布局，这里，"星"是指道路交会点处高出地面约10厘米，面积约（2×2）平方米的方形平台；"斗"是指散布于树落中心及宅区的大小水池（图134）。它象征着以在村落中纳入星斗来寓意魁星点斗包容上天之星宿，人才辈出，子孙发迹，光宗耀祖。

布局以七颗"星"控制全村的道路系统。村门主入口处设"大星"一颗（4×4平方米的平台），作为控制东西走向的主干道起点，大"星"台与道路的组合形式似"如意"，以吉祥如意命名主干道为"如意街"。这块路台定为每年出仕人回村时在此接见村民的宝地。全村以分设的"六颗星"控制东、西、

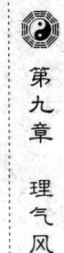

南、北支道构成完整的道路系统。宅院组团结合道路自然形成。全村又以"八斗"为中心分别布置公共活动中心和宅区，组成有机的水系。

图134 芙蓉村街景一角

经过如此一番规划的芙蓉村不仅村落布局严谨，功能分区明确、层次分明、设施完善、空间组织活泼有序，突出了顺应自然的自由布局，塑造了民间农村建筑的风貌，而且"七星八斗"的象征和寓意更激发着村民的心理追求，创造了一个亲切而富有美好联想的乡土环境。

山水皆芙蓉，天人相和谐

芙蓉村里本无芙蓉，只在村外西南处有奇峰三座，状似待放的三朵芙蓉，山石白而透红，色艳宛若芙蓉，此可谓"山芙蓉"。

而造村者则凿池蓄水，因借远峰芙蓉之美倒映入池，每当傍晚则晚霞映池，芙蓉盛开，故得芙蓉村之美名。这里经人为的"装点"，池中方亭点缀，池边绿树成荫，鲜花盛开。村民休息活动其间，构成景、情、活动交融的公共环境空间。此可谓"水芙蓉"（图135）。

芙蓉离不开水。在芙蓉村，山泉穿村而过，沿寨墙、道路和宅边设水渠、沟通分布于全村的水池（即"八斗"），组成了村落的流动水系。一带清流泻玉，潺潺出于宅边路旁，使古村充满活力。村外寨墙水渠防洪排水池护村防敌。村内中心水池养殖、消防、凉亭、宗祠、庙宇、绿化亦求得近水情趣。分布于宅区内的大小水池，保证村民日常用水、调节水气候，密切了水与村民生活的关系。特别是衣着红、绿的农妇在池边洗涤时，那捣衣声声、笑语阵阵；水上

图 135 "水芙蓉"——芙蓉村中心池塘

浮鸭、岸边鸡鸣又构成一幅幅田园情趣浓郁的画面。自然之水是古村生产、生活的源泉，也是村景构成的基础。

造村者利用大自然赋予的奇峰、群山的优美形态，丰富村落的空间轮廓线，托出古村完美的形象。芙蓉村以两道状若荷瓣的折线形寨墙形成完整的寨子。那大块卵石垒筑的寨墙既是坚固有力的防卫设施，又以坚实的造型、别致的七道寨门和等距设置的炮楼、箭孔、瞭望亭勾勒出起伏的轮廓，与群山之形构成了极为和谐的景观和富有魅力的村寨风貌。此可谓"墙芙蓉"。

山、水、墙皆取芙蓉意象，借自然景物之美，妙造村景。芙蓉村的规划设计如此巧妙，如此富有文化品位，真可谓是巧夺天工了。

9.5 苍坡古村的风水意象

"苍坡村"位于浙江省永嘉县岩头镇。始建于公元 1055 年，其始祖也为京官。

引溪环绕，以水克火

"苍坡村"的布局是根据水克火的风水之说而形成。相传宋孝宗淳熙戊戌年（公元 1178 年），苍坡村第九世祖李嵩回乡探亲，巧遇国师李时日云游至苍坡村，相约商谈村中建景之事。李时日按"风水"提出"五行日"之说，认为西方庚辛金面向远方笔架山，山形似火焰，火气过旺；而北方壬癸水，却无深潭厚泽，不能以水克火；东方甲乙木，火则会延；南方本为丙丁火。故四周均有被火烧之忧。宜在东、南建双池储水，并围村开渠引溪水环绕，以水克火。

李嵩照此建议，兴建了东西双池，并请国师李时日题书"四壁青山藏虎豹，双池碧水储蛟龙"。从而为以水池为中心的活动空间赋予了文化含义。

规划立意："文房四宝"

苍坡村的建村布局是以"文房四宝"立意构思而建。村内借形似笔架的远山象征笔架，在村前区引水开池象征砚，池边摆设长石象征墨，设平行水池的主街象征笔（故称笔街）。有意缺纸，意在万物不宜过于周全，月圆则缺，故不如半月向满月发展为好。这富有哲理的布局构思寓意村内"四宝"皆有，文人荟萃。按此立意精心周密布局的苍坡村，形成了以笔街、砚池为中心的公共活动空间。它不仅以自然远山的气象丰富了人工构思的村景，而且给村民的居住、生活环境赋予了文化内涵，陶冶了村民的心灵，增益了村民的才气。

附录

（一）《说卦录要》

友谦按：清代堪舆学家沈竹礽所著《沈氏玄空学》载有《说卦录要》一篇文字，是根据江陵郑石元所著《读易辑要》整理而成。它是《周易·说卦传》的解释性文字，言简而切，既是易学的初学读物，也是理气风水的入门知识。现标点如下，以便阅读。

1. 八卦性情

乾，健也——乾纯阳，动而不息。坤，顺也——坤纯阴，静而从阳。震，动也——震刚好逸，锐作上起。巽，入也——巽柔始生，潜伏上侵。坎，陷也——坎一阳在阴中，上下皆顺，必溺而陷之。离，丽也——离一阴在阳中，上下皆健，必附而丽之。艮，止也——艮一阳，健极于上，前无所往，必止。兑，说也——兑一阴，顺见于外，情有所发，必说。

2. 远取诸物

乾为马——马性健而不息，乾象也。坤为牛——牛性顺而载重，其蹄坼，坤象也。震为龙——震以奋勤之身，而静息于重阴之下，龙象也。巽为鸡——巽以入伏之身，而出声于重阳之表，鸡象也。坎为豕——豕外质浊，而心躁，刚在内也。离为雉——雉外文明而性介，阳明在外也。艮为狗——艮外刚能止物，而内柔者，狗也。兑为羊——兑外柔，性悦群，而内狠者，羊也。

3. 近取诸身

乾为首——首为众阳所会，圆而在上，乾也。坤为腹——腹为众阴所藏，虚而有容，坤也。震为足——一阳动于下，足也。巽为股——阴坼而入于下，股也。坎为耳——阳明在内，犹耳之聪在内也，两旁暗而内一阳明，能纳言在内，故为耳。离为目——阳明在外，犹目之明在外也，阳白阴黑，离之黑居中，黑白分明，目之象也。艮为手——动于上，而握物，艮止之象也。兑为口——口开于上，而能言笑，兑悦之象也。

4. 八卦人伦

乾，天也，故称乎父。坤，地也，故称乎母——六子皆自乾坤而生，故称父母。震一索，而得男，故谓之长男。巽一索，而得女，故谓之长女——索者，阴阳相求也。阳先求阴，则阳入阴中，而为男；阴先求阳，则阴入阳中，而为女。一索者，初爻也。坎再索，而得男，故谓之中男。离再索，而得女，故谓之中女——在中爻，为再索。艮三索，而得男，故谓之少男。兑三索，而得女，故谓之少女——在三爻，为三索。

（二）《九星意象》

友谦按：时代变易，推陈出新。为了适应现代社会，台湾学者钟义明不拘泥成说，用心思考，以理、象、数相推衍，在古人《说卦录要》、《八卦意象》基础上，又整理出了一篇《九星意象》，从而引申出更多的卦象、卦意。现引录如下，以供参阅。

1. 九星配天象地理

坎	一白	月、雨、霜、寒风、凉风、潮汐、水灾、暗夜、雹、水气、深夜、水滴、月光、水压、淫雨、北方、河川、湖泊、溪谷、池塘、海洋、急湍、凹地、浴室、水族馆、钓鱼台、加油站
坤	二黑	阴霾、雾、晚夏、初秋、西南、田野、平地、农村、故乡、郊外、山腰、盆地、边缘
震	三碧	雷电、海啸、地震、火山爆发、闪电、东方、晴朗、大路、闹市、震中、森林、三角地带、春天
巽	四绿	下弦月、风、飓风、臭气、密云不雨、东南、草原、果园、菜圃、山林、洞窟、公园
	五黄	台风、海啸、水灾、冻灾、地震、旱灾、病虫害、热风、坟场、沙漠、不毛之地、荒地、中心地带
乾	六白	晴天、晚秋至初冬、晴空、寒气、冰、太阳、西北方、首都、大都会、高原、太空、矿山、名胜古迹、高台、繁华地带
兑	七赤	新月、上弦月、雨天、黄昏、日落、秋风、星、露、沼泽、小河、水渍、池谷、盆地、小巷、断层地带
艮	八白	阴天、气候变化之时、东北方、山岳、丘陵、坟墓、高地
离	九紫	太阳、晴天、热、中午、温暖、夏天、霓虹、南方、火山地带、喷火口、闹区、干燥地带、闪电、彩霞、厨房、大厅

2. 九星配人物身体

坎	一白	船员、下属、外交官、事务员、参谋、恶人、幕后人、流浪人、病人、盲人、孕妇、色情狂、淫妇、溺死者、尸体、哲学家、文学家、小说家、潜水人、间谍、看守人、介绍人、印刷者、澡堂老板、印染师、鱼贩、盗贼、阴谋家、服丧人。睾丸、痣、下巴
坤	二黑	母亲、妻、主妇、老太婆、侄儿、副手、副社长、助理、企业法人、群众、工友、无知之人、贫人、职员、木炭商、古董商、粮商、土木工程师、劣等生、干货商、工人、佣人、部下、旧书商、同业、大腹人、师兄弟、同乡。腹部、肋骨、脾脏、肌肉、肚脐、右手、消化器官。助产士、阴道（产道）
震	三碧	长男、名人、医师、学生、猎人、暴徒、歌手、说书人、音乐家、电机技师、接线生、播音员、司仪、驾驶人、针灸师、歇斯底里的女性、骗子、养子、继承人、急性人、美容师、木匠、小偷。肝胆、左手、左脚、毛发、咽喉、声带、大拇指、舌
巽	四绿	长女、主妇、乞丐、诗人、文学家、皇后、出版人、作家、新娘、媒人、商人、旅人、流浪者、三白眼人、秃子、贸易商、木匠、理发界、木材商、竹艺家。大腿、乳房、肝脏、神经系统、左手、腋下、食道、头发、筋、臀部
	五黄	强人、部长、经理、恶棍、暴力集团、疯人、狂人、死刑犯、横死者、古董商人、放高利贷者、路边摊贩、叛逆者。内脏、腹部、脾脏
乾	六白	皇帝、总长、社长、主持人、会长、理事长、贵人、名流、牧师、贤人、校长、公务员、老人、丈夫、独裁者、掌权者、高僧、教宗、政治家、银行家、资本家。头脑、肺、肋膜、骨髓、心脏
兑	七赤	少女、妾、娼妓、歌星、空姐、继室、浪女、游客、翻译人、厨师、饮食业者、牙医、好色之人、抢匪、暴徒、演说家、金属加工业者、珠宝商人、法官、律师、不良行为之人、巫师。舌、口腔、牙齿、呼吸器官、肺、胸部
艮	八白	孩童、少男、僧侣、隐士、守卫、管理员、掮客、旅馆业者、仁者、圣贤、站务员、高个子、仓库业者、糖果商人、建筑业者、外交人员、警察。腰背、关节、手指、脚趾、筋肉、脊椎、阳具、鼻子、足
离	九紫	中年妇人、美人、孕妇、画家、书法家、儒者、美容师、舞女、模特儿、摄影记者、化妆师、演艺人员、鉴定人、命相师、理发师、设计师、检验师、军人、纵火者、顾问。小肠、脸、眼睛、心脏、血液（红血球）

理气风水

附录

3. 九星配疾病

坎	一白	心肌梗死、中耳炎、耳疾、贫血、心律不齐、软瘫、失血过多、妇女血崩、月经过多、产褥症、水肿、胃寒下痢、惧冷、泌尿系统疾病、肾脏病
坤	二黑	癌、胃肠病、热症（寒极而生热）、皮肤病、肌肉发炎、肥胖症。脾脏炎、阴道炎、食欲不振
震	三碧	巨人症、歇斯底里、蛔虫（寄生虫）病、耳鸣、头痛作响。胆病、脚气病、神经痛、雷击、甲状腺亢进、肝病
巽	四绿	圆形秃头症、狐臭（一切体臭）、气喘、股部之病。感冒、腰肋痛、过敏体质、乳癌。消化不良、肝胆病、神经痛
	五黄	肿瘤、中毒、五脏六腑之疾病、发高烧、滤过性病毒之传染病、化脓性病毒、胎死腹中、精神分裂（疯狂）、痴呆、智能障碍、梅毒、AIDS（艾滋病）、脑炎
乾	六白	伤寒、冻伤、骨病、头痛、脑神经衰弱、畏寒（热极而生寒）、肺炎
兑	七赤	牙齿痛、咽喉发炎、口腔癌、骨折、花柳病、刀伤、支气管炎（痰喘）、兔唇、肺结核
艮	八白	肠阻塞、便秘、结石、关节炎、自闭症、鼻病、鼻咽癌、坐骨神经痛、狂犬病、鼠疫、脂肪瘤、血管阻塞、腰痛、脾胃病
离	九紫	眼病、心脏病、灼伤、烫伤、放射线伤害、心律不齐、皮肤斑疹、化学药物伤害、药物过敏伤害、脱水症、皮肤角化、发狂、高血压

理气风水

附录

4. 九星配动物、植物、器物、食物

坎	一白	狐狸、鱼、燕子、螺、猪、贝。茶花、梅花、紫藤花、水仙、贯仲、有刺的植物、莲花、水草、海藻、浮萍。自来水笔、水管、海。饮料、海盐、腌渍食品、酱油、生鱼片、牛奶、补药酒、麦、枣、梅、李、桃
坤	二黑	牛、袋鼠。蕨类、菌类、棉花。锅子、布料、袋子、货车、地图、太阳眼镜、容器、文字、字板。粥、豆浆、羹、麦芽糖、蜜、饴。束脩、僧衣、味精味。母马、鸽子、麻雀、乌鸦
震	三碧	高大善跑的马、鹿、鹤、鹭鸶、蜂、蝶、昆虫。乐器、轿子、算盘、竹箩筐、腰带、电话、电铃、鹦哥。豆类、芋头、时新之蔬果、玉米、高粱、甘蔗、槟榔、面包、包子、豆芽、酸梅、鹿茸
巽	四绿	鸡、鸭、鹅、鱼、善鸣的草虫、蛇、蝴蝶、蜻蜓。兰蕙、草药、蔓藤类植物、百合、茉莉。木工用具、信件、文书、支票、股票。茶、面粉、麻、醋、纤维纸、芥末、芹菜、香椿、韭、蒜、肠类
	五黄	细菌、毒蛇、蝎子、怪兽。有毒植物。古董、损坏的用器、贱价品、垃圾。毒药、酵粉、发霉的食物、鸦片、安非他命、吗啡、豆腐干、瑕疵品、酒糟
乾	六白	健马、老马、狮子、龙、老虎。神木、菊花、红梅、木果（石榴、橙、苹果、梨、龙眼、荔枝）。水晶、玉器、钻石、玛瑙、馒头、包子、丸子、馄饨、粉圆、猪脑、排骨、年糕、饭团
兑	七赤	羔羊、猿、狼、豹。铁、硬币、刀、剑、剪刀、铁槌、钳子、酒杯、茶杯、鱼钩、铃铛、叉子。胡桃、开心果、洋葱、蒜头（辛辣物）、动物的肝、肺、岩盐、胡椒盐、烧饼
艮	八白	狗、蝙蝠、鸷、鼠。粟、豆科植物、瓜类、薯类。僧衣、布袋、地契、陶瓷器、砖瓦、盒子、伞、保证书、皮草。零食、点心、馅料、乌鱼子。神案、板凳
离	九紫	龟、鳖、蟹、孔雀、雉鸡、蚌。鹿角、干燥花、缎带花、化妆品、颜料、染料、灯、眼镜、放大镜、显微镜、激光、X光、公文、荆棘、玫瑰、蔷薇、九重葛。莲藕、辣椒、烈酒、烤类、熟食

（三）《看看房子的"气"色》

高友谦

本文是作者为《时尚家居·置业》杂志撰写的"堪舆视角"专栏文章中的一篇，原载该刊 2004 年 5 月号，发表时有所删节，现全文刊出。

经曰："'气乘风则散，界水则止'。古人聚之使不散，行之使有止，故谓之风水。风水之法，得水为上，藏风次之。"在风水学家看来，气是一个循环系统，其表现形式有风、云、雨和地下水，它们之间可以相互转化；气又是生命之源，是生态系统的物质基础，世上万物都离不开它，人也一样。当然，为了满足"藏风"、"得水""聚气"这种功能，风水学上一般要求住宅基地在结构上应当背山依水。这样不仅景观优美，生活也非常方便。

理气风水

6
附录

● "龙脉"与"生气"

成语中有个"来龙去脉"，这"来龙去脉"一说，便和风水有关。

"龙"在中国人的观念里是最有活力，最有生气的一个图腾，所谓"生龙活虎"，就是这个意思。风水形局以四面环山而藏风不露为吉。堪舆家之所以把山脉称为"龙脉"，就是因为延绵的山脉像舞动的龙，节节相生，忽隐忽现，高低起伏，变化万端。所以，风水学家便用龙来象征山脉具有生气，用龙来代表山脉走向的起伏、转折与变化。

然而，看风水为何要"觅龙"呢？

对此，堪舆家解释说："葬乘生气"，"然气不自成，必依脉而立，盖脉则有迹，而气本无形，所以，乘气之法又以认脉为先。"稍作解释就是，风水贵在"藏风"。而要达到"藏风"目的，周围必须有山，只有群山环抱，才能"藏风聚气"。

● "护砂"与"贵气"

穴前后左右的山叫护砂，简称砂。砂的称呼来源于沙盘，古时风水先生以沙子堆拨成盘，以传授寻龙点穴之法。沙盘似乎是风水先生发明的。

在等级森严的封建社会，凡有一定地位的官吏出门时或多或少总有一班侍从跟随左右，轿前有人擎着一把标志其权力的华盖，而两边则有手持军械的衙役为其喝道。他们缓缓行进，光彩夺目，显赫逼人，好不威风。有感于此种社会风尚，堪舆家们遂提出了"察砂理论"。这里的"砂"指的是主龙（靠山）四周的小山、高地或隆起之处。它们的职能即在于"侍"、"卫"、"迎"、"朝"。它们和主山之间是一种主仆、上下和尊卑的关系。基于这个原因，所以，有无护砂，直接关系到一块地是否具有"贵气"。

护砂与龙脉都是指山体，区别在于龙脉好像主人，护砂好像仆从。龙大，则跟随它的砂也多；龙贵，则跟随它的砂也美；龙强，则跟随它的砂也远。总之，护砂在构成封闭地形中起了决定的作用。

在众多的护砂中，位于穴位左侧的叫龙砂，又称上砂，位居其右的叫虎砂，又叫下砂。此二砂对于"收气挡风"关系甚大，因而尤为堪舆家所注重。

● "界水"与"财气"

《管子·水地篇》认为："地者，万物之本源，诸生之根菀也"；"水者，地之血气，如筋脉之流通者——万物莫不以生。"

水系与龙脉息息相关，因此风水先生看地时，常常是未看山先看水。

如果住宅的明堂四周都有山或建筑物紧密包围，便称为有所"兜收"，有"兜收"则旺丁聚财。如果明堂有缺口，一眼望不到尽头，则属泄气格局。

图A 山挡风 水聚气

● "藏风"与"聚气"

在风水学中，"气"是最根本的东西。郭璞《葬书》中说："气乘风则散，界水则止。"怎样才能使气聚而不散，行之有止，便是风水中所要研究的中心问题。

护砂的主要功能说白了，无非藏风聚气。而水和气的关系犹如母子："水者，气之子；气者，水之母。气生水，水又聚注以养气，则气必旺；气生水，水只荡去以泄气，则气必衰。"如同为人子者必须敬老、爱老、养老，风水中的"水"也必须保气、养气、护气、关气（图A）。

风水学说对吉祥地的要求是藏风聚气，不要气散。清代熊起番《堪舆泄秘》也说："外山环抱者，风无所入，而内气聚。外山亏疏者，风有所入而内气散。气聚者暖，气散者冷。"因为避风是为了使一个地方的小气候温暖不冷，因此，风水不是要避开所有的风，而是只避寒冷的风，不避温暖的风。这点，《地学指正》讲得很清楚："平阳原不畏风，然有阴阳之别，向东、向南所受者温风、暖风，谓之阳风，则无妨。向西、向北，所受者凉风、寒风，谓之阴风，宜有近案遮拦，否则风吹骨寒，主家道衰败丁稀。"

●阳光与"瑞气"

风水很重视阳光照射，"庙朝宫殿府县治廨，无不向南，盖取向明而治之义。"在北半球，南方是阳光最充足的方位，次为东方，又次为西方，北方不良。"阳光不照多阴，妖怪多藏匿。"阳光照不到的阴极之地，不能选为居住地。在这种地方长久居住，必然会疾病缠身。

气温与阳光有密切的关系，在同一纬度，同一高度上，阳光充足的地方自然气温高。风水学说中的背阴向阳原则，既是为了争取阳光，也是为了争取热量。据现代地理学的观测资料，南京方山冬天的日平均气温和最高气温，在150厘米高度处，南坡比北坡分别高摄氏1度和2度；在5厘米高度处则分别高摄氏3度和8度。南坡气温明显高于北坡。土温则南坡比北坡高摄氏5~6度。许多风水著作，如元代李日华的《三白宝海》提到"瑞气温暖"则吉；金代丞相仄仄的《青乌经注》提到"穴吉而温，富贵绵延"，"土温而穴吉"；宋代刘谦的《襄金》提到"严冬而特温和"则吉，都有其科学道理。

●大门对窗——一种泄气格局

《八宅明镜》说："宅无吉凶，以门路为吉凶。"清人孟浩《辩论三十篇》亦说："阳宅首重大门者，以大门为气口也！"故门如人的口部，是十分重要的，影响着屋运的吉凶。

大门对着不同的建筑物，不同的物件都有着不同的影响，故门外或门内的各种物品摆设、门口位的颜色、图案皆对风水构成影响。

住宅的出入大门开启后，若正对窗户或阳台之门，因而看到街外情景，是为"泄气"（图B）。堪舆学的目的，是要把"气"聚于住宅，使宅内人得其"气"而得吉应，大门对窗则有相反效果，故称为"泄气"。大门为全屋人出入必经的地方，假使窗口又多又大，便不能让这吉气聚集于屋内，因此便会影响财运。

住宅"泄气"，则气不聚，由此而带来的后果，最常见的是财帛不聚。换句话说，该宅的人可能收入很多，但用钱也多，于是财来财去，不会有许多储蓄。

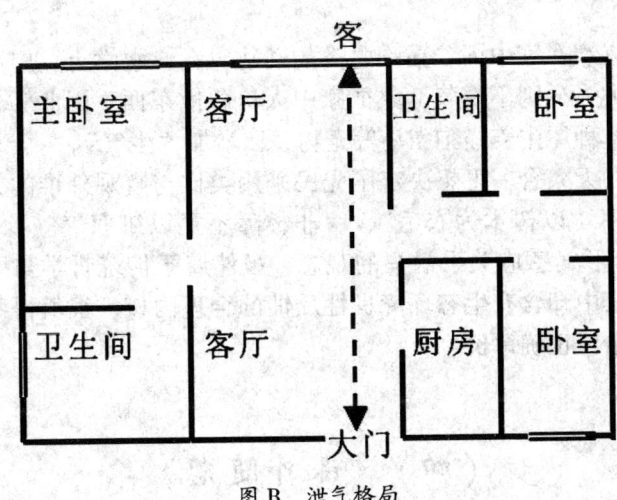

图B 泄气格局

若有"泄气"情况，有什么办法可以改善呢？最简单的方法，是把正对大门的窗户封闭，如果不能作此改动，可以用窗帘把窗户长期密封，作用也差不多。还有 个办法可以采用，那就是：安装百叶窗。

●如何培植生气？

风水学说以生物作为评价环境好坏的指标，环境好，则草木郁茂，苍松翠竹，禽兽繁盛。环境不好，则草木焦枯，禽兽离散。这个道理很简单，生物生存都困难的地方，人类必然很难生活。选择吉地必须山水环抱，水土深厚，草木畅茂，人烟团聚。凡是土薄贫瘠，水流湍急，草木枯零，人烟稀少的地方就是凶地。

风水学要求保护树木，与现代的环境保护非常相近。古人要求保护风水树、风水林，可以说是环境保护的先锋！

在风水学上，树木的物质是树叶把"阳"光遮掩，因此它会招来"阴气"。不要一提"阴气"，便以为是一些邪门的东西。因为根据阴阳理论，每一件事物都要阴阳调和才有生机，如果阳气太重，则亢阳不化，阴气衰死而钱财不聚。

过去，在房前屋后种植树木也有禁忌，例如东方不宜种杏树，西方不宜种桃树，四周不宜种桑树，等等，这些可能是受成语"红杏出墙"、"人面桃花"、"桑间濮上"的影响吧！

在室内摆放植物并非不可，只是有些品种不适宜放在家中。如有刺的或呈针叶状的杜鹃、玫瑰、仙人掌等就不适宜，否则会影响家人的健康。

可选择一些枝叶茂盛的植物摆在家中，颜色以青绿色为上选，有花朵的亦可。品种有紫罗兰、万年青、富贵竹等，这些植物可使家人精力充沛，充满生气。

有很多人喜欢在家中饲养猫狗之类的动物，在风水学上，屋小人多被认为聚气，相反屋大人少则不聚气，象征家中人口各散东西。因此为补不足，风水上往往建议在这种屋中养猫狗雀鸟等宠物，以增加"生气"。

中国传统的天人合一思想决定了先民采用类比与直观外推的方式来认识与判断事物。其中"以树木为衣毛"、"非林障不足以御寒气"、"草茂木繁"、"生气旺盛"等形气感应关乎祸福的观念，虽然属于传统哲学与天人感应说的范畴，但是，其中却含有生态环境良性反馈的合理内核，很值得我们现代人去认真发掘，并给以正确评价。

（四）《课外随想》

（日）渡边欣雄

友谦按：1993 年 7 月，经本人策划，由建设部城乡建设经济研究所主办的"中国建筑风水理论研讨会"在北京召开。演讲人中，有一位是日本东京都立大学教授渡边欣雄先生。此君回国后，写了一篇《课外随想》，发表在 1993 年 9 月 2 日与 9 月 3 日的《冲绳时报》上。现将译文附录于此，以作纪念。

出发前的不安

一九九三年四月二十日，盼望已久的从北京寄出的邀请函终于到来，这一天我作为"交换研究员"（在中国叫"交流研究员"）终于能够起身前去北京了。所谓"交换研究员",是日本东京都立大学和中国北京市所辖的各大专院校为了加深日中相互间的文化理解,双方在国际交流协定的基础上互派学者进行学术研究交换、交流,这些学者就叫"交换研究员"。根据协定,作为九三年度研究员,住在北京期间,以北京为中心进行研究活动的目的之一,就是进行风水研究。

为了研究风水而去北京,到底可行与否,心里很没底。一直到出发前为止,心里都抱着一种去闯一闯的想法。因为早就听说在中国内地,现在一般把风水看成是迷信思想,因而对迷信的研究是不受欢迎的。农村不用说了,在中国内地最近终于出现的风水研究书里边,也没有消除"迷信"二字。所以能不能自由地进行风水研究呢? 直到离开日本前,我心中的一丝不安都难以掩饰。可是,我后来去中国内地农村进行风水调查时,根本没有遭到拒绝。与传言相去更远的是,我甚至在一个农村里会见了一位"风水先生"。

邂逅中国风水专家

到北京首都机场迎接我的人里边,除了北京各大学的有关人员外,还有华中师范大学副教授王玉德先生。我和他是从以前就进行着关于风水研究的意见交换的伙伴,今天终于第一次见到他了。到中国后,较之北京的朋友,我更多地得到了王先生的帮助。就因为见到了王先生,使我在滞留中国的日子里一直能够考察中国各地的风水名胜。也因为认识了王先生,使我能够参加中国建设部主办的风水理论研讨会。这次研讨会我不是作为一般人员,而是作为外国教授参加的。这也是由于王先生把我的情况介绍给了中国的专家和有关机构。可以说,这是我在中国期间最大的"事件"了。

一到北京,行囊未解,就与建设部有关人员和认识到风水研究意义的各大学的有关人员,匆匆地就日中双方的研究现状和今后国际共同研究的可能性等进行了意见交换。话题集中在日本国内以冲绳为中心进行的共同研究,也就是在日本有一个叫"全国风水研究者会议"的全国组织上。到目前为止,中国还没有这样的组织。所以以我的来访为契机,中国的风水研究者也想组织起来,成立一个这样的全国组织。这使我吃了一惊。此后,他们数次造访我寄宿的首都师范大学。关于向有组织的研究方向发展的意见交换,好像已取得了很大进展。

突然的演讲委托

五六月间,在王先生的帮助下,我考察了中国南方各地的风水。考察结束刚回到北京,建设部的高友谦先生就来访问,说他们从七月下旬到八月间,计划举办一期"中国建筑风水理论研讨会"(风水理论讲习会),希望得到我的协助。就这样，我接受了一项突如其来的委托。演讲的题目围绕风水理论已确定好了，要我就"国际风水理论研究动态"讲三个小时。当时我虽答应尽力去做，可心里实在没有那份信心，因为我的来华目的中没有这一项，而且根本没有准备。

为了准备演讲，跟高先生进行了一些商讨，这时讲演时间的要求又涨了一倍，讲演六小时！我在日本也没有这样的经历。最后没有办法，决定带翻译再讲一个题目"日本的风水研究现状"，我想主要介绍一下冲绳风水及其研究。

建设部是相当于日本建设省的中国国家机关之一。这次活动是该部中的"中国城乡建设经济研究所"主办的。无论如何这次国家机关主办全国范围的风水理论讲习班是以中国国情变化为背景的，也就是说它是中国现在盛行的"改革开放政策"的一个实例。

我想这次活动可能是中国历史上的第一次，作为一个日本人，我决定积极地参加这一"历史事件"。

研讨会的目的

中国史上可能是第一次的风水理论研讨会于七月下旬在北京中共中央组织部招待所如期召开，历时一个星期。根据研讨会上散发的小册子，研讨会的主旨大体如下：

从古以来，风水就是中国有关建筑的环境选择、营造方面的专门学问，在传统建筑的设计、营造中，风水判断是不可缺少的。它对于中国的建筑文化有着极其深刻的影响。近代以后，中国的学术研究日益模仿西方，而把与西方科技相矛盾的传统学问，看成是封建迷信，加以蔑视甚至抛弃。所以在今天，风水理论就留下了一块很大的空白。

近年来，随着国内外学术环境的变化，在海外的许多地方由于研究者的努力，促进了风水理论的复兴，已经取得了很多成果。所以今天，我们用科学的态度对其进行批判地探讨，把我国的传统建筑理论研究明白，应该是无比有益的。

在召集参加研讨会的小册子里，倡议不要再偏重西洋理论，号召像海外的研究者那样促进传统理论的复兴。奇怪的是，这个呼吁跟我研究风水的目的和原则竟完全一样。同时在以上的文字里，"向海外研究学习"的姿态非常鲜明。也许正因为如此，建设部才委托我介绍海外的研究动态吧。

听讲人和演讲人

当天有60多位全国各地来的听讲者参加了研讨会。听讲者多是各地城乡建设委员会的设计人员、建筑人员、不动产业者以及政府官员。气氛虽然跟日本的市民讲座相似，但由于教师和听讲人都是公职人员，而有点像正式的讲习会。讲演者全都是出版过风水研究著作的学者。《中国风水》的作者、国家建设部的高友谦先生，主讲中国风水理论原理。《风水理论研究》一书的主编、天津大学的王其亨先生，主讲中国古代建筑的调查成果。而《神秘的风水》一书的作者王玉德先生，主讲中国风水文献学。其间利用一天时间，还参观了北京北郊明十三陵的风水。而殿军是我，顺便说一下，我有一本书叫《风水思想与东亚文化》，目前中文本正在翻译中。根据有关方面的要求，我除了要讲"国际风水理论研究动态"外，还要讲"日本的风水研究现状"。

日本的风水研究

上午我主要按英、美、法、德、韩国、日本、中国台湾、中国香港的国别和地区，依次介绍了各地的研究动态。关于研究动态，在日本也没有怎么讲过。这一次能借机会在脑子里好好整理一下，倒是件好事。因事先什么资料也没带来，所以资料拷贝都是特意让人从日本寄来的。风水思想本来在中国，是有悠久历史的。风水研究，从十九世纪前半期，以英国为中心，在欧洲已经广泛开展起来了。东亚开始研究风水，比欧洲晚了一百年，先从日本开始。本来是中国传统的思想，对其研究却比欧美晚了一百多年！听了我的介绍，中国的听讲者不知会作何感想呢！

我讲演的主题主要集中在下午对日本的介绍上。日本的风水研究是跟殖民地研究一起开始的，所以这一研究的出发点令人不快，并且它随着殖民地的丧失而后也衰退了。在日本，风水研究真正作为一门学问，在质和量两个方面都有所发展，是从 1980 年以后，以冲绳为中心进行的共同研究为契机。风水研究需要高度的学术性，而在这方面取得成功的，（从日本范围来讲）如果说只有冲绳，这不算夸张。而且在冲绳还发现了应该属于中国内地的风水图，有的叫龟甲墓风水图，有的叫宅地风水图，或者叫村落风水图，全都是冲绳人从中国内地学来的。

听讲者一个个凝视着我发的那些图和纸上记着的红点，那是中国东海中的冲绳地图。在讲演的最后，我加了这样一句话，"风水研究，希望到冲绳进行交流"。风水研究的中心终于转移到了东亚，而中国内地这条巨龙，现在终于从沉睡中醒来了。

（殻山一男译自 1993 年 9 月 2 日、9 月 3 日《冲绳时报》）

参考文献

理气风水

参考文献

1. （汉）许慎撰《说文解字》；
2. （汉）班固撰《白虎通》；
3. （隋）萧吉撰《五行大义》；
4. （唐）卜则巍撰、（明）黄复初辑《雪心赋》；
5. （唐）《管氏地理指蒙》；
6. （唐）《黄帝宅经》；
7. （宋）《周书秘奥营造宅经》；
8. （明）陈梦和辑《阳宅集成》；
9. （明）王君荣辑《阳宅十书》；
10. （明）徐试可辑《天机会元》；
11. （明）《三白宝海》；
12. （明）柳洪泉撰《三元总录》；
13. （明）《玉匣记》；
14. （明）《鲁班营造正式》；
15. （清）李道平撰《周易集解纂疏》；
16. （清）陈梦雷、蒋庭锡等编《古今图书集成》；
17. （清）张觉正撰《阳宅爱众篇》；
18. （清）叶泰撰《罗经拨雾集》；
19. （清）熊渭甫撰《阳宅指迷》；
20. （清）胡国桢撰《罗经解定》；
21. （清）姚正父撰《阴阳正宗》；
22. （清）工部御匠司编《鲁班经匠家镜》；
23. （清）沈竹礽撰《沈氏玄空学》；
24. ［日］渡边欣雄《汉族的风水知识与居住空间》；
25. 罗来平《呈坎古村》；
26. 王其亨《风水与建筑》；
27. 江舜源《风水与北京都城建设》；
28. 何俊寿《风水与中国古代建筑设计数理》。